U0129137

僅以本書紀念

先父侯佑宗先生

一生奉獻於京劇舞台

並紀念我新逝的母親

侯史金子女士

虛擬與寫實的碰撞

——二十世紀前期京劇形式的新變與跨界

侯雲舒 著

文史哲學集成

文史哲出版社印行

國家圖書館出版品預行編目資料

虛擬與寫實的碰撞：二十世紀前期京劇形式
的新變與跨界/ 侯雲舒著.-- 初版 --臺北
市：文史哲, 民 101.09
　　頁；公分（文史哲學集成；631）
　　參考書目：頁
　　ISBN 978-986-314-062-7（平裝）

　1.京劇 2.舞臺劇 3.劇評

982.1　　　　　　　　　　　　　101018207

文史哲學集成　　631

虛擬與寫實的碰撞
—— 二十世紀前期京劇形式的新變與跨界

著　　　者：侯　　雲　　舒
出 版 者：文　史　哲　出　版　社
　　　　　http://www.lapen.com.tw
　　　　　e-mail：lapen@ms74.hinet.net
登記證字號：行政院新聞局版臺業字五三三七號
發 行 人：彭　　　正　　　雄
發 行 所：文　史　哲　出　版　社
印 刷 者：文　史　哲　出　版　社
臺北市羅斯福路一段七十二巷四號
郵政劃撥帳號：一六一八○一七五
電話886-2-23511028・傳真886-2-23965656

實價新臺幣三八○元

中華民國一○一年（2012）九月初版
中華民國一○一年（2012）十二月修訂再版

ISBN 978-986-314-062-7　　00631
GPN 1010103826

王　序

王　安　祈

已經是二十多年前的事了，而我還記得那聲音。

侯老爺子撥電話給我，電話裡聲音很客氣很低柔，甚至有點誠惶誠恐。

這不是我們熟悉的侯佑宗侯老爺子！

侯老爺子是京劇界著名鼓王，也是民族藝師，我何其有幸，能在年輕時一開始編劇就和他老人家合作，「陸光」由朱陸豪、吳興國等主演的《新陸文龍》《淝水之戰》《通濟橋》，「雅音小集」由郭小莊、曹復永主演的《再生緣》《孔雀膽》《紅綾恨》等幾齣大戲也都由侯老掌舵。侯老爺子往那兒一坐，鼓鍵子在手，氣勢凜然，威鎮全場。他聲音不大也不兇，但穩定而有力量。而那天電話裡竟是如此柔軟，甚至有點怕受傷的樣子，我很不安，不知要發生什麼事。更令我不安的是老爺子竟然沒有直接說完，隨即把電話交給張義奎導演，自己退到一旁等著消息。到底什麼事呢？我狐疑了半天，終於張義奎導演說了：侯老女兒在讀研究所，希望由我指導論文。

我愣了半天說不出話來，從老爺子慎重緊張的聲音裡，我感受到了強烈的父愛。

　　雲舒在中山大學中文研究所得到很好的學術訓練，碩士論文的內容和寫法早有了清楚的構思，所以我這個指導工作一點都不累。她文筆清暢，思路清晰，問題意識明確，我印象最深的就是結論，不只是總結前文，而是提出了好幾點值得思考的問題。而後她憑著這本精彩論文考取了清華大學中文博士班，我們有了更親密的相處。雲舒個性憨直，更因家學關係，對於場上的戲有長期接觸也有深厚感情。我很希望研究戲曲的同學能熟悉劇場，如果沒有一股對於場上之劇油然而生的情感，面對戲曲文獻時，恐怕會有很多生澀不自然的解讀甚或穿鑿附會。而雲舒當然不會，戲對她來說是生活裡的，血液裡的，所以讀資料時不至於做生硬的解讀。而我也才知道她對電影的接觸不下於京劇，不僅看得多，甚至大學時就常寫影評。這令我很佩服，通常鑽在戲曲裡的愛好者很容易無視於其他藝術，京劇世家尤其如此，我很怕不看戲的研究生，但我也怕只看戲的內行，雲舒的「另一隻眼睛」讓我對她的視野很佩服。這本新書裡電影佔了兩章，而且不是和戲曲切割二分，也不只是兩種媒介不同形式的比較，而是彼此相關、交涉互看，先從譚鑫培《定軍山》開始論戲曲電影，再談名導演費穆所拍梅蘭芳《生死恨》及其與《小城之春》的關係，整體包含在變革創新的關懷思考之下。前幾章也以如此寬闊的視角立論，戲曲與戲劇原本就涵融在同一個「劇壇」之內，有些演員（如周信芳）兼跨二界，表演與觀念的交涉是自然而然的，虛擬與寫實之碰撞當然必要，「跨界」根本就是勢在必行；即使不認為這是自然而然，而要把它視之為變革，那也是為了自身的擴大與豐富。這樣的觀點，

我萬分贊同，這本書提供的不僅是文獻資料，更是一種態度，看戲的態度，創作的態度，也是面對文化的態度。

我想起小莊姐常說起的一件事。以創新為宗旨的「雅音小集」，創團開始就邀請老爺子擔任鼓佬。而第三年起，親任導演的小莊姐和舞台設計師決定把文武場從台上搬到台下的樂池，這在傳統京劇界是一大變革，琴師、鼓佬都希望能和演員有親近的互動，移到樂池抬頭仰望，無法抓住一同呼吸的節奏感，這對傳統出身的內行來說是很不安的。小莊姐說她做這決定時很怕老爺子和琴師朱少龍會跳起來，沒想到兩位大老二話不說，一切尊重導演。我想老爺子既嚴謹又寬闊的態度，對雲舒之治學必有影響。這些話題，我和雲舒一聊起來就沒個完，而話到頭來總有幾分傷感，總是以對老爺子的悼念為收場。

雲舒博論也展現這個特質，扣緊理論主軸，不為資料所限，靈活思考。畢業後歷經復興崗政工幹校、中正大學而後到政大中文系，不僅認真教學研究，更創了個劇團，辦過「疑心病患 club」等幾次演出。經營劇團談何容易，雲舒竟有此勇氣，尤其還帶出了兩位年輕愛好者。其中黃兆欣在雲舒的劇團培養了經驗，經常到北京學藝，用功程度不下專業演員，在現代社會這是多不容易的事啊。我很慚愧，對於雲舒的辛苦並沒有幫上什麼忙，而見她能在忙碌的校園劇場之間交出這份學術著作，真為她高興。這題目雲舒的駕馭能力綽綽有餘，相信往後她繼續還能在其他領域再有更豐富的收穫。我相信老爺子在天之靈一定非常感動。

自 序

　　本書所涉及論題的發想，源起自作者 99 年度國科會計畫《京劇表現形式的跨界歷程（一）以 20 世紀初期戲曲改良時期為對象》（98-2410-H-004-171-），在計畫執行的期間，我同時也參與了自組劇團《京探號劇場》的戲曲小劇場編導工作，與對於戲曲具有熱血的一群工作夥伴，共同創作出《暗詭─疑心病患 club》（2007）、《墜落之前─罰子都》（2009）、《思凡色空》（2011）等劇作。環顧 2000 年以來，台灣戲曲劇場走大膽創新及實驗的諸般作品，會發現所謂的「實驗」、「創新」，多半都藉由與其他藝術形式的跨界融合、對舊文本的拆解與重新詮釋、新視角的提出與建立、或是運用不同表現媒材的拼貼，來構築出不同於傳統戲曲藝術表現形式的新風景。於是我不禁回想，所謂的「實驗」、「跨界」表面上看起來，似乎是一個非常 "時尚" 的手法，不過如果返顧整個京劇的發展歷史，卻驚覺「新」與「變」是使京劇藝術永遠不退流行與時並進的「不變」法則。如果我們認可「新」與「變」是京劇賴以存續的重要手段這項前提，那麼，在上一個世紀，當電影與話劇這兩種令當時文化界目光為之一亮的西方藝術形式被引進的時刻，與這兩種新興藝術間的「實驗」與「跨界」當是京劇面對市場強敵競逐之下，既 "出人意表" 而又

"入人意中"的必定結果。

　　父親是領我進入京劇世界的啓蒙人，劇場及舞台會散發出一種難以言說的魔力，每每令我炫惑不已無法自拔。但是在專業學習及學術研究的重要階段，最爲感謝的，是指導我碩士及博士論文的王安祈老師，她的嚴謹治學及創作不輟，將京劇當作畢生志業無怨無悔的身影形象，是我終生學習及努力的目標與榜樣。已故的顏天佑老師，在病中依然不忘提醒我應該學術與實踐並重，不應有所偏廢，亦讓我感銘至深。而政大中文系同事們的鼓勵，也是催生這本書的重要動力。此外，黃兆欣同學對於資料的收集，及呂佳蓉同學對於瑣細繁冗事務的處理，著實對本書助益不少，在此一併致謝。

　　僅以此書做爲我在教學、研究與劇場實踐三方整合的一種反省。

　　　　　　　　　　　　　　　　　　　　侯雲舒於政治大學
　　　　　　　　　　　　　　　　　　　　2012 年 12 月

虛擬與寫實的碰撞

—— 二十世紀前期京劇形式的新變與跨界

目　　次

提　　要

　　在二十一世紀的現今，「跨界」與「創新」是兩岸戲曲創作在尋求新出路及新方法時常常被標舉出的概念。但如將「跨界」與「創新」，做爲橫向的研究主題來看，將可發現，早在晚清至民國初期，古老的戲曲如何改良，以便於與時俱進，便已是當時甚囂塵上的討論課題。

　　以京劇而言，由徽班進京之後，京劇確立了其後來引領風騷的位置。時至二十世紀初始，西方的藝術形式引進中國，使得當時中國的戲劇領域不再只由戲曲獨佔鰲頭，電影、話劇，各自迅速的發展起來，這種現象直接影響到當時戲曲主流 —— 京劇的發展與市場。值此眾聲喧嘩的時期，京劇面臨到改變與轉型的重要路口。事實上，「求新求變」與整個京劇發展的脈絡，一直保持著相依相隨的關係，即使它常常被認爲是一個「傳統」的劇種，有著許多的窠臼及包袱，但綜觀不同時期的京劇演變與發展，對於「新」與「變」的追求卻從來不曾中止或停歇。

　　本書以京劇於二十一世紀前期，面對西方話劇及電影的輸入所做出的「跨界」與「新變」爲研究主軸，探討此時期以寫意虛擬爲美學依歸的京劇與寫實擬真的話劇及電影彼此相互融合及涉入的情形，觀察當京劇與話劇及電影在跨界對話後，對於京劇本體在表現形式上所產生的新變軌跡。

Abstract

In the twenty-first century today, the "cross-border" and "innovation" is the concept of cross-strait Xi Qü Writing in the search for a new way and new methods are frequently marked to cite. However, if the cross-border "and" innovation "as a horizontal theme of view, will be found as early as the late Qing Dynasty to the early Republic, the old Xi Qü how to improve, in order to advance with the times, already was popular the topic of discussion.

To the beginning of the twentieth century, Peking Opera has established its subsequent pioneering position. Simultaneously western art form introduced into China, making China's world of the theater is no longer only champion from the Xi Qü, film, drama, their rapid development, this phenomenon is a direct impact on the Xi Qü mainstream at that time-Peking opera development and market. At this period, the hustle and bustle of the Peking opera face to the intersection of change and transformation.

This book to the Peking opera in the early twenty-first century, the face of Western drama and film input to make "cross-border" and "innovation"for the study imitate aesthetics in mind during the opera with realistic drama and film are merging and involvement in the case, observed the new variable trajectory generated by the Peking opera body in the form of expression when the Peking opera and drama and film in the cross-border dialogue.

緒　論

── 回眸之必要

　　處在二十一世紀的前期[1]，表演藝術的演進已是瞬息萬
變、日新月異。許多藝術形式，已無法在自身的發展系統變
化中求取滿足，「純粹化」再也無法掌握多數群眾對於藝術多
元審美品味的要求。因此時值今日，「跨界」成為藝術創作領
域最為炙手可熱的一項操作模式。所謂「跨界」，包含了不同
藝術在形式上、表現方法上乃至於文化內涵上相互的涉入與
對話，拼貼與融鑄，藉以產生異質間結合後的化學變化，進
而呈現不同於以往的新型態藝術表現面貌。我們可能會認
為，「跨界」是一種新方法，新出路，它可以用來解脫某些無
路可出的困境，尤其是那些已然發展了長遠的時間，甚或數
百年的古老藝術形式。

　　京劇藝術雖然在戲曲發展的歷史進程中，並不是最久遠
的劇種，但如果以乾隆五十五年（1790）起算[2]，至今也有二

1　筆者寫作此書時間為 2012 年。
2　乾隆五十五年，高朗亭於北京成立了三慶徽班，這是北京最早的一個
　徽班，李斗《揚州畫舫錄》記載，高朗亭入京師，以安慶花部合京、
　秦二腔，名其班為「三慶」，由此開始了京劇發展的徽班時期。

百多個年頭，不算短的時間。當今兩岸的京劇創作者，在面對這項二百多歲的表演藝術，無不苦思其永續發展及創新表現的新出路，因而「跨界」也成為二十一世紀初京劇新變的重要手段之一。不過如果以整體的演進歷程來看，我們會倏然發現，早在上一個世紀的初期，亦即晚清過渡至民國初立的這段時間，京劇就已經開始進行「跨界」與「新變」的自體轉化，來藉以展開新發展、延續新生命，以期不致於被時代的劇烈變化所淘汰。因此，我們現今所認為的「新方法」，其實京劇的工作者早在百年前已然開其端緒。

　　回顧歷史，會驚覺當時京劇所面對的時代與社會變動，相對而言可能比現在我們所面對的幅度更加劇烈，而處境也可能更加艱困，尤其是以當時主流的戲劇表演形式之姿，適值西方的話劇與電影被有意識的引進中國，京劇該如何自處？而又何去何從？

　　本論文討論主題的提出，即建立在這樣的基礎上，對於二十世紀前期的京劇演進做出一番回眸與檢視，而前期指的是 1950 年之前這段時間區塊。由於這塊時間區段所涵蓋的京劇藝術議題相當多，並且所牽涉的人物範圍相當廣，絕非在一本論述中所能盡言，因此本書採取的是單點式的研究方法，並且以人來繫事，用所選取的議題中最具代表性的人物（一位或是一個群體），在相關方面上所做出的新變成果來呈現此項議題的特質風貌，希望藉由這樣的研究方式，能成就一個京劇此時期新變的跨藝術形式面向。

　　在二十世紀之前，中國的戲劇形式只有戲曲沒有話劇，戲曲的整體審美旨趣，以虛擬寫意為手段，以抒情為依歸，

發展出一套自我完足並且與西方表演藝術迥異的美學體系。不過這樣的狀態，到了二十世紀初發生了變化，現今我們所看到的中國戲劇史，並不包括戲曲在內，而是以「話劇」為演述主體。話劇的產生並非由戲曲自體中所生發出來[3]，而是被刻意地引進與移植，初始目的不在欣賞與娛樂，而是做為政治改革的利器。

　　大部份的中國戲劇史，皆以 1907 年在日本所成立的春柳社，於東京本鄉座演出的《茶花女》片段，為中國話劇演出之嚆矢。不過，早在 1899 年左右，當時在洋學堂 —— 梵王渡聖約翰學校中的學生，就已經開啟話劇於中國編演之端緒。爾後，經由日本和歐美留學回國，對政治現況不滿的留學生有意的倡揚，將之做為政治革新的普及工具。因此話劇在中國，最初憑藉其現實性與口語化的功能，慢慢開始站穩腳步，這也是話劇在歐美即使已繁衍了很長的時間，且流派紛呈，但最初在中國，卻以寫實派戲劇始終為表現主流的重要因素。反觀這個時期的主流戲劇形式 —— 戲曲，則以京劇最為昌盛，當一個以寫實為主要特質的戲劇形式，被刻意的移植與推展，那麼以虛擬寫意為特質，並且被當時留學生視為歷

3　對於這種看法，其實還有可以討論的空間。有論者認為，話劇在中國並不是絕對的外來品種，因為最早期的新劇或是文明戲，它的形式可能與戲曲改良所衍生出來的時事新戲相連接。當然，我們並不否認，早期的新劇、文明戲在表現手段及方法上，大量的承接了戲曲程式於其中。不過，這種借用，只存在了一段短時間，五四之後，新劇漸漸純化，擺脫了對戲曲程式的借用，話劇開始與戲曲走向不同的發展道路，因此形式上的借用，可能是種不得不為的過渡，並不是最終的目標。而對於話劇的推動者而言，一種與傳統戲曲截然不同的表現形式，才應該是他們所亟欲追求的。

史的遺形物，欲去之而後快的京劇，是用什麼方式來面對如此重大的衝擊與變化？

　　在回顧這段戲劇發展的歷史時，向來戲劇史以話劇為主述標的，而戲曲史則以各項戲曲藝術形式為主述標的，鮮少有將這兩種不同審美質素的表演藝術，在同一個時期並置統合，並且能展現其中相互觀看，乃至於彼此對話的跨界視角。本論題亟欲展開的，就是這樣一種打破戲劇史與戲曲史分門別述藩籬的橫向視野。令人好奇的是，當虛擬寫意的京劇與擬真寫實的話劇並轡而行，京劇的工作者是用何種態度來面對新形式的挑戰？是維持自身的恆定發展而無視於它，抑或是經由自體的轉變與之抗衡？還是另有因應之道？本論文選取了三種不同的觀看方式，來檢視上述的情況：

　　其一，以一位早期新劇提倡者並且兼擅京劇的演員汪優游的戲劇活動，來審視由一個話劇推動者的位置，是如何看待京劇藝術看似不可撼動的地位？同時間易地而處，也選取了一位京劇著名老生演員，同時也兼擅西學及西方戲劇的汪笑儂的戲劇活動，來檢視由一個主流戲曲工作者的立場出發，是如何應對知識份子強力背書的話劇的洶洶之勢？將兩個不同立足點的範例同時並舉且相互對照，藉以觀察京劇、話劇在這個時期初次邂逅所呈現的真實狀態。

　　其二，新式劇場的建立，對於慣常在傳統茶園演出的京劇而言，是一個非常大的改變，新式劇場不論在舞台的硬體形制、燈光布景的設備，乃至於觀眾的坐位、演員進出舞台的方式上，都與舊式茶園迥異。那麼傳統的京劇演出如何能在新式劇場中施行？演員又該如何去適應及接受新式表演場

地？應是一個值得認真看待的有趣課題。本文選取了一群上
海京劇的工作者，夏月珊、夏月潤、潘月樵與馮子和為觀察
範例，他們不但是在京劇舞台演出時的工作夥伴，也同時集
結各方力量建立了中國第一座自營式的新式劇場 ── 新舞
台，更相偕參與新劇的演出，並且致力於京劇的改良工作。
如此多重性質的編演活動，勢必織繪出一幅與北京完全不同
的獨特京劇圖像，也藉由這群京劇的工作者的戲劇活動，及
面對世變時所展現的眼界與態度，來審視上海京劇是如何與
新興藝術形式相互參照與對話的？

　　其三，同治六年（1867），在京劇發展史上有兩項重要的
事件發生，一是在上海由英籍華人羅逸卿建立了仿京式的戲
園「滿庭芳」，同時對天津京劇演員進行邀演。二是北京三慶
班演員夏奎章、四喜班演員馮三喜等人，應丹桂茶園之邀至
上海演出。這兩件事標誌了原本盛行於北京、天津的京劇，
正式進入上海，並在此扎根落腳。上海觀眾與北京觀眾在質
性上本就存在著不小的差異，以其不同於北京的審美品味，
對於京劇而言，可能產生何種影響與變化？本文選取了一項
於同治六年，經由夏奎章所帶至上海的演出形式 ── 連台本
戲為範例，並且以足堪代表上海京劇演員的著名老生流派創
始人周信芳的本戲作品，來觀察京劇進入上海這個相較於其
他地區多元化，且對外來文化相對開放的都市後，在其自身
產生了何種的衝擊與新變？而其與話劇間又呈現出何種關連
性？

　　上述所選取的三種樣本，主要都在平行對照二十世紀前
期京劇與話劇之間的跨界觀看、相互涉入與對話方式等現

象。不過，幾乎與此同時，甚或引入時間更早一些的另一項新興藝術形式 —— 電影，也在這個期間落腳於中國並快速地發展。如果電影一開始就遵守它寫實或娛樂的路線，持續與中國境內的現實題材做結合，也許就不會有「戲曲電影」這種獨特的電影類型存在。不過最令人玩味的是，電影初入中國所選取的被攝對象竟然是京劇！這就衍生出非常有趣的話題，一個是以舞台演出為呈現主體的表演藝術，一個是經由鏡頭的運用所呈現出來的光影藝術，兩者之間在本質上具有絕對的差異性，當彼此有緣結合時，是一番怎樣的景象？這甚且足以激起兩種不同美學結構體系上的論辯。

　　在中國戲曲史的講述中，甚少涉及「戲曲電影」這類的主題。然而這個主題在中國電影發展史中，也常常是被漠視，或是僅僅浮光掠影的被一筆帶過。戲曲史的撰述者，對於戲曲的演變與發展，幾乎都集中於舞台場域上的書寫，這樣的撰述體式，當然聚焦於戲曲為舞台藝術的基準點上，自是無可厚非。不過，以二十世紀前期的時間點來看，戲曲當時的主流形式 —— 京劇，不但與話劇展開密集的跨界對話，同時間也與電影發生了密切的跨界接觸。本論文對於這種現象，同樣也希望不受限於戲曲史或電影史的論述局限，將此時期京劇與電影的跨界接觸，與話劇同樣採平行並置的方式重新看待，以期能完整地檢視出在這段劇烈變動的時間流中，京劇如何與電影相互觀看、對話乃至於有所新變的軌跡。

　　這項課題的討論，本論文則以時間為經緯，擇取了先後兩個時期的作品做為審看的樣本：

　　其一，選擇了南北兩個不同區域最早拍攝戲曲電影的製

片機構 —— 北京豐泰照相館及上海商務印書館影劇部所攝製的五個京劇片段，來檢視京劇與電影相遇的初始情況是如何？這兩種不同形式的藝術，是用何種方式來進行跨界交談的？何種藝術形式掌握了話語權？電影對於京劇的本體有無改變或影響？凡此都可以做為探索京劇與電影初步遇合的不同層面。

　　其二，如果電影初始只站在紀實的角度，來對京劇的舞台演出加以拍攝及記錄，那麼就不太會有與美學相關的討論產生。因為在這種層面上，鏡頭通常不需對表演主體有過多的涉入。但是顯然京劇與電影的工作者在初步接觸之後，並不能滿足於「紀實」這種單一的位置。本論文因此選取了兩位在當時京劇與電影場域重要的創作代表 —— 梅蘭芳與費穆為檢視範本，並以他們所合作的京劇電影代表作品 ——《生死恨》為範例，來審看這兩位對於京劇與電影在美學體現上曾做出深刻思考的藝術創作者，是如何來看待京劇與電影的跨界結合？舞台的立體演出如何能翻轉為平面的光影呈現？在磨合的過程中，兩者間有無成就了什麼？或者丟失了什麼？所拍攝出來的成果是「京劇電影」亦或是「電影京劇」？尤其梅、費兩位創作者如何相互對京劇、電影的審美形態，進行跨界對談與溝通？在媒合的過程中，對於京劇的藝術主體發生了何種變異？有沒有在作品實踐中產生出成果，並進而反饋於京劇表演的自身？經由這些層面的觀察，足可以見出京劇在面對傳播層面較自身廣遠的新興藝術媒材電影時，所採取的應對之道。

　　非常令人玩味的是，不論話劇或是電影，在初入中國的

階段，都是以寫實的優點，成為大眾所接受的特長之一。京劇如要與這兩種藝術形式一較短長，是該走向何種變化的道路？是以己身虛擬寫意的完足體系，將寫實吸納進來並加以鎔鑄成為新的藝術形式？還是向寫實藝術傾斜靠攏，而將虛擬寫意的特質擱置捨棄？

　　藉由上述五種層面的審視與觀察，我們得以反視京劇在百年前所做出的跨界與新變，唯有如此，我們才能看清京劇自我轉化的方法與軌跡。在二十一世紀之初，我們已經可以看見兩岸間對於新編京劇的創作路向，屢屢有向寫實或是以話白為主的舞台劇特色靠攏的趨勢。唱詞的意境與抒情的美感，已經不是新作品創作的最終目的，敘事成為表現重心。姑且不論這種創作趨向的利弊得失，那應該是下一個世紀才能清楚定位的。但是當我們重新審看二十世紀初期，京劇諸賢們對於跨界的實驗與嘗試，其跨越的步伐之大，新變的範圍之廣，應該足以為這個世紀京劇的跨界與創新，提供許多的借鑑與反思。職是之故，回眸，是必要的。

第一章　二十世紀初期京劇與話劇的跨界接觸與滲透（一）

── 以汪優游與汪笑儂戲劇活動為觀察基點

第一節　前　言

──「以文抒憤」的思想啟蒙

　　京劇與話劇在二十世紀初期，代表著中國戲劇版圖的兩大表演形式，京劇意味著傳統戲曲特質的傳承與延續，而話劇則為近代西學傳入，展現在表演藝術領域中的新興戲劇樣式。一般而言，傳統戲曲是朝向虛擬的、寫意的抒情審美道路上發展；而話劇則以擬真的、寫實的現實生活反映為表現訴求。不過，如果我們用上述這種約定俗成的審美觀念，來檢視十九世紀末進入二十世紀初這兩種戲劇形式的表現，卻會發現在這個話劇初入中國，京劇亟思轉變的時間點上，二分法式的單向審美思維模式，並不能符合這個時期各種戲劇作品所呈現出來的真實樣貌。相反的，伴隨著「詩界革命」、

「新文體運動」、「小說界革命」而來的「戲曲改良」運動[1]，促使京劇走上一條不同於以往的道路。雖然在初始時期改良的動機，並不是針對戲曲這項久遠的藝術，在「表演形式」上產生了不滿而意欲改變，這些提倡戲曲改良的號召者如梁啓超等，其急於革命與改良的重心，乃在於建立以新政治、新道德及新的社會風氣，來轉移當時陳疴陋俗上，並且以戲曲為其改良的媒介與手段[2]，藉以達成政治改革的終極目標。因此，思想內容以及題材上的反映現實，是戲曲改良最重要的工作項目。但是就梁啓超在劇本所留下的主要作品來看[3]，竟然都是以傳奇的形式來創作，梁氏捨棄了當時比傳奇更接近民間的戲曲形式—京劇，反而選擇了更復古的崑曲為其改

1　這種由對於政治現狀的不滿，轉而希冀以文學為訴求對象，要求由文學內涵及形式的改變，來帶動社會革新的現象，始自戊戌變法前。當時由梁啓超、夏曾佑、譚嗣同、黃遵憲等人，首先標舉出「詩界革命」的號召，認為詩歌應突破以往的舊傳統形式，以通俗直白的語言和自由的格式，來承載其宣傳改革的思想及達成變法的真正目的。梁氏又於 1902 年在《新小說》創刊號中，發表了〈論小說與群治之關係〉這篇在文學改良中極為重要的文章，文中認為「小說」（也含括了戲曲）必須負有社會改良的責任，並且應以呈現社會真實面貌，進而達到開啓民智、教化百姓為主要功能，最終仍是以文學為其宣傳革命的武器。因此，不論文學的形式為何，思想內容的改變與革新，才是重點。

2　梁氏指出：「欲新一國之民，不可不先新一國之小說。故欲新道德，必新小說；欲新宗教，必新小說；欲新政治，必新小說；欲新風俗，必新小說；欲新學藝，必新小說；乃至欲新人心，欲新人格，必新小說。何以故？小說有不可思議之力支配人道故。…故今日欲改良群治，必自小說界革命始。欲新民必自小說始。」見〈論小說與群治之關係〉，原文載於《新小說》創刊號，1902 年。此處引自《飲冰室文集類編》上冊，頁 382-386，台北：華正書局，1974 年。

3　梁啓超在此時期所創作的劇本有三，《劫灰夢》、《新羅馬》與《俠情記》，均屬於未完成的傳奇劇本。

革的載體，顯見其以文人創作案頭劇本，藉以抒發志向、鼓勵人心的心態。由此也足可證明，「形式」或「表演」並不是戲曲改良的提倡者，優先被列入考慮的革新目標。

這種「以文抒憤」的戲曲作品，在變法維新時期大量的湧現，以阿英於《晚清戲曲小說目》中所統計，由 1886 年至 1911 年間所出現的古典戲曲新創作的劇本，其中傳奇有 55 本，雜劇有 40 本，而雜劇這種比傳奇更為古老的戲曲形式，在清代比傳奇形式更早走向純粹文本的欣賞之路。這些劇本幾乎絕大多數都是沒有演出過的案頭清供，且多數發表在當時風湧而起的各地報刊雜誌之中。我們由這種客觀事實之中，可以觀察得出來，雖然這些有志於社會改革的戲曲創作者，以劇本為發聲的工具，在劇本中大聲疾呼並倡導改革，但卻缺乏將作品付之氍毹的實際行動，而只是把劇本當做發表於報刊的文章或小說，以文字的形式來達到自我宣揚的目的。不過不可諱言的，在當時能夠具有閱讀報刊雜誌能力的人，畢竟尚屬小眾，對於廣大的觀劇人口，一個無法在舞台上演出的劇本，畢竟所能獲得的實際宣傳效益有限，亦即這批作品其實與其教化百姓的原本立意動機，在具體實踐上其實是有一段相當的差距的。這也顯示了此時期的戲曲劇本作者，在戲曲改良的言與行上，所產生某種程度的斷裂。

真正能把戲曲改良的行動落實並且加以具體實踐的，當是那些有舞台演出實戰經驗的京劇藝人，如汪笑儂、潘月樵、夏氏兄弟、馮子和、田際雲、周信芳、梅蘭芳及歐陽予倩等人。這批具有行動力的京劇演員，幾乎都具有創新和及時接受新事務的特質，並且對於當時社會時代脈動非常敏銳，而

其中更不乏與新近傳入的戲劇形式 —— 新劇，有過深淺不同的接觸，甚或實際參與過新劇、文明戲的演出。這類不同於以往傳統京劇的演出經驗，對於科班出身或是中途下海[4]的演員而言，都產生了相當大的衝擊與啓發，而此時傳統京劇嚴格表演程式的鬆動，以及觀眾欣賞品味的轉變，新型態演出場地的加入等變化，在在都給了這些能夠接受新事務並極欲改變舊形式的京劇演員一個跨界創新的機會。

第二節　話劇新形式的引入
—— 春柳社與春陽社的移植與混用

相較於京劇的改良而言，話劇被有意識的引入，其初始的動機更具有直接的政治意圖，並且我們也可以大膽一點地認為，新劇的被扶植，主要就是為了改造社會、以利革命這個政治目的而產生。改良京劇是由舊有的戲劇體制基礎上來做出改變，而引入新劇，則是直接移入一個新的戲劇形式，兩者在表現方法上雖然殊途，但目的卻是一致的。不過，在舊劇的改良上，由於是剛開始起步，並且舊有的形式架構已經自成體系，要如何運用程式化的唱做唸打來展示現實生活的樣貌，並且由帝王將相、才子佳人的固有題材中脫出，轉

---

4 指原非從小受戲曲科班教育的養成，但後來卻經由拜師學藝，轉而成為職業演員者。

而反映時事[5]，其間內容與形式如何能在改變後相互協調，是極待解決的問題。雖然上述的京劇演員正努力進行多方的嘗試，但畢竟還有一段很長的磨合期需要度過，因此舊劇的改良在面對社會改革的即時性上，無法立刻能為倡議運動者所使用，這也就促使當時的知識份子，轉而向外謀求新的戲劇形式來成為他們的改革工具。當時在外留洋的留學生分為兩個系統，一者遠赴歐美，一者取道日本，新劇的倡導者以後者為大宗。

在諸多的中國戲劇史中，常以 1907 年成立於日本[6]，由李叔同、曾孝谷、吳我尊、李息霜等人所組織的文藝研究團體 ── 春柳社，在東京本鄉座中首演的《茶花女》片段為中國話劇之嚆矢[7]。當時歐陽予倩也正留學於日本，春柳社所演出的《茶花女》是他生平第一次看到的話劇[8]。由於春柳社這次的演出十分受到日本戲劇界的肯定，並且得到日本新派劇演員藤澤淺二郎的指導幫助[9]，也因而使得李叔同等人對演戲

5　傳統戲曲並非沒有反映現實的時事劇，只是在作品數量上相對較少。
6　也有其他資料顯示，春柳社成立於 1906 年年底。
7　這種定論其實近期也已出現不同的看法，有論者認為應該在 1907 年之前就有話劇演出的紀錄，但本文在此仍以目前的主流意見為論述依據。
8　歐陽予倩曾指出：「一九〇七年初春，我記不起是哪一月哪一日，彷彿記得是過陰曆年那幾天，我在日本東京駿河台中國青年會一個賑災謀款的游藝會上，看到春柳社友第一次的演出法國小仲馬作的《茶花女》，因為是游藝會性質，又是第一次的嘗試，演的只是全劇的第三幕一幕。李息霜飾茶花女、曾孝谷飾亞猛的父親、唐肯飾亞猛、孫宗文飾配唐，這是我第一次看到的話劇。」見〈回憶春柳〉，收錄於《中國近代文學論文集 1949-1979》（戲劇、民間文學卷），頁 276，北京：中國社會科學出版社，1982 年。此文原載於《中國話劇運動五十年史料集》第一輯，中國戲劇出版社，1958 年。
9　日本的新派劇出現於明治維新之後，以傳統歌舞伎為基底加以改良。

產生了莫大的興趣。加上此時中國國際地位低落，海外的留學生眼見華人四處受人歧視，春柳社成員想藉由演一齣完整大戲來反映華人在外所遭遇的困境，因而在 1907 年 6 月，排演了由林紓、魏易所翻譯美國斯托夫人的小說《黑奴籲天錄》。這場演出歐陽予倩也參與其中，並演了女黑醜奴及小喬治兩個角色。歐陽氏認為，這個劇本雖然有小說為底本，但實際上是經過改編後才搬上舞台，因此可以視做中國話劇第一個創作的劇本[10]。

　　此戲演出時共分為五幕，在幕與幕間沒有過場戲，整場均以對話組成，無加唱或朗誦，表演也以自然真實為主，有完整的劇本和固定的對話，並且經過兩個多月的排演才正式演出[11]。由這些條件看來，春柳這次的演出與話劇形式相當符合，但可惜的是春柳社在這次公演後，並沒有獲得進一步的收穫，爾後也沒有其他與戲劇相關的活動。不過，這齣戲卻在 1907 年 11 月由王鐘聲所組織的春陽社在上海再次的演出[12]，歐陽予倩並認為此次演出應被視為上海演出「新劇」

由於受到當時民權運動的衝擊，以宣揚民主自由思想為演出目的，表演用接近口語的方式對話，並趨近於寫實，講演唱的成份減少，但仍有伴奏，與中國的改良京劇有些近似。

10　參見歐陽予倩〈回憶春柳〉，收錄於《中國近代文學論文集 1949-1979》（戲劇、民間文學卷），頁 282，北京：中國社會科學出版社，1982年。原載於《中國話劇運動五十年史料集》第一輯，中國戲劇出版社，1958 年。

11　參見歐陽予倩〈回憶春柳〉。

12　王鐘聲為留日學生，清末回到中國後，以禁煙委員的身份，在上海從事革命活動，後被以革命黨罪名處死。梅蘭芳認為王鐘聲是一個充滿政治熱誠的活動者，他曾回憶當時王氏在上海開辦了一所通鑑學校，學習的科目除了國文、英文等，還加了戲劇和舞蹈。他認為：「中國要富強，必須革命；革命要靠宣傳，宣傳的辦法：一是辦報，二是改良戲劇。」此後他又帶領劇團常到北京、天津宣傳「改良新戲」。見

的開始。這次初試啼聲的公演十分轟動，王鐘聲在各大報紙上刊登了巨幅的宣傳廣告，而且他租用了一直由外國人所使用，在當時堪稱全中國最好的劇場 —— 蘭心大戲院為演出場地，因此一般的上海市民頗為期待。全劇使用布景搭配燈光，在服裝上也是全部用新西裝上場，這種演出方式，是當時上海人所未曾見過的[13]。不過，春陽社的演出卻被認為是失敗的新劇，雖然都是《黑奴籲天錄》，但劇本的改編者各自不同，春柳社版由曾孝谷改編，春陽社版改編者則為許嘯天，採分幕方式編劇。之所以會產生成敗不同的差異，主因在於演出的形式，春陽社的表現方式與京劇新戲非常類似，劇中人唱皮黃搭配鑼鼓，人物上場時用引子、上場白，有時還加上數板，雖然演員穿上西裝，動作方面還是使用揚鞭為騎的戲曲表演程式。

事實上，王鐘聲與春陽社成員並沒有人親眼看過春柳社在日本的演出[14]，而他本身也沒有正式學習或觀摩過西方戲

梅蘭芳遺稿〈戲劇界參加辛亥革命的幾件事〉，收錄於《中國近代文學論文集 1949-1979》（戲劇、民間文學卷），頁 109，北京：中國社會科學出版社，1982 年。原載於《戲劇報》，1961 年第 17、18 期。

13 徐半梅對春陽社這次的演出曾有以下的記載：「王鐘聲只介紹了兩件事情給觀眾：一、戲是分幕的。與舊戲班中所演一場一場連續不已的新戲，完全不同；但觀眾們嫌閉幕的時間太無聊。二、台上是用布景的。一般的觀眾，一向在舊戲院中，除了《洛陽橋》、《斗牛宮》等燈彩戲有些彩頭外，這確是初次看見，而且蘭心的燈光，配置得極好，當然能使台下人驚嘆不止。」見《話劇創始期回憶錄》，頁 19，中國戲劇出版社，1957 年。

14 據張庚指出：「王鐘聲用的並不是春柳社的劇本和春柳的排演方法，他的劇本是由許嘯天直接根據譯本改編的，因此可以說是另一個《黑奴籲天錄》的劇本，至多也只可能是聽說留學生在日本演出此劇成功，因而也想起來學他們罷了。」原載於《中國話劇運動史初稿》（第

劇，但卻與北京上海京劇演員同過台[15]，在並未觀演過西洋戲劇的經驗下，可以說他的戲劇概念還是以京劇為主要模想藍本，也因此《黑奴籲天錄》借用了京劇的演出程式，是可以理解的。雖然當時的評論者咸以此戲為失敗的新劇作品[16]，但我們卻由這種最早期初始且不憑藉外國演出經驗的演出方式，看到了話劇初入中國如何借用戲曲形式的重要例證。

此外對於劇場的使用，春陽社的演出也算是跨出了成功的一步，傳統戲曲劇場對於各式燈光布景的運用並不是毫無經驗，例如早已流行多年的燈彩戲，就十足以燈光特效為主要賣點，只是這種燈彩戲被視做是特殊的形式，因此在燈光布景方面，並不是全面使用在一般以唱做為重的傳統戲目當中。而王鐘聲的初次使用蘭心大戲院，這個原本以西方劇院為建構概念的劇場，無疑對於當時的戲劇（曲）工作者，做了一次燈光布景運用的示範，他直接開啓了後來夏氏兄弟建

一章），收錄於《中國近代文學論文集 1949-1979》（戲劇、民間文學卷），頁 246，北京：中國社會科學出版社，1982 年。

15 歐陽予倩指出王鐘聲曾和當時上海及北京的著名京劇演員同台演出：「他在上海就曾和京戲演員合作演出過一些戲，劇場門口和台口掛的紅底金字牌上面寫著『鐘聲先生』。當時他能夠一個人打進京戲班子，又組織春陽社作那麼大規模的演出，後來他還帶著幾個人到北京跟楊小樓、尚和玉這些大角色同台演出，足見他活動力之強。」見〈談文明戲〉，收錄於《中國近代文學論文集 1949-1979》（戲劇、民間文學卷），頁 314，北京：中國社會科學出版社，1982 年。

16 如歐陽予倩和徐半梅等都對此劇評價不良，徐半梅的批評尤其嚴厲：「這一次的演劇影響如何？於劇運前途可謂毫無成就…足以使人驚嘆的，只有布景；戲的本身，仍與皮簧新戲無異…一切全學京戲格式，演來當然還不及京班，所以毫無結果，實在還談不到成績，連模仿京班的新戲，還夠不上。」見《話劇創始期回憶錄》，頁 19，中國戲劇出版社，1957 年。

立新舞台的動機，也促使了改良京劇在舞台硬體設計概念上
的進步。

第三節　由汪優游〈我的俳優生活〉側看京劇與新劇的夾纏

　　如果我們翻尋更早期話劇初演於中國的資料，可以發
現，春陽社這種不中不西、似京似話的演出模式，並非最早
的實驗之作。在最能接受新知和新事物的上海，早在 1900
年前，就已經出現了類似的演劇方式，只不過它並不是用來
公開上演，而是流傳於教會學校中的學生演劇活動。以目前
可見最早記錄中國學生演劇的文章，是汪優游於 1934 年 6
月至 10 月所發表的〈我的俳優生活〉一文，事實上，汪優游
的戲劇活動很可以做為話劇初入中國，早期與京劇相互夾纏
的一個範例。

　　汪氏世居上海，在學生時期即對於演戲有著相當濃厚的
興趣，1905 年即與戲迷同好組織了第一個以演戲為目標的
「文友會」。梅蘭芳曾指出：

> 汪優游，初名仲賢，是新劇運動中的健將。早在 1905
> 年，他就在上海組織了『文友會』，演出了《捉拿安
> 得海》、《江西教案》兩個反映社會現實的戲。以後，
> 他所編演的劇目，大半針對時事，有的放矢，在當時

是很有積極意義的。[17]

如果我們要明白的看清楚，在話劇興起之初，是如何與京劇相互爭奪話語權的？最好的方法，可由當時新劇演員的演出活動及京劇演員的演出活動相互交疊印證，應該比較能展現出京、話爭鳴或合流的較完整面貌，那麼汪優游即是一個新劇演員最佳的人選。

1906 年，汪氏與朱雙雲、王幻身等組織了另一個演劇社團 ——「開明演劇會」，1908 年又重組另一社團 ——「一社」。到此為止，汪氏都是以學生演劇的身份進行新劇的演出，而學生演劇又是新劇與京劇最初相遭遇的第一個場域，汪氏幾乎是上海學生演劇時期最重要的首腦人物之一。1910 年，加入「進化團」，1913 年轉入「新民社」，後來新民社與民鳴社合併，即為民鳴社之一員。其後，1917 年又與朱雙雲組織「大成社」，為當時最活躍且優秀的文明戲演員。汪氏除了擅演話劇之外，也能演京劇，這點是經過梅蘭芳認可的，梅氏曾言：

> （汪優游）他的演技好，路子寬，生旦而外還能演老
> 旦，正派反派都能演，文明新戲（最早『文明新戲』
> 這個名詞含有進步的意思，後來走上殖民地商業化的
> 道路，去『文明新戲』的本來意義日遠了）而外，還
> 能演京劇。[18]

---

17 見梅蘭芳〈戲劇界參加辛亥革命的幾件事〉，收錄於《中國近代文學論文集 1949-1979》（戲劇、民間文學卷），頁 109，北京：中國社會科學出版社，1982 年。

18 見梅蘭芳〈戲劇界參加辛亥革命的幾件事〉，收錄於《中國近代文學論文集 1949-1979》（戲劇、民間文學卷），頁 109，北京：中國社會科學出版社，1982 年。

他並且曾與梅蘭芳在上海同台演出過《生死恨》，由於後期文
明戲內容日漸荒腔走板，走上了衰落的道路，汪氏便正式轉
入京劇界。當時他是黃金大戲院的基本演員，因此在《生死
恨》中，便被派演「老尼」這個反派角色，梅氏還指點過他：

> 您扮的老尼姑雖是壞人，但不要專用出洋相、說怪話
> 來形容這個角色，一則是這種千篇一律的演法並不高
> 明；二來還會引起宗教界的不滿。[19]

似乎梅氏原先並不很放心這個文明戲演員扮演京劇丑婆子的
表演方法，但在演出後，卻獲得了梅氏的讚許：「在演出中，
他和扮演胡公子的蕭老（長華）在定計一場的對白，工力悉
敵，恰到好處，使人感到這個貪財老尼的陰險惡毒是有深度
的，而且是典型的。」[20]蕭長華是北方京劇界的名丑，能與
他配上戲，且被梅氏認為「工力悉敵，恰到好處」是不容易
的，由此可知，汪氏是一位能夠兼擅京、話的優秀演員[21]。
汪優游後來並且成為新舞台的一員，是上海「海派京劇」的
重要設計者和演員。

　　汪氏〈我的俳優生活〉一文中，提及於 1899 年曾到梵王
渡聖約翰學校參觀過聖誕節的學生公演[22]，當日汪氏所觀賞

19 見梅蘭芳〈戲劇界參加辛亥革命的幾件事〉，收錄於《中國近代文學
　論文集 1949-1979》（戲劇、民間文學卷），頁 109，北京：中國社會
　科學出版社，1982 年。
20 見梅蘭芳〈戲劇界參加辛亥革命的幾件事〉，收錄於《中國近代文學
　論文集 1949-1979》（戲劇、民間文學卷），頁 109，北京：中國社會
　科學出版社，1982 年。
21 朱雙雲對於汪優游擅演京劇，也有記載：「丑末生旦，靡不能而靡不
　工，生尤所擅，為世所宗焉。」見《新劇史・優游本紀》，上海：上
　海新劇小說社，1914 年。
22 外國的教會早在 19 世紀中期，就已經在中國設立學校，目的用來宣

的戲碼有兩齣：

> 開幕演的好像是一齣西洋戲，我因為聽不懂他們說些什
> 麼沒有感到什麼興趣。後來演的才是一齣中國時裝戲，
> 劇名有些模糊了，好像是《官場醜史》一類名稱。[23]

這齣可能名為《官場醜史》的時裝新劇，內容上無異是諷刺
晚清官吏的昏昧，及反映當時官場中的種種醜態。不過很重
要的是，汪氏看出《官場醜史》是湊合了三齣舊戲而成，其
中兩齣是舊戲《送親演禮》和《人獸關》中的〈演官〉，並且
以汪氏所言「當時戲園裡尚沒有採取過這樣描寫官場怪現狀
的材料入戲，覺得很新鮮。」[24]由於也可推知，當時舊劇的
演出題材，還不流行以現實生活情況來反映入戲。並且，這
些在教會學校的學生一旦自己編演起戲來，雖然受過西方英

教。早期較為著名的教會學校都在上海，一是由英國人創辦的聖約翰
書院，一是由法國人創辦的徐匯公學。聖約翰書院首開其端，由外籍
教師把聖經中的故事編成戲劇，以英語來排演，並且也會排演世界名
劇中的段落。每逢聖誕節或校慶日時，在懇親會中，由學生公開演出
給家長及教育人士觀賞。

23 見汪優游〈我的俳優生活〉，收錄於《中國近代文學論文集 1919-1949》
（戲劇卷），頁 313，北京：中國社會科學出版社，1988 年。原載於
《社會月報》第一卷，第一、二、三、五期，1934 年 6 月 15 日至 1934
年 10 月 15 日。關於這次的演出，朱雙雲也有一段記錄：「己亥冬十
一月，約翰書院學生，於耶穌誕日節取西哲之嘉言懿行，出之粉墨，
為救主復活之紀念，一時間風踵效者有土山灣之徐匯公學。所演皆歐
西故事，所操皆英語之言，苟非熟諳蟹行文作者，則相對茫然，莫名
其妙也。」己亥年為 1899 年，雖然朱雙雲這段記錄與汪優游應是同
一場公演，只是在朱雙雲的文字中並未提及汪氏所言之中國時裝戲
《官場醜史》的演出狀況。見朱雙雲《新劇史·春秋》，上海新劇小
說社，1914 年。朱雙雲為上海「開明演劇會」之發起人，後來與鄭
正秋成立了專演文明戲的「新民社」，為職業演員，曾主持笑舞台多年。

24 見汪優游〈我的俳優生活〉，收錄於《中國近代文學論文集 1919-1949》
（戲劇卷），頁 314，北京：中國社會科學出版社，1988 年。

劇演出的初步訓練，但除了題材上選取時事之外，在敘事結構的安排上，仍然無法擺脫舊劇關目的影響，因此還是借用了他們平日習見的舊劇情節（《送親演禮》爲京戲戲碼，《人獸關》則爲昆曲戲碼）加以拾掇。不過，在表演形式上，卻可能已經不再依附舊劇的表演程式，而是以生活化的語言和舞台動作加以呈現。

　　汪氏的這段記錄，雖未對此次演出在表演形式上，是否襲用了戲曲的表演方式多所著墨，但這次演出對他想上台演戲這件事，卻有所鼓舞：「看了這一次戲，便引起我的摹倣心，這種穿時裝的戲劇，既無唱工，又無做工，不必下功夫練習，就能上台去表演。」[25]由這段文字得以見出，最初聖約翰的學生演劇，在服裝上已採用時裝（應爲清裝），並且可能已經沒有什麼舊戲的唱做程式於其中。然而爲什麼在學生演劇之後所產生的新劇，如春陽社的演出，反而無法擺脫舊戲的表演程式呢？這點應該可能歸因於這些上洋學堂的青年學子，或許並未學習過舊劇唱唸做打的表演程式，因此也就不會在演出中使用出來。反而是春陽社諸君，接受過舊戲表演方法的薰陶，於是在演出時順理成章的加以借用[26]。因此由汪優游的記錄可以得知，最初在上海的學生演劇活動，其實在演

25　見汪優游〈我的俳優生活〉，收錄於《中國近代文學論文集 1919-1949》（戲劇卷），頁 314，北京：中國社會科學出版社，1988 年。

26　歐陽予倩對於這種現象曾提出合情合理的說明與解釋：「當時他們所能看到的只是京戲、昆戲；他們所能看到的劇本，大多數只是街上賣的唱本之類的東西；在表演方面，就他們所耳濡目染，不可能不從舊戲舞台上吸取傳統的表演技術，至少是不可能不受影響。」見〈談文明戲〉，收錄於《中國近代文學論文集 1949-1979》（戲劇、民間文學卷），頁 313，北京：中國社會科學出版社，1982 年。

出形態上，或許是比較接近於後來的新劇形式的。

　　不過在這篇文章中，還記錄下了除聖約翰聖誕公演外的其他幾次學生演劇的資料，其一是之後汪優游在育材學堂所看到的慶祝孔子聖誕的公演：

> 戲台設在一個大廳上，看客坐在天井裡，台上並無裝飾，只有兩個出將入相式的門簾。演員出場，仍用舊戲排場，念上場詩，通名字，都襲用舊戲形式；偶而也唱幾句皮黃，只是很少。[27]

將這次演出與聖約翰公演相比，顯然育材學堂採用舊劇的成份佔了相當大的比例。當天的戲碼有兩齣：一為庚子聯軍佔據北京之事，一為江西教案。雖然在劇本題材的選擇上，也是以反映當時政治現實為目的，不過在舞台陳設上，有傳統京劇舞台上下場門的設置，並且採用了戲曲角色唸上場詩和自報家門的唸白方式，且包含有少數幾句的唱詞，也就是育材學堂的演出時間上雖比較晚，但卻遠較聖約翰來得接近京劇。

　　其後，汪氏以學生身份，在校外創立了第一個專為演戲而成立的社團 ——「文友會」，於光緒 32 年（1906）演出了三齣戲：《捉拿安德海》、《江西教案》及一齣名稱被遺忘的戲碼。這次的演出並不成功，但由記錄可看到演出的道具是由舊戲館中借來的刀槍把子和髯口等，汪氏在《捉拿安德海》中，飾演一位總兵，用京劇的長槍在舞台上「大掉槍花」[28]，

---

27 見汪優游〈我的俳優生活〉，收錄於《中國近代文學論文集 1919-1949》（戲劇卷），頁 314，北京：中國社會科學出版社，1988 年。

28 見汪優游〈我的俳優生活〉，收錄於《中國近代文學論文集 1919-1949》（戲劇卷），頁 317，北京：中國社會科學出版社，1988 年。

明顯依舊採用了京劇的道具和表演程式於其中。

　　這幾次的演劇活動雖然都是以學生演出新形式的新劇為目標，但在不同程度上使用了京劇的元素於其中，並且都沒有捨棄京劇鑼鼓場面的配樂方式。汪優游在文中特別提出了一位司鼓毛湘泉，原致力於蘇灘[29]，後轉入京劇班子演丑角，因為本身會打鼓，顯然是一位票友鼓佬。當時的學生演劇因為比較缺乏章法規矩，無法請專業的內行場面與他們配合，而票友場面配合度高，所以他們都是延請這位票友鼓佬包辦場面的一切[30]。由此也得以推知，當時的學生演劇，至少應該是有京劇武場的存在的[31]。

　　其後，汪氏為了過戲癮，找了朱雙雲、任天樹發起了另一個演劇社團──「一社」，在「一社」的演出中，汪優游嘗試了一種單人獨角戲──《新跳加官》。《跳加官》原本為傳統舊戲所常演的一種吉利戲，目的是讓看戲的觀眾能夠討個好彩頭升官發財，通常是由一位演員穿戴袍服，並掛上加官的白色喜感面具出場，手執不同的吉祥頌詞──「加官條子」，將之展開或翻轉並做身段，汪氏便襲用了這種表演形式而加以改變。《新跳加官》在扮相上以「服裝就用頂帽袍套，不用加官假面具，請戲班中人為我畫了一個《蝴蝶夢》中二百五[32]的臉譜，以期可以顯出面部表情」[33]的方式，用來反轉

29　「蘇灘」即蘇州灘簧。
30　見汪優游〈我的俳優生活〉，收錄於《中國近代文學論文集 1919-1949》（戲劇卷），頁 319-320，北京：中國社會科學出版社，1988 年。
31　至於有無文場的存在，汪優游並未在文章中直接記錄，但應該是以演出中有無含有唱的成份而定。
32　「二百五」與「三百三」為梆子《大劈棺》中兩個守靈童的角色，上海名丑劉斌昆演此出名。出場由撿場抱出擺立椅上，著漆布長衫、坎

原本的加官形象而變爲貪官汙吏的丑角面貌，並且把原本的
吉祥頌詞改爲一半圖畫一半文字的紙條，上書「大洋錢」、「革
命黨」、「姨太太」、「洋大人」、「手槍炸彈」等字樣，演者並
根據當時官場中醜態畢露的現象，針對上述名詞來做出官員
面對這些人物及物件時的相應反應來。例如：

> 第一張揭出的是『大洋錢』，上面畫一塊大的洋錢。
> 加官看見了洋錢，作幾種表情：先伸手向看客要錢，
> 一齊裝入自己腰包。霎時腹部凸起，變成一個大腹便
> 便的樣子。
> 第二條揭出的是『革命黨』，加官看見便作怒目切齒
> 的樣子，雙手作抓一個殺一個的表示。殺完之後，將
> 帽頂上的綠紙取去；綠頂子便變成了紅頂子。
> 以後揭出的是『姨太太』，加官見了裝出扭捏肉麻神
> 氣。『洋大人』，加官見之惶悚無人狀，伏地磕頭如搗
> 蒜。最後所見的爲革命黨之『手槍炸彈』，加官見之
> 忘命狂奔，一路逃進戲房完結。[34]

整體的演出時間約半個鐘頭，且演者只需隨機做出相應的即
興表演，因此雖爲傳統舊劇的形式，但演出內容卻與社會現
狀做結合。換言之，這種《新跳加官》既有舊戲的外表，卻
又改換成了新劇的內涵，可以說是一種十分別緻的創新表演

肩、小帽，仿靈童紙紮人形之童男樣貌，在場上一刻鐘時間能紋風不
動。後來這個沒台詞沒動作的真人童男角色，反而成爲觀賞此劇的另
一大賣點。
33 見汪優游〈我的俳優生活〉，收錄於《中國近代文學論文集 1919-1949》
（戲劇卷），頁 333，北京：中國社會科學出版社，1988 年。
34 見汪優游〈我的俳優生活〉，收錄於《中國近代文學論文集 1919-1949》
（戲劇卷），頁 334，北京：中國社會科學出版社，1988 年。

形式。

由於這種演出非常簡便且容易學習，快速上手，因此當時迅速地流行開來，此後只要是學生演劇，都會加上這段表演，直至辛亥革命後，依然是時髦的模仿表演項目。事實上，《新跳加官》的表演模式，可以說是在學生演劇時期，京劇與新劇最有趣的組合，並且能夠將二者做出較好的融合。雖然不用道白，但在表演的靈活反應上，反而比對白更能引起共鳴，在一種看似趣味性的丑角表演中，展現諷刺社會現況的目的。觀眾不用接受教訓式的台詞，卻能夠在輕鬆的氣氛之下，接受演者所要表達的真正意涵，其快速流行且演出不輟，正可以此為證明。

由汪優游〈我的俳優生活〉一文中，所記錄下中國早期的學生演劇活動，可以看做是中國最早的話劇起步。只不過若換一個角度來看，話劇的初入中國，並非一開始就能夠獨立發言的，它必須依仗當時最流行的舊劇形式 —— 京劇，才能抒發當時學生們受到愛國思潮所鼓動，不吐不快的心中塊壘。在學生演劇的階段，借用京劇的種種表現方式，不失為一個方便而能快速上手的法門，在這種態勢下，京劇是被動的被移入，移入的方式有幾種：其一，借用京劇的表演手段，例如用耍大槍花來展現角色總兵的身份，上下場詩和自報家門。其二，借用京劇的藝術形式，例如延用上下場門（出將入相）、用武場鑼鼓點配合身段的展現，唱唸形式的使用等。其三，借用京劇、崑曲的情節套式來敘事，例如《送親演禮》、《人獸關》之〈演官〉的運用。其四，直接挪用劇目再加以變化，如將《跳加官》衍生成《新跳加官》。

　　但是,在這樣的借用行為下,學生們真正想要展現的其實是新劇形式,而非京劇,只是在此草創時期,要能完成掙脫舊戲的束縛,究非易事。汪優游就曾言明:

> 因為我們當時所看到的戲劇,無論是京、崑、粵以及一切雜劇,都是一個模型裡印出來的東西,我們編劇也難脫離這形骸,老是在這臭皮囊中翻觔斗,頂破了腦袋也鑽不出一條活路來。[35]

學生們有心要做出與舊戲不一樣的東西來,他們接觸過外籍老師所引進的西方戲劇,但畢竟還不能純熟的運用。此外,學生演劇會是如此的樣貌,還有另一種新興起的戲劇形式,被他們所借用模仿,也就是在上海這個時期開始流行起來的改良京戲。

第四節 「格律原為人所創造,何妨由我肇始?」 ── 汪笑儂對於舊劇新變的嘗試

　　前文所論是由新劇的代表人物 ── 汪優游在學生時期的戲劇活動,來側看京劇由原本為戲劇市場的主流,在話劇初萌芽時期,被最早接觸西方演劇資訊的學生族群,拿來與話劇片面拼貼、拾掇成章的初始情況。但是以這樣一個側面的觀察點,並不足以看出京、話初步接觸的完整面貌,因此,我們必須由另一個角度,亦即當時實際在舞台上演出的京劇

---

35 見汪優游〈我的俳優生活〉,收錄於《中國近代文學論文集 1919-1949》(戲劇卷),頁 332,北京:中國社會科學出版社,1988 年。

演員或是相關從業人員的戲劇活動，來正面觀察初期京劇在
面對原本幾乎是獨佔的市場，現在面臨新興表演形式話劇的
挑戰，要如何因應或保衛原本的主流話語權。在此首先可以
選取的一個觀察標的，是身處在這個新舊交替時期，由仕入
伶被稱為「伶隱」的汪笑儂。

　　汪笑儂在清末民初這個階段的京劇演員中，是一個醒目
的存在。本名德克金，出身於滿人官宦世家，中過舉人，學
識橫跨中西。他由傳統舊文人的教育養成出發，同時也兼擅
西學，對於法律、心理學都曾經致力研習[36]。由德克金融通
的學術基底，也可以窺見他後來成為京劇演員，能不拘一格、
銳意改良、與時俱進的蛛絲馬跡。自小愛好京劇，是三慶班
的忠實觀眾，並常出入北京知名票房 —— 翠風庵。嗜愛老生
行當，喜學汪桂芬，早期私淑程長庚，也曾向譚鑫培、孫菊
仙等北方生行名角學習生行技術。被罷官後，遂決意下海成
為京劇演員。初次登台是以「王清波」為藝名，首次在上海
丹桂茶園演出，以學習汪派（桂芬）為號召，並想拜在汪氏
門下求教於他。但汪桂芬在看了德克金的演出後，只是笑而
不答，並未應允收其為徒。德克金受到刺激，從此發憤苦學，
鑽研老生藝術，並更名為汪笑儂[37]自我惕勵，終能在四十歲

36　周信芳就曾指出：「笑儂先生學識淵博，才器過人。琴棋書畫，無所
　　不能；醫卜星相，無所不曉。『西學』傳入中國後，他還涉獵過心理
　　學、催眠術、法律、西洋史、商業史等。」見〈敬愛的汪笑儂先生〉，
　　收錄於《中國近代文學論文集 1949-1979》（戲劇、民間文學卷），頁
　　144，北京：中國社會科學出版社，1982 年。

37　德克金以汪桂芬「笑而不答」而取藝名「汪笑儂」，「儂」為上海話意
　　指「我」。而周信芳另有一段記載，說明汪氏藝名的來源：「他曾走訪
　　汪桂芬先生，告以志願；桂芬先生笑答：『談何容易』。笑儂先生受慚，

後得享大名[38]。

他是一個以傳統文人的身份轉入職業京劇舞台的演員，這點與當時絕大多數科班出身的演員，在背景上有著很大的差異性。由於本身長於文學，詩文兼備，因此他除了可以上台演戲之外，也擅長編劇。儘管當時京劇演員具有編劇能力者並不只有汪氏一人，但其以科考出身[39]兼通西學的背景，並且在仕宦之際，見識到官場的黑暗及現實社會的江河日下，使得汪笑儂在編劇的思想走向和表現形式上與其他人大為不同。他所編寫的劇本超過 38 本以上[40]，為產量極大的編

奮發自勵，苦學苦練，終於登上舞台，並即以『汪笑儂』為名，以自策勉。」見〈敬愛的汪笑儂先生〉，收錄於《中國近代文學論文集 1949-1979》（戲劇、民間文學卷），頁 144，北京：中國社會科學出版社，1982 年。

38 汪笑儂本身嗓音屬蒼老遒勁一流，但又兼融當時各家老生特色於一爐。吸納了伶界大王譚鑫培的清剛雋逸，又別具孫菊仙之豪放捭闔，並且運用了程派（長庚）之腦後音，再加上汪派（桂芬）之氣力飽滿，最終而能自成一家，並且得到譚鑫培的認同及贊揚，人稱「小汪派」。

39 汪笑儂在 22 歲時，即已中過舉人。

40 根據蔣星煜之《汪笑儂編演劇目存佚考》所列，汪氏所編演之劇目共有 38 種之多，這些劇本所刊行的狀況不一，分為幾類：有藏本未有刊本者，如《廉頗負荊》、《河伯娶婦》。而有刊本流行者最多，如有名的「三罵」，《罵王朗》、《罵閻羅》、《金馬門》（又名《罵安祿山》），以及《長樂老》、《張松獻地圖》、《鞭打督郵》、《洗耳記》、《博浪錐》、《喜封侯》、《興趙滅屠》、《張松罵曹》、《排王贊》、《刀劈三關》、《來陽縣》、《馬前潑水》、《怒斬于吉》、《哭祖廟》、《左慈戲曹》、《半日閻羅》、《受禪台》、《馬嵬驛》（又名《六軍怒》）、《黨人碑》、《游武廟》、《戰蚩尤》、《孝婦羹》、《繼母罵殿》、《煤山恨》。另有無藏本刊本而經調查得知確有劇本者，如《嚇荊蠻》、《沉香亭》、《蘆花記》。而未見藏本、刊本，見於代序者，如《失街亭》、《罵毛延壽》、《完璧歸趙》、《易水寒》、《瓜種蘭因》、《敲鼓斷金》。本文收錄於《中國戲曲史鉤沉》，上海人民出版社，2010 年。

但實際上經過汪氏改編創新的劇本，應不止於此數，例如《鏤金箱》

劇家，主要多以歷史故事為藍本素材，有改編自崑曲本子的，
如《桃花扇》、《黨人碑》、《燕子箋》、《馬前潑水》、《西門豹》、
《孝婦羹》等；有的來自於漢調，如《刀劈三關》；有的為新
編，如《瓜種蘭因》、《受禪台》、《哭祖廟》等；有的則來自
於舊皮黃本，如《洗耳記》、《空城記》等。但這些劇本其中
如有歷史小說或正史可以參酌的，他都在改編時予以參酌。
而其中《哭祖廟》、《空城記》即以《三國演義》為重新編寫
的參考材料，其中《空城記》一齣原有舊劇本，但他認為：

> 《空城記》為舊劇中之最優美者，惜情節與《三國演
> 義》不符，況「斬謖」一段尤無精彩，今按《三國志》
> 逐節改正，街亭一戰趙雲則護送官吏以當郭隗，斬謖
> 時上蔣琬求情，諸葛自責痛哭先帝添二六一大段，似
> 覺較完備。[41]

可見其對於情節細部的講求絕不含糊。其實，他的新編戲尤其
特別，有取材於現實生活者，如《鍍金箱》、《現身說法》、《張
汶祥刺馬》等；另外更有取材於國外史實故事者，如《瓜種
蘭因》、《火里罪人》，而《瓜種蘭因》即是最早的「洋裝戲」，
開穿著西服、以京劇演西方史實的先例。此外，他還編寫文
明戲劇本，對於話劇舞台的表現方式有實際操作的經驗。

　　1894 年之後，汪氏積極投入改良戲曲的實際舞台工作，
積極編演具有民主思想的新戲「抒其所學，編新戲，創新聲，

即是經其改造加工後上演於舞台。又如《桃花扇》的京劇版以及汪氏
晚年創作的時裝京劇《三千三百三十三》，及他融合了《馬前潑水》、
《博浪錐》、《洗耳記》、《排王贊》、《煤山恨》等劇中詞曲於一齣之《真
假戲迷》，都未見於蔣氏之統計當中。
41 見《申報》1916 年 12 月 9 日。

便數百年來之裝飾，開梨園一代之風氣」[42]。而其中以《瓜種蘭因》（亦稱《波蘭亡國慘》）的編演最具話題性，此劇於1904年8月5日首演於春仙茶園，開創穿著西裝登台演京劇的首例。在當時從未有這種以西方歷史為題材的京劇編演經驗，而此次的嘗試，開啟了此後戲曲之時裝戲、洋裝戲及改變傳統表演程式的新契機。他當時致書與曾少卿，明白揭示其創演此劇，以波蘭亡國之史實編排為京劇，藉以達到警惕國人切勿重蹈覆轍的苦心孤詣[43]。而此同時，他更參與了中國第一本戲劇雜誌《二十世紀大舞台》的創立及編輯，在當時的京劇藝人中，為同時握有演出和輿論傳播資源的第一人。柳亞子對於戲曲改良時，在新編劇本的題材上，認為應該跳脫中國古代故事而把範圍擴大：

> 捉碧眼紫髯兒，被以優孟衣冠，而譜其歷史，則法蘭
> 西之革命，美利堅之獨立，意大利、希臘恢復之光榮，
> 印度、波蘭滅亡之慘酷，盡印於國民之腦膜。[44]

柳亞子為《二十世紀大舞台》參與者之一，在理念上與汪笑

---

42 見張次溪〈汪笑儂傳〉，《戲劇月刊》第二卷第三期。收錄於姜亞沙主編之《中國早期戲劇畫刊》，北京：全國圖書館文獻縮微複製中心，2006年。

43 汪氏在與曾少卿信中言明：「抵制風潮現正吃緊，孝農等愛排一戲名曰《苦旅行》，取波蘭遺事，內容甚富，表明不愛國之惡果，與無主權國民之苦況，以證波蘭亡國原因。中段插寫非洲紅種野蠻統治，相形之下，足見我國民非劣種，實有優勝之資格，大有可為。末後以波蘭同種相殘，痛下針砭。殿以黃帝降諭，點到本題。鼓舞激揚，面面俱到。」見汪笑儂、熊文通〈致曾少卿書〉，收錄於阿英編著之《反美華工禁約文學集》，北京：中華書局，1962年。

44 見柳亞子〈《二十世紀大舞台》發刊詞〉，收錄於阿英《晚清文學叢鈔‧小說戲曲研究卷》，北京：中華書局，1960年。

儂相同，因此汪氏以波蘭亡國慘痛經驗為題材，決非出於偶然或刻意標新立異。

　　汪氏在《瓜種蘭因》一劇中，除了題材上的選擇突破了以往舊劇的窠臼，若以其劇本的形式來觀察，他對於以往傳統的編寫形式也有所改變和創新。例如舊劇的情節結構，是以「折」、「齣」為分段方式，汪氏則改以「場」的概念來劃分。全劇起初預計演出前後兩本，第一本分為十三場[45]，明顯地以西方分幕分場的結構方法來切分劇情，同樣的情況也見於時裝新戲《黑籍冤魂》共分為二十三幕之中。此外，舊劇在人物上場的標示上，是以行當為角色人物的代表，如「生上」、「旦唱」、「副末念」等，而汪氏在劇中則全部改以劇中角色的名字和所屬背景職稱標示角色。如波皇 —— 奧達斯達斯、波蘭貴族院總議長 —— 兒吉斯等，這種標示方式擺脫了舊戲以行當區分角色人物的陳規，改以展現劇中角色獨立特質為書寫的方針，如此可讓讀劇者和觀劇者明白知曉人物間的差異性。換言之，這種編寫方式其實是有向話劇（當時為新劇）劇本趨近的現象。

　　《瓜種蘭因》另一個特色是增加了具有演說性質、接近口語的道白，事實上，汪氏這種戲中加演說的做法，已經在1901年《黨人碑》的首演中出現過[46]。而在《瓜種蘭因》第

45　根據汪笑儂所致曾少卿書信中顯示，本劇原來預計演出前後兩場，但實際演出只有前場第一本共十三個場次，包括：〈慶典〉、〈祝壽〉、〈下旗〉、〈警變〉、〈挑釁〉、〈奉詔〉、〈遇險〉、〈賣國〉、〈通敵〉、〈廷哄〉、〈求和〉、〈見景〉、〈開場〉。登載於光緒三十年（1904）《警鐘日報》，但第二本卻未見刊登和演出。
46　汪氏在《黨人碑》劇中，飾演主角謝瓊仙，在演出〈毀碑〉一場時，

一本第十三場中，就有一段波蘭貴族院總議長兒吉斯，向眾議員歷數波蘭亡國之因的演說性念白，長達六百多字，等於是直接對觀眾所進行的演說。這樣的演說往往打斷觀眾對劇情的投入，使得觀眾原來在戲劇情境中的情緒被轉移，不過在這類的新編戲中，劇情只是個載體，演說才是真正的目的。擔負著演說之責的皆為老生，他們言語激亢，揭示正義，能挑動觀聽者之情緒，並進而引發同仇敵愾的反抗共鳴。這種戲中加演說，藉以引動群情激憤的演出形式，並不限於以時事為題材的劇本，即使是傳統劇目，一樣也可以用加白的方式以古喻今，指桑罵槐一番。如汪氏在《罵閻羅》中，就有一段加出來的道白：

> 你身為王爺，位分也大了；造孽一生，銀錢也夠了；年逾古稀，壽數也高了，你還不知足？還要招權納賄，賣官鬻爵，做這等不知羞恥的勾當。咳，老閻呵老閻，我問你還有良心嗎？[47]

直接影響了當時如任天知[48]等文明劇團必在戲中加演說的手法，並產生出「言論老生」這種新的表演行當[49]，也使得當時的戲曲劇本創作者起而仿效。

　　這類劇本每每以反映現實、鼓吹革命情緒或是抒發對時

穿插了大段即興的演說，慷慨陳詞，來抒發他對於戊戌六君子遇害的不滿情緒。

47 見《戲劇月刊》第一卷第十二期。收錄於姜亞沙主編之《中國早期戲劇畫刊》，北京：全國圖書館文獻縮微複製中心，2006 年。

48 任天知所創立之「進化團」，即以文明戲中加上大量演說的方式來鼓吹革命，「言論老生」這種新命名的行當，即由任氏開始。

49 「言論老生」這種新的角色類型，是以當時文明戲中的行當區分為名，實際上在京劇的行當中，是沒有「言論老生」這種類別的。

事的不滿爲寫作目的，它們大量產生於辛亥革命前後至五四運動時期，當時如《新小說》、《繡像小說》、《月月小說》、《小說月報》以及由汪笑儂、陳去病所創辦的《二十世紀大舞台》等刊物上，都發表了許多這類的戲曲劇本。其中如《軒亭冤》一劇，則直接用〈演說〉做爲第二齣的標目，藉由主角秋瑾之口，直接向觀眾進行演說：「同胞呵！女子放足，只不過開通女界的起點呢，儂還要把男女平權的道理說與你們聽聽。」[50]這一齣的下場詩，也點明了作者的寫作目的：「天生男女本平權，倚賴服從劇可憐，只爲現身一說法，同胞頓出九重天。」[51]

　　我們若針對汪笑儂的獨特出身背景與他現存的演出記錄和劇本創作加以釐析，可以見出他已經有意識的在對京劇做出不同層面的改良，這些改變約略可分爲幾個方向來討論：

　　其一，是對於傳統舊劇在編劇方法上的改變 —— 汪氏的許多改編創作都是前有所本，不論是傳奇、京劇和漢調或歷史小說，但經由他的重新整理及改寫，往往能刪繁就簡，使原本曲折複雜或多線行進的情節，能夠單純化或呈現單線式行進，他能夠緊抓住所要表現的重心，做集中式的情節或角色呈現。基本上，經由汪氏改寫的劇本，已經跳脫出以往舊劇串珠式的結構方式，只突出重要場面做集中火力的書寫，沒有所謂的「閑筆」或「話分兩頭」的拉雜繁冗。例如《黨人碑》原爲明末清初邱園的傳奇劇本，全劇共二十八齣，是

50　見蕭山湘靈子所著之《軒亭冤》第二齣，收錄於黃希堅、俞爲民選注《近代戲曲選》，頁 124-128，華東師範大學，1995 年。
51　見蕭山湘靈子所著之《軒亭冤》第二齣，收錄於黃希堅、俞爲民選注《近代戲曲選》，頁 124-128，華東師範大學，1995 年。

典型戲曲串珠式線性結構的作品。汪氏將原劇做出了大刀闊斧式的修整，只保留了兩齣，以四場戲來呈現。原本的主要角色如蔡京、劉達等均被刪除，只把重心集中於主角謝瓊仙和傅人龍身上。如此一來，在舞台上演出時，主角便有大展身手的空間，觀眾的注意力也不會被其他枝節的情節和人物所分散。

　　另如他的代表作之一《哭祖廟》，全劇情節單純，共分六場，除了第三、五兩場是過場戲外，第一場為開場，主要介紹演員劉諶上場，只打了一個引子加上一段自報家門，後唱四句搖板就結束，真正的情節發展只在第二和第四場中交待。本劇名為《哭祖廟》，因此汪氏的表現重心，即放在皇子劉諶無法挽回其父劉禪因受鄧艾包圍成都之困，決意出城投降的決定。最後其妻自殺，劉諶只好手刃兩個親生兒子，至劉氏祖廟向劉備靈位哭訴其父昏庸後，自盡而亡的情節上。而劉諶的痛心疾首的哭訴，全集中於第六場中展現，這一場劉諶一人用〔二黃倒板〕轉〔迴龍〕再接極為長篇的〔反二黃〕唱段後，以〔搖板〕做結，來表現他死前的不滿與憤恨。全劇線索整一，尤其以最後一場長篇大唱最為精彩。這齣戲其中有兩句相當有力的話「國破家亡，死了乾淨。」在天津演出時，感動了無數人，並因此成為當時天津市民的口頭禪。其後在上海演出時，因此戲影響甚大，還曾被流氓向劇場投擲煙幕彈破壞演出。周信芳對於此劇十分讚賞，曾認為比起李龜年之「彈詞」，演唱天寶遺事，汪氏這段〔反二黃〕影響

力來得大多了[52]，由此也可看出這齣戲的激動人心。而另如《馬嵬驛》，汪氏直接捨棄了故事的敘述，而把表現重心直接放在唐、楊二人的情感鋪陳上。

由此可見汪笑儂十分能掌握舞台上的表演重點，能將表現空間全力放在主要的演員身上。在他的筆下，角色的形象和性格特徵獲得了飽滿的詮釋，使得演員不論在唱做唸打，都能有完整的發揮餘地。這也是打破串珠式結構的最大效能，因此汪笑儂編寫的劇本，非常適合在舞台上演出。

其二，是對於戲理的講求──此前曾提到，汪笑儂修改劇本時，每每都會以史實做為參考依據。以他所修改的全本《空城記》為例，除了依《三國志》將〈斬謖〉、〈街亭〉的情節及人物加強之外，在〈城樓〉一段中，諸葛亮所唱〔西皮慢板〕和〔二六〕，其中的唱詞字句，都以諸葛亮所撰之〈出師表〉為根據。而對於舊本中有一句「官封到武鄉侯」，汪氏也以史料記載，當時之諸葛亮官職為中郎將，非武鄉侯，而將之改成「官封到中郎將」。

在這齣戲中，汪氏也以戲理的講求，對於人物的心理層面予以補強，例如〈坐帳〉一場中，在〔快三眼〕後加唱一段〔二六〕來強化諸葛亮對於馬謖的再三叮囑與謹慎。而在馬謖失街亭後，汪氏根據史實中記載馬謖曾連失三城，增加了這段事件的明場表現。並且在諸葛亮得知街亭已失後，加出了一段獨白，描寫了當年劉備白帝城託孤時，曾表示對於

---

52 參見周信芳〈敬愛的汪笑儂先生〉，收錄於《中國近代文學論文集 1949-1979》（戲劇、民間文學卷），頁 145，北京：中國社會科學出版社，1982 年。

馬謖其人「言過其實」的不放心，但諸葛亮卻沒有聽從劉備之言，重用了馬謖，以至有此禍事的內心自責過程[53]。凡此，在在都顯示出，汪氏能以人物內心細緻的描寫及事件發展的真實面呈現，為其改編創作的特長。

　　其三，是對傳統表演程式的改變 ── 汪笑儂除了參與編演過時裝京劇《黑籍冤魂》、《瓜種蘭因》、《三萬三千三百三十三》等戲之外，也參加了當時在上海十分流行的文明戲的演出。在《宦海潮》中，他飾演醴陵縣汪如海；在《張文祥刺馬》中，曾以滿人身份演出反清的題材；也演出過洋裝新戲《新茶花女》。所以他是最早能由舞台上的實際演出經驗中，感受到京劇傳統的表演程式，在面對到國外或現當代題材的劇本時，其間會發生的齟齬現象。在兩種型態不能完全搭配時，汪氏的選擇是減少傳統京劇表演程式的運用，以配合時裝性質的題材演出。例如在時裝戲中，服裝上取消了水袖的傳統形式，所以凡是原本需要搭配水袖的唱唸，如「叫頭」等，汪氏都予以省去不用。而新編現當代為題材的戲曲作品，一定會遇到的重要問題，即在於反映現實生活的表演，是屬於寫實性的生活模擬，但舊戲是追求寫意虛擬的表演美學。寫實在於營造一個擬真的戲劇幻境，能吸引觀眾置身其中，而寫意則常常使用疏離手法，讓觀眾置身於客觀角度中，欣賞演員經由表演技藝所營造的美感。因此京劇有一套自成系統的編演模式，它往往是在自身的劇本和表演中，達到這

---

53 參見周信芳〈敬愛的汪笑儂先生〉，收錄於《中國近代文學論文集1949-1979》（戲劇、民間文學卷），頁 147，北京：中國社會科學出版社，1982 年。

套系統的完滿與建構。但如今改用寫實的表現方式，那麼這套完整的系統一定會遭遇到挑戰。汪笑儂在處理這種牽一髮而動全身的問題時，通常是捨棄舊劇某些造成觀眾情緒疏離的固定手法或套式，來遷就寫實場景，例如角色上場時的「定場詩」、「自報家門」，在舊戲的編寫時，是固定向觀眾表明自家身份履歷的模式，也是將角色類型化的重要提示，但在寫實場景中，這種方法就顯得突兀而不協調，因而被捨棄。

此外，舊戲在表現角色內心自我對話時常用的「打背躬」（劇中角色抽離戲劇情境而與觀眾直接對話，使觀眾得以知曉劇中人心中的感受和自我盤算），是造成疏離效果最直接的手法。另如後台工作人員與舞台上演員相互對話的「搭架子」，汪氏也都認為不適用於寫實情境，同樣選擇捨棄。這種對虛擬程式的擱置，可以視為對傳統京劇表現方法的悖離，當然也代表了由汪笑儂所編演的時裝京劇，已經有初步向話劇靠近的現象。

不過，可注意的是，汪氏卻常常在表演時裝新戲時，化用傳統京劇的某些身段程式於其中。例如他在詮釋《黑籍冤魂》中的鴉片煙鬼甄弗戒時，就結合了京劇《打姪上墳》中陳大官的扮相，再化用《花子罵相》中的身段，並用了衰派老生的步法，綜合完成了舊戲中所沒有的角色形象。這種對京劇傳統身段的活用，可說是汪氏在創造新類型角色形象時的一大特色，也讓在題材與服裝都現實化的狀態下，京劇的元素還是能得以被吸納與轉化。如前所言，《黑籍冤魂》以分幕方式切分劇情，並且將虛擬動作減至最低，至於時空的轉換則以變換布景來完成，實際上已非常接近當時上海的文明

戲形式。《黑籍冤魂》是第一個京、話、影三樓的劇本，除了最早以時裝京劇形式，長期演出於上海新舞台外，之後還有文明戲的演出版本。電影在中國興起後，成為最早期被移植為電影演出的京劇之一。由此也可看出，汪氏這個劇本在淡化京劇元素，趨近於新劇形式後，反而使得演繹方式得以相互融通及多元化的現象。

其四，是京劇詞曲句式限制的自由化 —— 汪笑儂對於京劇的詞曲也做了幾項突破，他曾明白指出：

> 古之所謂『高台教化』，即今社會教育也！感人最易。然以詞句為本。不能達詞句中之義，不能傳詞句中之情，不能得詞句中之情，則不足以感人。唱必字正腔圓；做工必合其人之身份；神氣必合其事之形容；腔調必合其人之語氣。按五音，傳七情，設身處地，方足以動人聽聞。若腔過多，但求悅耳，使聽者腦筋中，無領會詞句之餘地，是一大弊害也。[54]

詞曲必須能達義，詞曲必須能傳情，而最重要的是詞曲要能貼近角色，刻畫角色，將其人之獨特處以詞曲抒情的特質加以描繪揣摩。因此經過他所改編或創造的詞曲，已與傳統有些京劇不同。汪氏的劇本，往往在台詞上力求通俗直接，能讓觀眾藉此了解角色，所以道白常採白話或類白話形式，甚至取消了傳統京劇給人距離感的中州韻唸白方式，改採貼近自然的、口語的京白或蘇白，這種貼近角色身份特徵的白口，普遍存在於汪氏各類京劇劇本中。即使我們以傳統題材的戲

---

54 引自董維賢《京劇流派》，頁 39-40，北京：中國戲劇出版社，2006年。

來看，同樣可以印證，例如《馬前潑水》中一段崔氏與朱買臣的對話就足以看出這點：

> 崔氏　　常言道的好：嫁漢嫁漢，穿衣吃飯。你是個
> 　　　　男子，你不養妻子，難道叫旁人替你養活我
> 　　　　不成。
>
> 朱買臣　想吾朱買臣，今年四十九歲，時運未至，等
> 　　　　待明年，衣錦還鄉，你就是一位夫人了，今
> 　　　　日雖受些貧寒，還要你忍耐忍耐。
>
> 崔氏　　你還想做官！
>
> 朱買臣　做官。
>
> 崔氏　　你是柳木官，門插官，河裡水判官，廟裡的泥
> 　　　　判官，我看你這窮倒運，終久不過凍餓而死。
>
> 朱買臣　我好言相告，你竟敢辱罵於我，真正是個潑婦！
>
> 崔氏　　你不能養活妻子，還說我是潑婦；你說潑
> 　　　　婦，我就是潑婦，哎呦天吶！[55]

這段對白，把朱買臣老秀才的酸腐之氣與崔氏短於見識又強勢的民間婦女口吻，栩栩如生的呈現出來。

　　另外在唱詞的部份，汪氏打破了原本京劇七、十字句的工整句式，把唱詞拉長或縮短而能不受字數的限制。他創造了六字、八字、九字乃至於三、四十字的長短句式，長短句式原為曲排體唱詞的習用格式，但將長短句用在板腔體的京劇格律上，實屬創舉。而汪氏的這種長短句式的創造，則又相當接近於當時文學創作所新興的「新體詩」句法，它不僅

55　見《汪笑儂戲曲集》，頁76，北京：中國戲劇出版社，1957年。

打破了工整句式所予人〝吟詩作對〞的隔閡感，也比較接近口語化，很適合表現角色複雜的情感。周信芳指出：

> 他編寫劇本，富於革新精神，從不墨守成規。為了避免因律害義，他常打破京劇七言十言的成規。《受禪台》的搖板，最多的長達二十餘字。他又常常在句中加詞，詞中加字，使唱白更加生動活潑。有人加以責難，他卻回答：『格律原為人所創造，何妨由我肇始？』[56]

周信芳所提出《受禪台》搖板一句長達二十多字的唱詞寫法，正是汪氏突破京劇句式限制的一大特色，他擅長用長篇的唱詞或大段的口白，來呈現劇中人物激越的情緒。例如前所舉例之《哭祖廟》中，劉諶在祖廟自刎前的大段唱詞，多達八十四句，其中多數為十字句，但有些句子卻長達四十幾字，他為了要達到抒發劇中人悲憤控訴的情境，因此不再固守京劇工整句式的規律。

在汪氏所編寫的唱詞中，以《排王贊》的長篇唱詞最為特別，劇中崇禎皇帝一段〔原板〕，達到百句之多。一般而言，如此的長篇大唱，易令觀眾昏昏欲睡，為了解決長詞所產生的冗長拖沓以及演員在演唱時的「氣口」運用問題，汪笑儂常以「垛板」的方式來處理。因此長詞反而給予人節奏感強，情緒一波波向上推進，並且還能搭配角色的激昂表現及其獨特的嗓音，如此能達到使觀眾不感沉悶而又進一步催化同仇敵愾情緒的目的。周信芳就曾言及：

---

56 參見周信芳〈敬愛的汪笑儂先生〉，收錄於《中國近代文學論文集 1949-1979》（戲劇、民間文學卷），頁 147，北京：中國社會科學出版社，1982 年。

> 總的說來，他的特點是腔調蒼老道勁，最適於慷慨悲
> 歌。《哭祖廟》連接七段反二黃，一氣呵成。…笑儂
> 的唱，饒有感情，他不是為唱而唱，卻能把自己的豐
> 富的感情通過劇中人淋漓盡致地發洩出來。[57]

前文曾提及，汪氏的劇本有劇中加上大段道白演說的傾向，
這種長篇幅長短句式的唱詞，其實正是一種「用唱詞來代演
說」的表現方式，其目的都是為了鼓動觀聽者的情緒，藉以
達成汪氏反映對現實之不滿，並進而能影響大眾，以期改造
社會的最終目的。

　　不過，在他的劇本中，更為普遍存在的特色是白多而唱
少，汪氏為一個重要的開啓者，在京劇面臨到改良轉變的這
個時期，具有宣講目的的長篇唱白，成為此時期京劇詞曲創
作的一大特徵。唱詞必須搭配曲牌和音樂，方得以傳達聽覺
美感，既然汪氏的唱詞每有長篇之作，就必須搭配適合的板
腔配置。在《菊部叢譚》中就指出：「其唱工西皮較二黃為勝，
尤善唱二六流水諸調，二六之運調頗似馮柱兒[58]。喜用疊句，
詞長而動聽，為笑儂之特長。」[59]而張次溪亦認為：「君之演
戲也，西皮多於二黃，二六多於元板，搖板收句。雖極沉鬱，
然不淹本來字。且二六淋漓痛快如長江之水一瀉千里，此又
君之所以異於眾者也。」[60]由此可見，汪氏選擇了〔西皮二

57　參見周信芳〈敬愛的汪笑儂先生〉，收錄於《中國近代文學論文集
　　1949-1979》（戲劇、民間文學卷），頁 149，北京：中國社會科學出
　　版社，1982 年。
58　即馮瑞祥。
59　見武進《菊部叢談》，頁 26。收錄於《燕塵菊影錄》，1926 年。
60　張次溪《汪笑儂傳》，收錄於《戲劇月刊》第二卷第三期。見姜亞沙

六〕為主要搭配長詞的腔調，並且在他的〔二六〕中，又常用〔垛板〕來表現「以唱代說」饒富節奏的獨特風格。

在京劇板腔中，〔西皮〕宜於表現高亢激越的情調，而〔二六〕是一種速度稍快於原板，節奏流暢迭宕的曲調，選用〔西皮二六〕來表現如《馬前潑水》、《罵閻羅》、《排王贊》、《煤山恨》等具有強烈情緒的戲十分適合，也因而形成了汪氏善唱〔二六〕的演唱特色，並造就了一批傳唱南北的流行戲目。但對於這點，也有論者給予無情的指責：

> 汪伶隱之戲，余非絕端反對，惟以二六為編戲之主體，終覺不甚妥當。然其流毒於關外，甚深甚廣，余此次轉涉江省，道經奉天、長春、濱江等處，學士商賈凡涉足梨園者，均能哼幾句類似大鼓調之二六板，秦樓楚館，善歌者亦非汪腔不習也，其流毒有如此。笑儂有知，當含笑於地下。[61]

但是，雖有不認同的聲音，卻不能否認汪氏在聲情配搭上的嫻熟適切與創造力。

其六，是導演概念的初步建立 ——《中國京劇史》中記載了一段關於汪笑儂對於排演的看法：

> 集各角於一處，將戲中腔調節奏、詞句身段，口講指畫，移時而就，翌日即演。凡各角之才中下者，不可告以戲情，以免其妄作聰明，胡扯瞎鬧；其老練深於戲者，則必將戲情詳細與之剖說，以備隨時救正他角

主編《中國早期戲劇畫刊》，北京：全國圖書館文獻縮微複製中心，2006 年。
61 見《申報》，1919 年 7 月 19 日，上海：上海申報館。

之失誤。[62]

京劇在以往並沒有專門的“導演”概念，但每個劇團都有職司排戲的人，通常都是由團中最熟知戲文的說戲先生給各演員說戲，或是代排走位，主角兒本人通常是不排戲的。上引這段文字“導演”二字雖然並未出現，但已經可說是汪氏對於導演事務初步所具有的一種工作態度，他所採取的是一種「因材施教」「分層負責」式的排戲方法。把戲中的演員區分為上中下三種層次，對於中下各配角，只告知他們所負責演出的部份，卻不讓其知道劇本全貌，目的在於配角們只需專注掌握好自身的表演，不需分心於其他旁騖之中。而對於主角因為「老練深於戲」，因此把操控全局的責任交付給他們。由這種分層負責的排戲方法中，也可以看出汪氏除了擅長編演之外，對於如何導演一齣戲的方法，已經有了自己的心法，亦由此突顯了在汪氏所處的時間點上，京劇已然走向主角制的現況。

第五節　結　語
── 新變的開始

　　由戲劇改良運動開始，到春柳社及春陽社將東西方話劇的輸入，京劇正面對一個前所未有的社會需求及藝術形式的重大轉變。一個長久以來在中國市佔率首屈一指的戲劇形

62　引自馬少波主編《中國京劇史》，頁438，中國戲劇出版社，1999年。

式，沒有說不的權力，只有不斷的迎向前去，對自身的藝術本體做出改變與更加精進，才能與時俱進不被無情的淘汰。

話劇初入中國，無所依傍，首先看到的，也是京劇的獨特藝術程式，而毫不猶豫的加以借用。我們由汪優游這位兼擅京、話，此時期重要的表演藝術家的戲劇活動中，可以看得非常清楚。在他所著〈我的俳優生活〉一文中，清晰可見京劇不論是在情節的結撰套式，或是表演的行當程式與鑼鼓音樂的配搭，乃至於舞台陳設、道具運用都是話劇移植的重要依據。

反觀京劇本身，由伶隱汪笑儂首先看到話劇在寫實特質方面的優點，以及參合了他個人對現實的改革理想，將京劇的傳統藝術形式以內行人的角度，做出了調整與轉變。不論是在編劇的題材上、表演的程式上都吸納了寫實的新型態。並且在內在結構上，突破了京劇詞曲格律的限制，不再恪守句式的排比與工整，以期能自由展現人物特質與情緒的不同變化。同時，汪氏也將舊劇的說白口語化甚或在地化，用來趨近現實社會的語言型態。凡此種種，都使得經由汪笑儂所編演的京劇作品，不論古裝的或是時裝的，甚至是洋裝的，都與以往展現出不同的新變風貌。不過，將目光轉向接納話劇特質的京劇演員，在當時並不止於汪笑儂，他的改變正代表著一系列京劇新變運動的開始，也是一種京劇新風格的開始。

本章引用書目

專　書

中國社會科學院文學研究所近代文學研究組編　《中國近代文學論文集　1949-1979》（戲劇、民間文學卷），北京：中國社會科學出版社，1982 年。

朱雙雲　《新劇史》，上海：上海新劇小說社，1914 年。

汪笑儂　《汪笑儂戲曲集》，北京：中國戲劇出版社，1957 年。

阿英輯　《晚清文學叢鈔》，北京：中華書局，1960 年。

阿英編著　《反美華工禁約文學集》，北京：中華書局，1962 年。

馬少波主編　《中國京劇史》，北京：中國戲劇出版社，1999 年。

姜亞沙主編　《中國早期戲劇畫刊》，北京：全國圖書館文獻縮微複製中心，2006 年。

徐半梅　《話劇創始期回憶錄》，北京：中國戲劇出版社，1957 年。

張肖傖　《燕塵菊影錄》，上海：大東書局，1926 年。

梁啟超　《飲冰室文集類編》上冊，台北：華正書局，1974 年。

梁淑安編　《中國近代文學論文集　1919-1949》（戲劇卷），

北京：中國社會科學出版社，1988 年。

黃希堅、俞爲民選注　《近代戲曲選》，華東師範大學，1995年。

董維賢　《京劇流派》，北京：中國戲劇出版社，2006 年。

學位論文

李雯　《汪笑儂戲曲研究》，華東師範大學碩士論文，2009年。

第二章　二十世紀初期京劇與話劇
的跨界接觸與滲透（二）
── 以新舞台主要成員的戲劇活動為觀察基點

第一節　前　言
── 改變由演員做起

　　陳去病為中國早期主張戲劇改良的重要推手之一，他在日本留學期間，接受了當時西方及日本的現代戲劇觀念，因此認知到了中國戲劇必須要改良的迫切性。他在《二十世紀大舞台》第二期，以筆名「醒獅」發表過一篇〈告女優〉，其中論及：

> 若是真要開通這般癡漢，喚醒那種迷人，除非要全靠著你們一班唱戲的身上才好。如今那裡幾個男子的名角呢，他倒十二分明明白白，一心要商量這新戲，同我們開了一個報館，其名叫《二十世紀大舞台》…一心指望著借這戲兒，激動激動人心，或者就此可以懂

　　一點事兒亦未可知。[1]

在這篇文章中，陳去病十分敏銳的提出，如果要改變中國的戲劇，必須由當時戲劇的實踐者們 —— 演員來進行，才能獲致最大的效能。因此不論男、女演員，都需要對他們身上所肩負的社會責任有所認識與覺悟。他在文中所提到「幾個男子的名角」，實即指在上海已經開始用演出行動來實踐舊戲改革的京劇演員們，如汪笑儂、夏月珊、夏月潤及潘月樵、馮子和等人。

　　五四時期，由陳獨秀、胡適、傅斯年等人所發起的新文化運動，對於舊戲（戲曲）多所指責，他們認為舊劇比不上西洋派戲劇，只是古代文化的遺形物，應予以盡情推翻，全數掃除。[2]殊不知早在文化界的知識份子，看到存在於舊戲中缺點的十年前，京劇界的演員們，就已經開始著手於舊戲的修整與改進。由於話劇的引進如前文所言，最早的發生地在上海，因此對於舊戲的改變，最早也以上海的京劇演員做出較多的行動與實踐，至於北方的演員，大致經由到上海演出後，接觸到新編戲，從而發現其優點，才轉而將新形式的改革精神帶回北方。也就是說，京劇的新變，產生與發展大都完成在上海。汪笑儂對於京劇改變所做出的貢獻，上章已有所述，但與其同時另有一批京劇演員也在改變著京劇，他們以中國人自建的第一座西式劇場 ——「新舞台」為根據地，

1　醒獅〈告女優〉，收錄於《二十世紀大舞台》第二期，上海：大舞台叢報社，1904 年。

2　參見《新青年》第 5 卷第 4 號，傅斯年〈戲劇改良各面觀〉及第 5 卷第 1 號，錢玄同〈隨感錄‧十八〉，1918 年。

包括夏氏兄弟、潘月樵、馮子和諸人，以此實踐他們對京劇
改良的理想並付諸於行動。戲劇家馬彥祥就曾針對光緒末年
時期，上海的戲劇界所發生的變化指出：

> 在光緒末時，上海的戲劇曾經有過兩件值得紀念的
> 事，而且在當時都發生了巨大的影響的：一件是男伶
> 汪笑儂獨創了許多新戲，都是鼓吹民族思想的作品，
> 使戲劇有了時代與社會的意義；一件是夏月珊、夏月
> 潤兄弟們在南市建造了一個新舞台，使舊劇逐漸趨向
> 於寫實一途，因而改變了劇本的內容。[3]

由此也可看出，最早積極謀求對京劇改變者，就屬汪笑儂與
夏氏兄弟所屬的上海諸伶。但新舞台這個名稱，雖然是指一
座上海新式的表演劇場，實際上，它也代表著以夏氏兄弟為
首的一個提倡改良京劇的演出團體。[4]

第二節　從丹桂茶園到新舞台
── 夏氏兄弟對京劇所開展的新視野

　　夏氏兄弟於光緒年間在上海發展，其父夏奎章是與譚鑫
培、俞菊笙、黃月山同時期的武老生。夏氏出身於徽班，在

---

3 見馬彥祥〈清末之上海戲劇〉，頁 223。此文載於《東方雜誌》第 33
　卷第 7 號，1936 年。
4 上海曾有竹枝詞描寫夏氏兄弟及其聲氣相投的京劇演員：「南市初開
　新舞台，一班丹桂舊人才，改良戲曲尋常事，燈彩誰家比得來？」沈
　秋舲編《滬上竹枝詞》，1885 年。收錄於顧炳權編《上海洋場竹枝詞》，
　上海：上海書店出版社，1996 年。可見新舞台的演出班底，致力於改
　良戲曲的作品，數量多且又兼有布景之長的特色。

北京三慶班坐科,同治六年(1867)應當時丹桂茶園老闆劉
維忠之邀,南下上海發展,成為上海第一代京劇的重要演員,
也是丹桂茶園的台柱之一。由於他在上海演出成功,就在此
地落戶扎根,帶領他的兒子們,成為京劇在上海的重要推手。
梅蘭芳曾指出:「(夏奎章)拿手戲是《反西涼》、《戰渭南》、
《冀州城》、《賺歷城》,有「活馬超」之稱。據說,《冀州城》
由二簧改西皮,就是他的創造。」[5]可見夏奎章對舊京劇已開
始做出小幅的改變。

　　夏氏對於上海京劇的另一項貢獻,是由北京帶來了十本
《五彩輿》的演出,此為上海第一次上演京劇連台本戲,以
後連台本戲卻成為海派京劇的重要類型。夏奎章的五子中,
有四子都承襲父業,從事京劇演員工作,二子夏月恆初習老
生,曾於北京玉成班與黃月山同台,後隨父至上海改武丑;
三子夏月珊工老生兼唱文丑,「氣度從容,能戲甚多,以編演
諷刺社會的新戲見長。」[6];八子夏月潤工武生兼唱紅生戲,
為譚鑫培之婿;九子夏月華工武淨。夏氏兄弟對於上海新型
態京劇所做出的最大貢獻有二,一在於新式表演場地 ── 新
舞台的建立,二則為突破傳統舊戲題材上的窠臼,並對京劇
演出做出大幅度的改變。

　　1867 年,上海丹桂茶園開張,為近代上海變遷易手最

5 見梅蘭芳〈戲劇界參加辛亥革命的幾件事〉,收錄於《中國近代文學
　論文集 1949-1979》(戲劇、民間文學卷),頁 99,北京:中國社會科
　學出版社,1982 年。
6 見梅蘭芳〈戲劇界參加辛亥革命的幾件事〉,收錄於《中國近代文學
　論文集 1949-1979》(戲劇、民間文學卷),頁 100,北京:中國社會科
　學出版社,1982 年。

多、經營時間最長、名氣與影響力最大的京班戲園。其位置
在寶善街、大新街口（現廣東路近湖北路），演員包括由北京
三慶班和四喜班延請而來的眾家名角，夏奎章即是當時的主
要演員之一。丹桂茶園是舊式的戲園，早在 1867 年上海就已
經有了全中國第一座西式劇院 ── 蘭心劇場，原由英國人爲
了英僑演出西洋戲劇的方便而建立，因此在蘭心劇場所演出
的團體皆爲外僑劇團，同時也兼有電影的放映。1874 年 3 月
20 日，英商正鳳印書館邀請了當時丹桂茶園的京劇班底，至
蘭心劇場演出京劇和昆劇，劇碼未見記錄，但丹桂演員與西
方人同台演出，是中國京劇演員登上西式劇場的第一次，也
從此打破了蘭心劇場長期爲外僑劇團壟斷的慣例。這次的演
出，無疑給當時丹桂的京劇演員們，留下了一個全新的劇場
經驗。

　　舊式戲園的改良，實際上也與西方新劇的引進，存在著
莫大的關連性，新劇走的是移植現代寫實路線的表演方式，
也因此最需要一個適合的西式劇場與其演出搭配。但是新劇
在初入中國時期，前文已略有所述，演出的團體和拓展的觀
眾的層面都只侷限於學生組織或是知識份子階層，觀演的人
口範圍甚小。而這些演員及參與其事者在經濟條件上並不屬
於富裕階級，根本無力自行籌造一座屬於中國本地的西式劇
場。但是舊式戲園的擁有者，都是經營商業性質的演出，且
具有一定的經濟實力基礎，眼見西式劇場設備與環境的新
穎，及其中所帶有的商機，刺激了他們對於舊式戲園進行變
革，因而也開啓模仿西式劇場的建造契機。

　　1907 年 7 月 17 日，上海春桂茶園開張，由京劇演員李

春來、朱桂珍夫妻建造，雖然首演的劇目如《天官賜福》、《解寶收威》、《辛安驛》、《長坂坡》等都是傳統京劇老戲，但春桂茶園的建築，卻被視為上海第一個改變舊式茶園建築結構的京班戲園。姚志龍指出：

> 一改舊式茶園式樣建築裝置，茶園極其華麗，陳設美妙，別出心裁，戲園高大寬暢，中西結合，改變舊式茶園敞於露天的建築。當時被譽為『自館門至園內落雨不走濕鞋子』。場內安裝電氣風扇，空氣流暢，冬有暖氣。左右安置太平門六處，進出十分方便，為當時各茶園之冠。1907 年 8 月開幕時名春桂茶園，即以兩人名字命名。這種茶園出現，是對舊式茶園的衝擊，一些舊式茶園紛紛『聘請中西工匠，裝修建築，以春桂茶園為楷模。』[7]

「中西結合」並且改善觀戲的環境，是對傳統茶園式戲園改變的第一步。但是，春桂茶園並未對演出的舞台及硬體設備做大幅度的變革，真正對此做根本改造的，是夏月珊、夏月潤及潘月樵等人。

1899 年上海人喬聘磻接手丹桂，聘請了夏月恆為丹桂的管事，改名為丹桂勝記。1900 年前後，丹桂勝記由夏月珊、夏月潤兄弟接辦，1903 年遷入「九畝地」（今露香園路、大境路一帶），並更名為丹桂月記茶園。此後一直到 1908 年 6 月，夏氏兄弟與潘月樵、馮子和等人開始以丹桂為根據地演出改良式京劇，如《玫瑰花》、《潘烈士投海》、《愛國青年》、

---

7 引自姚志龍〈上海茶園的變遷〉，《上海文化史志通訊》總 31 期，1994年。

《黑籍冤魂》等。使得丹桂茶園成為夏氏兄弟改良新戲的初步實驗場域。[8]但在此之前，1901 年汪笑儂已經首演了由其加工改編的《黨人碑》，也開啟「戲中加演說」之端緒，而1904 年的《瓜種蘭因》更是創洋裝京戲的首例。

　　1902 年 11 月，上海的《同文滬報・消閑錄》曾刊出其主筆周病鴛所開，品評上海伶界藝人高下的「伶榜」，其中評出了「文榜」狀元為汪笑儂，榜眼為小連生（亦即潘月樵），探花為小桃紅；而「武榜」之狀元則為夏月潤，榜眼為呂月樵，探花則為張順來；至於「菊榜」也就是旦角排名，則狀元為毛韻珂，榜眼筱喜祿，探花為小萬盞燈[9]。由這份「榜單」中，我們可以觀察出，汪笑儂、夏月潤、潘月樵等人已是當時上海伶界的「紅角」代表，也可以說上海此時期的京劇演出走向，以這些名角為真正的主導，而這些名伶們正是當時推動京劇的改良，甚或是「寫實化」、「新劇化」的最重要動力。

　　新舞台，「光緒三十四年（1908）京劇演員潘月樵、夏月潤、夏月珊與上海信成銀行協理、曾任同盟會幹事的沈縵雲等，集資創建於上海南市十六鋪。主要編演京劇，也間有文明戲的演出。」[10]，為中國傳統茶園式劇院轉向西式劇場的重要起始，並且也是中國劇場走向現代化的開端。潘月樵及

8　鍾欣志曾指出：「夏氏兄弟的成功之處，在於十分善於掌握觀眾的心理他們吸收知識份子提議的戲改方案同時，也會衡量觀眾的接受程度。在他們的努力下，丹桂茶園成為上層社會的思想言論與下層社會的文化美典相互交流並尋求共識的實驗場所。」《走向現代：晚清中國劇場新變》頁 67，台北藝術大學戲劇學系博士論文，2012。

9　參見名譽主編王元化、主編胡曉明所編纂之《近代上海戲曲系年初編》，頁 166，上海教育出版社，2003 年。

10　見海上漱石生〈上海戲院變遷志〉，《戲劇月刊》第 1 卷第 9 期，1928 年。

夏氏兄弟早在 1902 年便開始籌劃新舞台的建造,他們在老蘭心劇院看過演出,對西式劇場的優點有所認識,夏月潤親至日本,透過知名歌舞伎演員市川左團次[11]的介紹,請來布景師洪野以及木匠到上海參與新舞台的設計工作[12],並延請張聿光擔任舞台美術設計師[13]。

　　新舞台的劇場建制與舊式戲園有著相當大的不同,實際上是採用了「西日合璧」式的建造工法,例如採用鏡框式舞台(舊戲園為三面式舞台),舞台上有可以瀉水的台倉,是仿自日式劇場的舞台機關。此外,在舞台上部有 10 公尺高的「舞台塔」,並設有一道可橫跨舞台的天橋,用來裝設布景或製造飛雪等特效之用[14],模仿自歐洲劇場。舞台的台口是設在舞

11　市川左團次為日本明治座知名歌舞伎演員,其時游學德國與法國,在歐洲學習了西方劇場的優點,返日後,剛好夏月潤與其接觸,市川因而也將他學習之心得,傳授於夏氏。
12　梅蘭芳曾針對夏氏兄弟及潘月樵建造新舞台的緣起和經過回憶道:「辛亥革命前夕,夏、潘等在十六鋪經營新舞台,由於受了王鐘聲等在上海演出白話新戲宣傳愛國思想的影響,開始排演新戲。夏月潤還親自到日本,通過歌舞伎名演員市川左團次的介紹,約請日本布景師和木匠同回上海,布置新式舞台布景。當時上海搞舞台美術的張聿光就曾向他們學習,以後張聿光一派的舞台美術,成為主要流派,對電影事業也有貢獻。上海從茶園式的帶柱方台演變到半月形的舞台,並且採用了布景轉台,是新舞台開其端的。」見〈戲劇界參加辛亥革命的幾件事〉,收錄於《中國近代文學論文集 1949-1979》(戲劇、民間文學卷),頁 101,北京:中國社會科學出版社,1982 年。
13　張聿光(1885-1966),浙江紹興人,為中國戲劇、電影舞台布景最重要的設計和製作者之一。早年習畫,本在上海從事照相館櫥窗布置及照相背景繪製的工作,曾於蘭心劇院看過外僑劇團的演出,因而受到啟發,開始嘗試寫實布景之繪製。在上海包括新舞台在內的各大劇院擔任繪景工作,1912 年與劉海粟等創辦上海美術院並擔任院長。後又參與創立上海民眾戲劇社,從事話劇布景的製作。除此之外,也於1926 年進入明星影片公司,擔任電影美術設計的主任。
14　馬彥祥指出:「台之上端則有木架天橋,在橋上可將紙屑散下,表演

台後方，台口有一道刺繡的大幕，以便可以在幕後換景，大幕前有一大「台裙」。設有燈光照明設備，以解決演夜戲時的光源問題[15]。後台被擴大，以便換景之用。舞台上設有轉台[16]，例如在演出《斗牛宮》時，二十八星宿就可以站在轉台上，由後台人員轉動台板，二十八星宿就如同走馬燈般被介紹給觀眾，十分新奇。而瀉水的台倉中，也可以成為演員跳入的空間，這些機關很明顯是仿自日本歌舞伎劇院的機關陳設而來。

　　新舞台的全新形式，成就了不同於以往的觀演模式，並改革了舊茶園熱鬧卻紊亂的觀演習慣，也帶動了一連串舊戲園觀演關係的改進。例如採用了新的售票制度，杜絕小販在劇場演出時的販售行為。其中最重要的，是提升演員的地位，把舊時「伶人」的稱呼改為「藝員」，不再接唱「堂會」[17]，

下雪等景。」見〈清末之上海戲劇〉，頁 224，《東方雜誌》第 33 卷第 7 號，1936 年。

15 參見盧向東《中國現代劇場的演進 —— 從大舞台到大劇院》，北京：中國建築工業出版社，2009 年。

16 馬彥祥曾仔細描述了新舞台在舞台形制上的突破：「為了裝置佈景的便利計，把後台放大了，其面積竟數倍於從前的舞台。中間並有轉台，劇中遇有變化的背景時，可由另外的轉台上預為佈置，只要機關一動，把舞台一轉了，背景便立時改變。」見〈清末之上海戲劇〉，頁 224，《東方雜誌》第 33 卷第 7 號，1936 年。1910 年，新舞台曾初次改建，將原本的單轉舞台改為雙轉式舞台。

17 舊時的伶人大都需要接唱「堂會」，堂會的主人往往是公卿巨賈或高階官僚。伶人接到「出堂會」的通知，都得去應唱。一方面因為高官巨室不能得罪，另一方面也算是賺外快的一條途徑。但是，「出堂會」的陋習所反映出來的，是將伶人視為"玩物"或"戲子"的娛樂心態，在這種游藝關係中，伶人是不被尊重的。所以夏氏兄弟建立新舞台後，為了提高演員們的社會位階，其所屬演員就一律可以不「出堂會」。歐陽予倩就對這種舉措十分佩服：「我認為最了不得的，就是他們早已經感到了唱堂會是恥辱，所以他們在辦丹桂戲園的時候，就設法不應堂會。本來他們受過不少演堂會的委屈，所謂傳差，官上一傳就得

並鼓勵演員把原本行走江湖的藝名去除，進而恢復本名從事演藝工作，讓演員能有獨立的人格，給予尊重[18]。並且在新舞台上演的京劇劇目中，以時裝新戲及改良京劇為最重要的主打戲碼[19]。

　　新舞台的鏡框式舞台、機關的設置、電器燈光的使用及寫實舞台布景的啟用，引領了之後新式劇場建造的走向，一時間以「××舞台」為名的新式劇場如春筍林立，在上海、北京、西安、武漢、廣州等地都有新式劇場的產生。光是在上海，就有文明大舞台、更新舞台、廣舞台、笑舞台、三星大舞台、新新舞台，而在北京也有中華舞台、大舞台、第一舞

去唱。夏家弟兄為免除這種傳差也費過不少的精神。在宣統末年和民國初年，南京新舞台成立的時候，他們才算完全不演堂會戲了。」見《自我演戲以來》，頁 84，北京：中國戲劇出版社，1959 年。因此不再接演堂會戲，也表明了夏氏希望演員的獨立人格能被尊重，也算是對於提升演員社會地位的直接表態。

18 例如潘月樵就將原本的藝名「小連生」捨去，改回本名；而馮子和將藝名「小子和」改回本名馮子和；「七盞燈」改回毛韻珂；「賽奎官」改回夏月華等。

19 根據統計，在新舞台所上演的京劇新裝、改良戲碼，約五十種以上，如《潘烈士投海》、《黑籍冤魂》、《賭徒造化》、《打花鼓》、《中國國會萬歲》、《國民大會》、《新茶花》、《就是我》（火里罪人）、《波蘭亡國慘》、《越南亡國慘》、《拿破崙豔史》、《空谷蘭》、《槍斃閻瑞生》、《濟公活佛》、《新西游記》、《龍華寺》、《黃勛伯》、《女君子》、《玫瑰花》、《黑奴籲天錄》、《紅菱豔》、《血淚碑》、《犧牲》（雨果原作）、《華佗夫人》（蕭伯納原作）、《義節奇冤》、《鐵公雞》、《湘公平逆傳》、《妻黨同惡報》、《大姐捉強盜》、《新馬浪蕩》、《左公平西》、《黎元洪》、《光復舊土》、《死人偷銅錢》、《讀書有益》、《大少爺拉東洋車》、《宦海潮》、《恨海》、《猛回頭》、《鄂州血》、《秋瑾》、《漢陽戰史》、《嘉興府》、《看看蘇州人》、《賣橄欖》、《善游斗牛宮》、《電術奇談》、《血手印》、《惠興女士》、《打野雞》、《善惡報》、《博覽會》。」見北京市藝術研究所、上海藝術研究所組織編著《中國京劇史》上卷，頁 344-345，北京：中國戲劇出版社，1999 年。

台等[20]。馬彥祥指出：「新舞台可以說是中國舞台史上的第一次大革命，它不僅改變了劇場的形式，而且，用了新的舞台形式決定了劇本的內容。」[21]「新的舞台形式決定了劇本的內容」也正說明了夏氏兄弟除了建構新舞台之外的另一項建樹 —— 改良時裝新戲的大力推動。

　　夏氏兄弟在承接丹桂戲園的當時，就已經開始排演時裝或改良形態的京戲，例如《玫瑰花》、《潘烈士投海》、《黑籍冤魂》等戲。《玫瑰花》以玫瑰村驅除作惡之獵戶為題材，暗寓推翻清政府之統治，於 1904 年 8 月首演於丹桂，馮子和飾女主角玫瑰花；《潘烈士投海》則以當時潘姓留學生憤恨國事日隳，外患愈烈，因而投海的時事新聞編寫而成；另外前文已略述過之《黑籍冤魂》，則以反對煙毒危害國人為題材，夏月珊曾演過其中「大少爺」一角，由翩翩少年演至因鴉片毒害而成為形銷骨毀的煙鬼，形象逼真而傳神。高梨痕指出：

> 夏氏在演出方面，大膽突破，不是專演傳統的帝王將相、才子佳人，也演時裝戲、時事戲。清末政治腐敗，外患日亟，有潘姓學生憤而投海，夏氏在丹桂茶園因排演《潘烈士投海》，由當時的唱工老生潘月樵（藝名小連生）演潘烈士，演來慷慨激昂，聲淚俱下…同時有一名黃勛伯的市民，因奮勇捉賊而犧牲，夏氏為表揚他見義勇為，即排演《黃勛伯》；鴉片戰爭失敗，

---

20 參見盧向東《中國現代劇場的演進 —— 從大舞台到大劇院》，頁 25，北京：中國建築工業出版社，2009 年。

21 見馬彥祥〈清末之上海戲劇〉，頁 224，《東方雜誌》第 33 卷第 7 號，1936 年。

　　　　煙毒遍及全國…他們排演《黑籍冤魂》，轟動一時，
　　　　久演不衰，對於戒煙運動起了良好作用。[22]

　　《黑籍冤魂》與當時其他以政治為目的的新戲不同，是一齣希望提倡戒除煙害的社會改良劇，這個劇本是夏月珊依據吳趼人之同名小說改編而成[23]。丹桂茶園於 1908 年 6 月 23 日以「警世改良新戲」為號召首次演出，演員包括夏月珊、毛韻珂、馮子和、潘月樵等，從此大受歡迎，成為往後新舞台成立後的常演劇目[24]。此戲以近乎白話的口語語言為其特色之一，幾乎可以說是文明戲式的京劇，採用了寫實手法處理表演，並使用新式布幕，全劇唱少白多，或可說以白為主，而念白攙入了上海當地的方言 —— 吳語。至於《潘烈士投海》編劇為白雲詞人，寫成於 1906 年初，丹桂茶園於 1906 年 7 月以「新排特別改良強國新戲」為宣傳首演，也是後來新舞台常演劇目，根據真人事迹寫成。唱白搭配適中，為改良京

---

22 見高梨痕〈憶京戲革命先驅夏氏兄弟〉記錄手稿，收錄於《中國京劇史》上卷，頁 345，北京：中國戲劇出版社，1999 年。

23 另有一種說法是由許復民來編劇，夏月珊將之修訂完成。1909 年當時的新劇工作者鄭正秋，根據夏月珊的演出記錄整理成一份詳細的提綱，把它發表在《圖畫日報》上，並在 1911 年出版單行本。但今日所能見的，僅有提綱而無實際的劇本流傳。

24 梅蘭芳對於夏氏演出的《黑籍冤魂》記錄了一段相關的軼事：「夏氏弟兄和潘月樵在新舞台積極編演了像《茶花女》、《黑籍冤魂》那樣有進步思想的新戲。《黑籍冤魂》深刻地反映了當時社會受鴉片毒害的真實情況，引起了上海中外煙土商人的仇視。這齣戲上演後，新舞台收到多次恐嚇信和炸彈警告，然而他們絲毫沒有因此畏怯退縮。夏月珊登台對觀眾演說，公開答覆恐嚇者說：『戲要演，毒要抗，決不退讓！』」見〈戲劇界參加辛亥革命的幾件事〉，收錄於《中國近代文學論文集 1949-1979》（戲劇、民間文學卷），頁 101，北京：中國社會科學出版社，1982 年。

劇中的成功之作，亦是當時影響較大的時裝京劇之一。

當新舞台建成之後，夏氏兄弟便以此爲基地，排演了大量的時裝改良京劇，並且也開始效法汪笑儂之《瓜種蘭因》，排演以國外故事爲題材的「洋裝戲」，如《黑奴籲天錄》、《拿破崙》等[25]，此外也編演了《新茶花》此類大受歡迎的時裝戲。《黑奴籲天錄》原本爲曾孝谷根據美國廢奴文學代表作，斯托夫人的小說《湯姆叔叔的小屋》中譯本改編而成的五幕話劇劇本，由春柳社 1907 年 6 月 1 日與 2 日在日本東京大戲院本鄉座演出。同年 10 月新劇家王鐘聲以中國第一個新劇團 ── 春陽社的名義，演出此劇，王氏租用了蘭心大戲院，並在上海各大報登出大幅的廣告以爲宣傳，在演出時頗爲轟動，並且當時戲曲界也有許多人前往觀賞。梅蘭芳就認爲，夏氏兄弟建造新舞台原因之一即是受了此次演出的刺激與鼓勵[26]。而 1913 年 4 月 11 日，夏氏兄弟終於也在新舞台上演了此戲，又名爲《前車鑒》。在這個改良京劇尚未在形式上找出一套新的規範，而新劇（或又稱文明戲）也還未完全脫離套用戲曲程式影響的重疊時期，有一些劇本，其實是可以相互借用演出的，例如《黑籍冤魂》、《茶花女》、《拿破崙》、《黑奴籲天錄》等，姑可稱這類爲京劇、文明戲「兩下鍋」的劇

25　高梨痕也曾指出：「夏氏不僅演時裝戲，在『新舞台』時期，也演外國戲，曾演外國名劇《黑奴籲天錄》，演自編的法國歷史戲《拿破崙》，在京劇舞台上演西洋戲，當時確是創舉。」見〈憶京戲革命先驅夏氏兄弟〉記錄手稿，收錄於《中國京劇史》上卷，頁 345-346，北京：中國戲劇出版社，1999 年。

26　參見梅蘭芳〈戲劇界參加辛亥革命的幾件事〉，收錄於《中國近代文學論文集 1949-1979》（戲劇、民間文學卷），頁 101，北京：中國社會科學出版社，1982 年。

本。關於王鐘聲的演出情況，已於上章有所敘述，基本上是一種「新劇與京劇的混合體」，在後來的話劇界並不認為這是一場好的演出，反而認為這種形式非驢非馬，並且也不夠嚴謹，因而不稱其為「新劇」，而是冠以「文明戲」的稱呼。

文明戲其實是中國話劇發展的早期，在新的戲劇形式尚未完全成形，而舊劇又一直為中國戲劇重要主流的情況下，一個必然會發生的產物。然而長久以來，文明戲卻背負著形式紊亂、思想淺薄、製作粗糙、演員沉淪的負面意義。當然這與五四時期諸君對於舊戲的詆毀不無關係，文明戲因在表演形式攙入了戲曲的程式，因此也被牽連而遭到不良評價。但是，不可諱言地，京劇從業者在此戔思改良的時期，也不是沒有檢討其被指責的原因所在，例如思想層面的侷限、脫離當時生活無法反映現實等。在有識之士的反省下，也積極的做出改變，新舞台諸君在劇目的變革，以及表演形式的西化傾向，都可以做為印證。

第三節　潘月樵
—— 以言論老生之姿實踐京劇改革

與夏氏兄弟共同致力於建立新舞台，並且演出改良京劇必不可少者，則為潘月樵。潘氏藝名小連生，初習梆子文武老生，後改京劇老生，文武兼擅，九歲即開始登台，搭杭嘉湖水路班，十二歲獨掌一副班子。十六歲開始受上海老天仙

茶園之聘，一唱二十二年[27]，由於他的嗓子帶有沙音，因此偏重做工。潘月樵在上海早期做工老生之中，算是相當知名且被公認的一位，周信芳就曾深受其影響，蘇雪安就認為：「就上海來說，在五十年中的做工老生中，他可以名列前茅。」[28]而豁公的《哀梨室劇話》也認為：

> 海上做工老生有二人，一即貴俊卿，一即潘月樵也。貴俊卿去，月樵為無敵矣。月樵故富有思想者，演戲一本劇情，體貼之真，表情之切，一一脅入骨裡，至演新戲則尤為獨到處。[29]

在老天仙茶園期間曾排演連台本戲三百多本，舞台經驗豐富[30]。

他在 1901 年 4 月參加了汪笑儂修編之《黨人碑》首演，此本已開汪氏改良京劇之端緒，前文已有略述。三十六歲時應夏氏兄弟之邀，加入丹桂茶園，在丹桂期間，潘月樵開始演出時裝新戲，最重要的劇目包括 1906 年 9 月 11 日首演的《潘烈士投海》、1906 年 9 月 22 日與夏月珊在張園演出的《愛國青年》以及 1908 年 6 月 23 日於丹桂首演之《黑籍冤魂》。而其中《潘烈士投海》為潘氏演出時裝改良新戲之開端且為著名作品，這齣戲的成功，使得潘月樵與夏氏兄弟所主事的

---

27 梅蘭芳對於潘月樵十分贊揚，他曾言及：「光緒年間，月樵藝已成熟，搭上海老天仙茶園，雖然吃調高，嗓微帶『左』，但文武兼長，做工念白都非常出色，周信芳同志當年就受過他的影響，我也看過他的戲，他的確是一位有本領的演員。」見〈戲劇界參加辛亥革命的幾件事〉，收錄於《中國近代文學論文集 1949-1979》（戲劇、民間文學卷），頁 101，北京：中國社會科學出版社，1982 年。

28 《京劇前輩回憶錄》，上海文化出版社，1958 年。

29 劉紹唐、沈葦窗主編《菊部叢刊》，頁 708-709，傳記文學出版社，1974 年影本。

30 參見〈潘月樵自傳〉，頁 329，《半月劇刊》第 1 卷第 2 號，1937 年。

丹桂茶園聲名大噪[31]。此劇是根據直隸通州人潘伯英事迹所鋪寫而成，潘伯英爲官派留日學生，於東京結識同盟會之陳天華，後陳天華爲了激勵國人重視國事每況愈下，因而在日本投海。潘伯英也受陳氏影響，在歸國途中於韓國仁川投海自盡而亡。這個劇本，也是一齣新劇、京劇「兩下鍋」的戲，最早於 1906 年 8 月 20 日，先以新劇劇本的形式，刊載於《小說七日報》之創刊號中，此刊後來停刊，更名改組爲「改良戲曲社」[32]。而在同年 9 月 11 日，此劇就由白雲詞人寫成時裝京劇本，上演於丹桂，由潘月樵飾主角潘伯英，孫菊仙、馮子和、夏月珊、夏月潤等均參加演出。

　　這個劇本的特色與汪笑儂之改良新戲有所不同，其一是在唱唸的份量調配上，比例均衡，沒有當時改良京劇重白不重唱，或者僅把唱的部份當做點綴的失衡問題。京劇舞台上唱腔的部份，往往是展現演員嗓音特質與演唱功夫最重要的表演部份，並且搭配上音樂旋律和板眼節奏後，能予觀眾美妙的聽覺饗宴。由於時裝改良式京劇，目的性強，爲了要改變不符合社會潮流、無法反映現實的缺點，因此常與政治革新或社會改革做緊密的結合，在此目的要求下，大段式的唸白或演說性的台詞，常常佔據了表演空間的重要位置。因此這個時期的改良京劇，吸納了新劇以對話爲情節推展動力的

---

31 潘月樵曾自云：「排演《潘烈士投海》等各種新戲，大紅大勝，成一上海強有力之名班。」見〈潘月樵自傳〉，頁 330，《半月劇刊》第 1 卷第 2 號，1937 年。

32 新劇本原名《烈士投海》，後來有「改良戲劇社」刊行本，並於刊本之封面上註有「立憲預備，改良社會新戲，潘烈士投海」等標示字樣，後收入阿英所輯，《晚清文學叢鈔‧說唱文學卷》下冊中。

特質，變得白多唱少，以致於造成說白太多的冷場弊病。不過，《潘烈士投海》並沒有這種缺點，它結合了敘事的說白和抒情的曲文，呈現出舊劇唱白交作的美好特質。但本劇也不忘用演說方式，來達成白雲詞人對於立憲殷殷期盼的結撰目的，如在第四本最後，借著一個虛設的角色童尚強，直接表白了創作的中心主旨：

> 烈士豈不愛性命？為了愛國竟亡身。不過要四萬萬人同喚醒，人人觸目與驚心。…況且國家將強盛，你不見派出洋的五大臣？五大臣歸來好整頓，必定立憲可施行。三年五載立憲定，一番氣象一番新。大家振起精神等，做個偉大好國民。我還要現身說法與眾聽，第一要改革官場人。中國官場腐敗甚，哪知愛國與愛民。將來立憲基礎定，人人都有自治能。在下須知安本分，在上要有提倡心。那纔是上下同心國勢振，不愧我中國兩字名。[33]

全段雖幾近口語但不俚俗，也不會流於淺薄無文，而且在唱詞的運用上，也兼顧了基本句式齊整但不雕琢文詞的通俗性。另如潘妻的一段〔慢板〕：

> 閨房裡，方才的，罷了梳妝。又來到，廚房下，料理羹湯。忽聽得，有人來，費送銀兩。說道是，要兒夫，遊學東洋。這個是，好消息，也應歡暢。為何的，不由得，心內驚慌？[34]

---

33 見白雲詞人《潘烈士投海》，收錄於張庚、黃菊盛主編《中國近代文學大系・戲劇集一》，頁 676，上海書店，1996 年。
34 見白雲詞人《潘烈士投海》，收錄於張庚、黃菊盛主編《中國近代文

此劇為了兼顧各角色的表現均等，設計了幾場潘伯英與母親、妻子及幼子的抒情戲，強化了劇中人物的真實情感面，呈現出潘伯英是一個有血有肉的真烈士。擺脫了戲曲人物扁平化的缺點，加入了妻子、母親等女性角色，也摒除了當時改良京劇中「言論老生」一角獨大、忽略其他角色的問題。潘月樵在飾演此角時，既能發揮演唱的功力也能在演說中剴切陳詞，鄭逸梅曾指出：

> 這時他富有先進精神，和陳士英、姚伯欣等，經常聯絡，演時裝戲如《潘烈士投海》等，啟發民眾革命思想。又為各地水旱災荒，演義務戲，有時運其妙舌，作一番道白，激昂慷慨，為災民請命，觀眾被他感動，紛紛把銀元拋向台上，頃刻千數，便交賑災會以救災民。當時有位著名人士馬相伯，演說具有表情，所以有人這樣說『馬相伯演說似做戲，潘月樵做戲似演說。』[35]

也因此使本戲獲致了相當大的成功。

潘月樵對於角色的詮釋深刻到位，是其長處。1906 年 9 月 22 日，上海報界同人在張園舉行慶祝立憲活動，潘氏與夏月珊等演出《愛國青年》一劇，由於渲染力強，使得觀眾群情激憤，《申報》立刻因此劇的演出而刊登〈論戲曲改良與群治之關係〉一文，其中提出了「欲革政治，當以易風俗為起點；欲易風俗，當以正人心為起點；欲正人心，當以改良戲

學大系‧戲劇集一》，頁 660，上海書店，1996 年。

35 見《上海掌故》，上海文化出版社編，頁 29-30，上海文化出版社，1982 年。

曲為起點。」[36]可見其演出之震動人心。

　　1908 年時裝京劇《黑籍冤魂》在丹桂首演[37]，夏月珊、潘月樵都曾飾演過主角曾伯稼（甄弗戒），潘還飾演過曾父一角，毛韻珂飾曾妻張氏，馮子和飾女兒，孫菊仙、夏月潤亦曾配演此戲。全劇採用模仿當時一般人生活的真實場景來呈現，例如在第一場中客廳的布景為：正面為中堂花鳥畫，兩旁有對聯，台中放置八仙桌，整個客廳呈現出上海普通人家的廳堂樣貌。另如第二十場更是以繪景的方式畫出上海某一條馬路的一隅，其中樓房、商店、電線、電車，悉如真景。梅蘭芳針對此劇指出：

> 在《黑籍冤魂》裡，潘月樵扮老太爺，描寫當時的富
> 翁故意叫兒子抽鴉片煙，以為用一根煙槍栓住他，就
> 可以保住萬貫家財的守財奴心理。夏月珊扮大少爺，
> 從翩翩少年變成鳩形鵠面的煙鬼，一直墮落到最後拉
> 黃包車為生，並且發現坐車的妓女竟是自己親生的女
> 兒！他們大聲疾呼地在舞台上宣傳了吸鴉片的害
> 處，對當時的社會有很大影響。潘、夏兩家的關係，
> 從藝術創造到革命活動都是志同道合的。[38]

---

36 本文在《申報》發表時署名為「儍」，即王鐘麒。1906 年 9 月 22 日。
37 此劇寫富家子曾伯稼（甄弗戒）之父為防其在外冶遊，逼迫他吸鴉片，但當伯稼上癮後，父又後悔，飲恨以終。伯稼子誤食鴉片而死，母亦傷心而亡，妻子勸戒反遭毒打，亦吞鴉片自殺。伯稼後只剩一女，後被騙入娼門，伯稼窮困潦倒為人拉車謀生，剛巧拉到其女出堂差，父女傷心相見，後伯稼歷數煙害，最後潦倒痛心而死。
38 見梅蘭芳〈戲劇界參加辛亥革命的幾件事〉，收錄於《中國近代文學論文集 1949-1979》（戲劇、民間文學卷），頁 102，北京：中國社會科學出版社，1982 年。

由此可見，潘月樵與夏氏兄弟在表演舞台上是相互配合的好搭擋，而在政治運動乃至於京劇改革理念上，也是志同道合的相契夥伴。

《黑籍冤魂》演出後四個月，夏氏兄弟便與潘月樵及老丹桂班底遷往新舞台。據潘月樵的自傳中所提及，新舞台的主要發起人其實是潘氏本人，而目的即在於當時迫切需有一座商辦戲院做爲改良戲劇的根據地[39]。至於定名爲「新舞台」的原因，除了要進行舊戲的改良之外，由戲劇的改變帶動政治的改革，是最終的目標[40]。潘月樵由 1908 年入新舞台後直至後來決定專心報國退出舞台演出期間[41]，爲其對京劇改革最用力的一段時間。他積極演出新編京劇，作品如《妻黨同惡報》(又名《蓮花庵》)、《新茶花》(又名《二十世紀新茶花》)、《明末遺恨》(又名《鐵冠圖》、《煤山恨》)、《國民愛國》、《拿

---

39 潘月樵於自傳中提到新舞台的創建緣起：「南市諸紳商亦知有月樵其人。屢次邀請宴會。論及改良戲劇。振興內地諸事。時新聞報館主筆姚伯欣先生。與月樵素所熟識。數度勸予在南市創一商辦戲院。必可振興市面。月樵心存革命。茲又得商界之助。何愁大志不成。奈財力不足。遂邀夏月珊君合作。時彼二兄月恆。在端方署理都司。共集資三萬元。月樵月珊一半。紳商學界一半。於十六鋪館租五年。」見〈潘月樵自傳〉，頁 330，潘月樵遺稿，收錄於《半月劇刊》第 1 卷第 2 號。

40 潘月樵指出：「其初各紳董等提議，戲園名字，或曰振市，或曰興市，莫衷一是。月樵倡用新舞台三字，蓋寓有改良政治之意也。戲院由茶園而改爲舞台，亦自此始。」見〈潘月樵自傳〉，頁 330，潘月樵遺稿，書錄於《半月劇刊》第 1 卷第 2 號。

41 民國元年，潘月樵曾被當時漢粵川督辦岑西林委任爲鐵路混成旅旅長，他曾自云：「當旅長時，正新舞台營業大盛，每夜賣座二三千元，予於正月十九脫離，一心爲國出力，戰死沙場，亦稱榮幸。」見〈潘月樵自傳〉，頁 331，潘月樵遺稿，收錄於《半月劇刊》第 1 卷第 2 號。但事實上，因後來數次行動均未成功，潘氏仍然重返舞台演出，如此反覆有數次。

破崙》、《波蘭亡國慘》、《猛回頭》、《黑奴籲天錄》、《就是我》
（此為十六本連台本戲）等。其中《新茶花》一劇原為王鐘
聲 1908 年根據法國小仲馬之《茶花女》改編成為文明戲劇
本，當時由春陽社演出。1909 年馮子和等將之改編為時裝京
劇，由馮子和飾女主角新茶花，潘月樵飾男主角陳少美，夏
月珊、王鴻壽均參與演出。在此劇中，演員服裝已全部西化，
參考歐洲的服飾穿著洋裝登場，並且以「滿台真山真水」為
號召，由於新舞台所演之新戲，都以布景寫實新穎見長，也
因此成為重要的賣點，往往戲院也以此為宣傳重心：

> 滬上之建築舞台，劇中之加入布景，自新舞台始。初
> 開鑼時，座客震於戲情之新穎，點綴之奇妙，眾口喧
> 騰，趨之若鶩。每一新劇出，肩摩轂擊，戶限為穿，
> 後至者俱以閉門羹相待。初演《新茶花》時，甚至有
> 夕照未沉，而客已滿座者，其賣座備極一時之盛，股
> 東等靡不利市三倍。後北市大舞台、新劇場、歌舞台、
> 第一台、新新舞台相繼而起，影響所及，勢力未免稍
> 見分殺。[42]

由於演出深受好評，成為當時改良新戲的代表劇目之一，賣
座長紅。在市場優先的上海，賣座的戲當然不能輕易放過，
因此將原來的單本敷演成為二十本的連台本戲，並且影響了
其他劇院，如大舞台、丹桂第一台都據此改編演出《新茶花》、
《雙茶花》這樣的戲碼。[43]而飾演女主角新茶花者，均為上

---

42 見玄郎〈自由談〉，《申報》1913 年 3 月 13 日。
43 有關《新茶花》之編演過程及其衍生諸劇之研究，蔡祝青曾於〈舞台
　的隱喻：試論新舞台《二十世紀新茶花》的現身說法〉一文中有詳盡
　說明及分析，此文收錄於《戲劇學刊》第 9 期，頁 51-101，2009 年。

海重量級的旦角演員，如賈璧雲、毛韻珂、歐陽予倩等。

　　《新茶花》的故事題材取材自外國小說，而由文明戲移植爲京劇，在表演形式上已大受新劇之影響，此戲可說是文明戲式的京劇。會大受觀眾歡迎，也可窺見當時上海觀眾並不在意時裝京劇中保留了多少的京戲成份在其中，重要的是故事題材洋化，服裝化妝新穎，表演走寫實路線的審美傾向。而更值得一提的是，此劇已不受限於政治革命或社會改革的宣教題材，而是以男、女主角的愛情波折爲情節表現重心，換個角度來看，時裝京戲又有走回舊戲「才子佳人」類型的趨勢。

　　1910 年 2 月 23 日新舞台上演新戲《明末遺恨》，這個劇本由姚伯欣依據昆曲本子《鐵冠圖》改編而成，主要演員有潘月樵、夏月潤、毛韻珂、夏月珊、林步青等人。雖然這是一齣古裝戲，依循著傳統程式進行表演，但卻是借古喻今，諷刺現實政治，在當時影響力很大的一齣新編京劇。後雖遭清政府禁演，但卻在辛亥革命前後屢次演出。周信芳在 1919 年將北昆演員韓世昌帶至上海演出的昆本《刺虎》，加上了潘月樵的版本，組合成《全部刺虎》，成爲「京昆兩下鍋」的一齣大戲。而周信芳後來在 1931 年九一八事變後，眼見日本入侵正熾，於新天蟾舞台重演全部《明末遺恨》來警醒國人。

　　1916 年《就是我》首演於新舞台，又名《就是你》。此劇是根據法國偵探小說改編而成爲十六本連台本戲。主要角色有黑面黨魁烏衣、私家偵探骨谷、骨谷之子骨石、骨石之未婚妻皮冰等，潘月樵飾骨石、夏月珊飾骨谷、馮子和飾皮冰、夏月潤飾烏衣。洋裝京劇連台本戲以《新茶花》爲最早

的演出之一，但《就是我》則是當時少見的洋裝偵探京劇，對於新型態的題材算是另一大拓展，並且也是最早期在舞台上使用了機關布景的時裝京劇之一。

潘月樵在當時的上海京劇伶人中，是少數幾個全力投注心力於京劇改良與政治革命的實踐者，為了挹注革命，不惜投入自己大部份的家財，並且對於演出新編京劇可謂不遺餘力。苕水狂生曾言：

> 伶界傑出之士，紛紛倡議，以改良戲劇，為開通社會之先聲。小連生、夏月珊者，是中之哥倫布也。致其全力於新戲，若何可以開通社會，若何可以輸進文明，研之究之，不遺餘力。又見南市商業之不振興，乃創新舞台於其地，以為補苴之策，經營煞費苦心，規模可稱完善，其熱心誠不可及。且凡遇各省水旱之災，以及商界有經費竭蹶不支者，又輒為之演劇募捐，代為將伯之呼。所演《潘烈士投海》、《黑籍冤魂》、《賭徒造化》、《明末遺恨》等戲，皆有禆於世道人心非淺。[44]

可見其於舞台上實踐其改革的宗旨與革命的心念是結合而一的，無怪乎 1912 年孫中山先生至新舞台觀其演出，給予題詞曰「急公好義」。

---

44 見苕水狂生《海上梨園新歷史》，上海小說進步社，1910 年。

第四節　馮子和 ── 京劇與新劇的鎔冶及旦行形式的變革

　　新舞台的主要演員和籌劃劇目者如夏月珊、夏月潤、潘月樵都是生行演員，既然新舞台的演出班底中，生行實力堅強，就必須要有與之相配的旦行演員。光緒末年，沈秋舲所編《滬上竹枝詞》中曾云：「丹桂名伶實在多，夏家兄弟各專科，小連生擅文武戲，嫵媚還推小子和。」[45]，「小子和」即為馮子和，是與夏家合作旦角中，劇藝最為突出，且與夏氏、潘氏理念相合者。馮子和本名旭，號春航，因形貌酷似知名青衣演員常子和而改名子和，幼年藝名小子和，常以號行。與夏氏兄弟頗有淵源[46]，其父馮三喜原為四大徽班之一，北京四喜班的旦角演員[47]。如前所云，同治六年上海丹桂茶園

45　沈秋舲《滬上竹枝詞》，1885年。收錄於顧炳權編《上海洋場竹枝詞》，上海：上海書店出版社，1996年。

46　龐樹松曾為馮子和作傳，言明其出道及藝名之由來始末：「春航姓馮氏，名旭初，吳人。父三喜，生三子，春航居末。三喜固老伶工，某年北上，盜劫其資，跟蹌回滬，貧乏不能自存。時夏月珊方掌丹桂部，與三喜稱世好，過從甚密，一見春航，嘖嘖曰：『此金星也，老奴何福以致此！』遂挈春航歸。傅之，咻之，不三年，藝成，所成者多哀怨悱惻孝姬節婦之劇。廣場乍上，合座為傾。昔京伶有常子和者，以能演青衫負盛名，及春航出台，聲音笑貌莫不與常子和畢肖，於是『小子和』三字遂騰於一時。常能者，馮無不能。」見《馮春航傳》，收錄於《南社叢刻》第八集《文錄》內，頁1364-1366，江蘇：廣陵古籍刻印社，1996年影印本。

47　馮三喜原工青衣花旦，後來改走老旦，在四喜班以擅唱昆曲知名，有「四喜班的曲子」之稱，為當時四喜班的旦角台柱之一。

老闆劉維忠在北京邀集了一批演員至丹桂駐園演出，馮三喜與夏氏兄弟之父夏奎章一起南下，爲上海當時第一批北京南來上海演出的京劇演員。馮子和幼年隨父親學習旦行，十二歲時帶藝投入丹桂「夏家科班」，師從夏月珊並爲其最鍾愛之關門弟子。半年之後即開始登台演戲，一舉成名，而他也曾從時小福習青衣，路三寶學花旦[48]。

馮子和好學，先後曾在英籍夫婦所設立之商務書館及育才學堂學習英文和西方音樂，「西婦於功課之暇，常授春航音樂、歌曲，春航一習即精。」[49]這也爲他後來在京劇時裝演出中唱英文歌和彈奏鋼琴等新穎表現打下了基礎，京劇演員習英語和西方音樂，馮氏爲第一人[50]。讀書學習時期，他得以結識在南方鼓吹革命及戲劇改良甚力的柳亞子，1909年柳氏在蘇州成立以革命及改良爲主旨的藝文團體——南社，馮子和旋即加入[51]。

---

48 時小福爲活躍於清同、光年間之著名青衣演員，曾被選爲清宮教習，演唱以氣韻充沛，扎實嘹亮的嗓音見長，昆亂不擋，以正工青衣爲最。擅演《三娘教子》、《桑園會》、《六月雪》、《彩樓配》、《汾河灣》等戲，有「第一青衣」之美名。
路三寶，初習老生，後改花旦，爲北京各大班社常邀花旦演員，曾與譚鑫培、王瑤卿合演。戲路寬廣，長於潑辣、刺殺旦戲碼，如《刺嬸》、《坐樓》、《殺山》、《殺子報》等。富於創新，將刀馬旦、花旦融合。曾與梅蘭芳配過梅氏新編之時裝戲，如《孽海波瀾》、《宦海潮》、《鄧霞姑》、《一縷麻》等，梅蘭芳、尚小雲、荀慧生皆曾師從之。

49 見稚蘭〈馮春航之別史〉，載於《民主報》。

50 夏氏兄弟對於馮子和念英語學校十分得意，曾云：「只要他在舞台上有起色，能蒸蒸日上，讀讀英文也好，京戲演員還沒一個讀英文的呢！」見北京市藝術研究所、上海藝術研究所組織編著《中國京劇史》上卷，頁504，中國戲劇出版社，1990年。

51 關於馮子和加入南社的時間有不同的說法，大部份都以1909年南社成立，馮就加入爲主要看法。抱持此說者，如由馬少波等主編之《中國京劇史》、梁淑安所著之《南社戲劇志》等；但另一說爲馮的加

事實上，早在 1904 年馮子和就已在丹桂茶園開始演出時裝新編京劇《玫瑰花》，馮氏既投入夏家科班，因此耳濡目染受夏氏兄弟京劇革新思想影響頗大，很早就能夠接受新的事務，並且對於京劇改良有很強烈的企圖心，而於政治革命運動也積極參與[52]。馮氏登台走紅於十二歲左右，其時為 1900年後，正是民主革命開始積極被推動的時期。《玫瑰花》為林獬小說，原載於《中國白話報》，馮子和將之改編為同名時裝新戲，並自飾女主角玫瑰花，汪笑儂、夏氏兄弟皆參與演出[53]。這個戲碼無異反映了馮子和的政治傾向，他藉由虛構的

入已至 1915 年 5 月，才填寫了南社入社書，介紹入社人為陳光譽。（參見《近代上海戲曲繫年初編》）如果以第一種說法來看，根據柳亞子自己的說法：「余初識春航，在丙午年，時春航方在大新街丹桂茶園，所演《百寶箱》、《刑律改良》諸劇，觀之使人腸斷，固知馮郎當以悲劇擅長矣。」見柳亞子所編《春航集》之〈簫心劍態樓顧曲譚余之馮春航觀〉，頁 5，上海：廣益書局，1913 年。丙午年為 1907 年，因此柳馮結識比南社之成立更早，如以馮子和後來積極投入社會改良及政治革新的相關事務來看，南社成立後馮與之保持密切活動關係，應是合理的。但是否遲至 1915 年才填寫入社書，還有待進一步的考證。

52 龔義江認為馮子和在後來南方旦角中，以演出具有濃烈政治傾向及社會改良劇目，引領一時風潮，當與夏月珊、潘月樵等有密切關係。他指出：「馮子和作為一個青年京劇演員，生活在十里洋場的上海，很早就接觸進步思想。夏月珊是他的老師，夏的革命思想自然對他是最好的身教與言教。辛亥革命時以潘月樵為首的上海梨園界攻打上海江南機器製造局的戰鬥，青年馮子和也參加了，這些都與他藝術思想的形成和藝術實踐道路的選擇，有著密切的關係。因而他的演出，除傳統戲外，大量的是新編的古裝戲與時裝戲。這些劇目與當時的政治鬥爭和社會風化相關聯，因此他的演出具有鮮明的時代色彩。」見〈南方劇旦角改革的先驅者馮子和〉，頁 165，收錄於中國人民政治協商會議、上海市委員會文史資料委員會編《戲曲菁英》（上），上海人民出版社，1989 年。

53 此劇以虛構之玫瑰村為場景，村中素有虎患，村人央求前山獵戶除之，獵戶因此佔據村子，為禍數百年。有青年女俠玫瑰花與同伴鐘國洪等，歷盡辛苦將獵戶驅逐，並與鐘結為夫妻。

「玫瑰村」隱射了漢民族的中原天下，而佔據玫瑰村的獵戶則為清人，他以玫瑰花自命，也隱然有匡救天下捨我其誰的氣概。柳亞子就對此劇加以讚賞：「玫瑰花者為革命女傑，躬建逐滿奇勛，蓋爾時虜焰方張，網羅嚴密，文人詞客，假此以激勵人心，而春航飾玫瑰花特佳。」[54]這個劇本中寓含了「驅逐韃虜，恢復中華」的潛台詞，當時有人甚至把女主角玫瑰花比喻成自由女神的象徵。

　　之後在丹桂期間，他又參與了時裝新戲《潘烈士投海》、《黑籍冤魂》及《江寧血》的演出，其中《江寧血》也是自編自演，以北伐為題材，與《玫瑰花》一樣，他自飾北伐隊的女首領，與孫菊仙、貴俊卿、熊文通等人合作演出。柳亞子亦為文讚揚：

> 丹桂第一台演《江寧血》，春航扮女子北伐隊首領，出語雅訓，頗曉理想，非外人濫用新名詞者可比，知詩書之薰澤深矣。進謁徐固卿一幕，慷慨陳詞，不愧女豪口吻，層層推闡，說理精創。攻堯化門一幕，奮勇直前，英姿颯爽，木蘭、良玉不過是也。…吾終於此嘆觀止矣。[55]

由柳氏對於此劇文詞的揄揚，可以得見馮子和在編寫劇本上文字的講求，與一般略通文字的伶人已有不同。兩劇都是以旦角掛頭牌，並以「女英雄」形象為拯救危難的主角，與這個時期新編改良京戲中，以老生為言論或行動主要發動者的

---

54 見北京市藝術研究所、上海藝術研究所組織編著《中國京劇史》上卷，頁 506，中國戲劇出版社，1990 年。
55 見梁淑安《南社戲劇志》，頁 46，北京：社會科學文獻出版社，2008 年。

通則不同。這兩齣不同於流俗的時裝京劇，對於後來以旦角為主的新編戲，具有不小的提示作用。

　　1908 年馮子和跟隨夏家班底遷入新舞台，同年底，他與林顰卿根據越劇的傳統戲《妻黨同惡報》[56]改編成改良新戲，將「改良戲曲，匡時救弊」的理想實踐在劇本中。他認為要改變社會，必須由女子和家庭為基本單位，也就是由社會最基礎的組成來著手，由此改變他們的觀念，才能收到浸潤之效。這齣戲的題材並不新穎，舊戲與之相似者所在多有，馮子和飾被害媳婦柳蟬英，潘月樵飾公公，夏月潤飾柳氏之夫，許奎官飾惡婆婆。值得一提處在於馮飾此角與之前女英雄形象迥異，以一位備受欺凌的女子面貌出現，他向來以擅演悲劇角色見長，此劇中的柳氏唱做如泣如訴、淒婉悲涼，感人至深，因而使他博得「江南第一悲旦」之名，轟動一時。後於 1915 年新舞台續編《妻黨同惡報》後本上演，馮氏曾重演此戲，公公一角換與周信芳搭配。在重演的版本中，馮子和對文武場的配器上有所改變，在〈休書〉一場中，他把小生常用的「嗩吶二黃」揉入了旦角的唱腔之中，算是一項新鮮的嘗試。這個戲以家庭內部間的紛爭為主要訴求，並用神佛顯靈因循果報為收場，輔以寫實布景裝置為噱頭，頗能迎合市井觀眾品味，與具有政治革新的嚴肅主題大異其趣。後來文明戲走家庭劇路線，以煽情為表現手段，此劇也成為這一類型之文明戲的常演劇目。

　　1909 年主演《新茶花》之中女主角新茶花，前文已有相

56　此劇又名《蓮花庵》，故事為繼室婆婆偕其胞弟虐待及設計媳婦，後觀音顯靈，將一干施暴者殛死。

關討論。男、女主角全著西洋服飾上場演出，新茶花穿白色長裙並繫有腰帶，陳少美（潘月樵飾）為軍官，則著軍裝皮鞋。1910 年，馮子和在上海法租界之新劇場，首演其自編自演之時裝新戲《血淚碑》，該劇為八本連台本戲，由馮子和、趙君玉分飾女主角梁如珍和男主角石如玉，王鴻壽、林顰卿、趙小廉、李慶棠均參加演出。由於是連台本戲，情節曲折為其特色，題材為愛情公案劇，以悲劇收場。柳亞子與南社成員至新劇場觀劇，大受感動，每日捧場，經月方止[57]。從此南社諸君如俞劍華、姚石子、龐樹柏兄弟、林百舉及沈道非等都成為馮之戲迷，龐樹松並曾述及他對於馮之認識：

> 偶與春航談，作語頗名雋，以是疑春航非無學者。嗣春航之師夏月珊語余以春航在學之成績，余以是重春航。歐風東漸，新劇盛行。春航所編之《血淚碑》、《惠興女士》諸劇，先後出世，春航隱隱以改良社會教育為己任，人亦以是益重春航。[58]

也由此可知，南社文友並不以伶人的身份位置來看待馮子和，反而因其所編寫的劇本，對他相當看重，以改良社會的文友目之[59]。在之後的幾年，柳亞子因沒有機會重看此劇，

---

57 柳亞子回憶此事云：「又年辛亥正月，南社復雅集上海，而春航亦來新劇場，排演《血淚碑》悲劇，余每月必偕劍華菰座，沉酣顛倒，至匝月始去。」他並且為《血淚碑》賦詩以為贊美：「一曲清歌匝地悲，海愁霞想總參差，吳兒縱有心如鐵，忍聽樽前血淚碑。」見柳亞子所編《春航集》，頁 5，上海廣益書局，1913 年。

58 見龐樹松《馮春航傳》，收錄於《南社叢刻》第八集《文錄》內，頁1364-1366，江蘇：廣陵古籍刻印社，1996 年影印本。

59 馮子和加入了南社後，對於文學上的謀求頗為努力，他曾拜社中文友陳越流、張冥飛等為師，專心學習作詩，並且也向書法名家張賚孝習

　　還在報刊上大發喟嘆，認爲《血淚碑》如曲中之「廣陵散」，並認爲這個劇本的社會價值比之《新茶花》要高出許多[60]。

　　由於《血淚碑》大受南社文友的認同，一時之間，社友紛紛在《民立報》、《中華民報》、《太平洋報》、《民國新聞》等這些由社友主筆的報紙中發表多篇文章，推崇馮氏，這些文友遂有「馮黨」之稱。其後，柳亞子把這批文章以及詩作結集成爲《春航集》，於 1913 年由上海廣益書局出版，以爲這段交游之見證[61]。而《血淚碑》的劇本，其後也被民鳴新劇團改編爲新劇上演，主演者是亦爲南社藝人社友的陸子美。

　　與《血淚碑》齊名，並列馮氏時裝京劇連台本戲代表作的尚有《恨海》。《恨海》是根據吳趼人同名小說所改編，又

字。張冥飛認爲馮原本會寫詩，但每每「有了巧思而句不能工」，可是因爲他致力學習，且具「會心」，所以進步頗速。這當與他跟文友相互切磋有莫大關係，他的作品也被收入《南社叢刻》之中。在文學上的進步，對於馮氏編寫劇本，運用文字的良窳具有絕對的影響，這也是南社文友之所以肯定其劇本的重要原因。

60 柳亞子云：「顧馮長新劇，於舊劇略遜，而新劇中尤以悲劇爲最。往觀所演《血淚碑》，真能使人回腸蕩氣，不可抑制。不知邇來何以寂然不演？豈《廣陵散》從此寂耶！顧以劇本而論，《血淚碑》之價值實高出於《新茶花》等倍蓰，又爲春航擅場之劇，願毋懷寶迷邦，使顧曲者有人間天上之憾也。」見《民聲日報》〈上天下地〉欄，1912年 3 月 7 日。

61 事實上，柳亞子出版《春航集》的動機，除了見證南社文友們參與戲劇改良運動的成績之外，還有另一個原因，也就是戲迷間的相互較量，當時北方另一旦角演員賈璧雲南下上海，造成轟動，與馮子和呈抗衡之勢，賈璧雲的戲迷們幫他出版了《璧雲集》，馮子和的戲迷們也不甘示弱，於是也幫馮子和出版了《春航集》，柳亞子記錄過這段出版的緣起：「後來，北伶賈璧雲南下，《小說時報》出版《璧雲集》，我便出版了《春航集》，以爲對抗，於是馮黨與賈黨的鬥爭頗烈，甚且含有南北鬥爭的意思。」見柳亞子〈我和南社的關係〉，收錄於柳無忌編《南社紀略》，頁 54，上海人民出版社，1983 年。

名《情天恨海》，也是一齣家庭悲劇。不過這部小說在馮氏的時裝京劇版之前，尚有王鐘聲所改編之文明戲版本。馮氏這齣戲同樣深受南社文友推崇，柳亞子為此劇作序：

> 屈指數歌場悲劇，《血淚碑》而外，疇不曰《恨海》哉。《恨海》本事見我佛山人所撰說部，其加已粉墨，而當場扮演者，疑自王鐘聲始。余憒於劇故，未能稽焉。昔在壬子冬仲，余方牢愁無俚，扶病游海上，欲觀春航《血淚碑》不果，乃睹其演《恨海》。一時幽怨之情彌滿於紅氍毹上，同座朱天一，今之傷心人也，幾於反袂掩泣。[62]

由這條材料可知，馮氏擅演悲劇角色，絕非浪得虛名，並且重要的是能由角色出發感動人心，可見其詮釋角色及表演渲染力之深刻。馮子和的「演技」向來為人所稱賞，而悲劇更能感動人心。塵因指出：「馮子和演戲，以表情最佳，其表情尤以孤冷哀怨為佳，如演《血淚碑》、《馮小青》、《孟姜女》等戲，的是傑作，非他伶所可及者。」[63]

除了京劇時裝新戲外，他也參加文明戲的演出，1914年在上海竟舞台主演新編文明戲《自由淚》，這齣戲參加的京劇演員不少，夏月珊、夏月潤、周鳳文、邱冶雲等也都參與演出。南社文友對於馮子和始終非常支持，1915年《南社》第十三集出版，其中陳樗發表了〈伶聖〉一文，針對當時上海

---

62 見柳亞子〈恨海序〉，收錄於《南社叢刻》第十集《文錄》內，頁1860，江蘇：廣陵古籍刻印社，1996年影印本。

63 見塵因《春雨梨花館劇話》，收錄於劉紹唐、沈葦窗《菊部叢刊》，頁689，傳記文學出版社，1974年影印初版。

最重要的京劇旦角演員馮子和、毛韻珂及賈璧雲做了比較，三人各擅其長，但以馮為最高，因此稱其為「伶聖」。除了與上海旦角相互比較外，馮氏也被拿來與梅蘭芳、歐陽予倩評比，南通張謇就曾以旦角經典戲《貴妃醉酒》為評比基礎，來看三人的演出，認為歐陽予倩是「醉而不貴」，梅蘭芳「貴而不醉」，只有馮子和是「既貴且醉」。其時梅蘭芳尚年輕，藝術正在成長期，但由此也可見出馮氏表演的成熟與精到[64]。

　　1916 年，馮子和重回丹桂第一台，推出了新戲《薄命嘆》，這是一齣由國外劇本所改編的洋裝京劇，原由在西藥房工作的張肇堂歐洲留學回國後，譯成中文。演出服裝從國外直接訂購。可資一提的是馮氏在這齣戲中對於京劇的文武場音樂做了很大的突破，他邀請了當時上海工部局的西樂隊加入伴奏，開啟京劇文武場與西樂團同台伴奏的先例，他並且也首創在京劇中用英語唸唱的表演程式，以京腔演唱西洋輕歌劇。除此之外，他曾在京劇舞台上添加現場彈琴的別緻表演，如與蓋叫天合演的《七擒孟獲》，馮飾番邦公主，在〈蠻洞歌舞〉一場中，著外國舞衣裙在台上自彈鋼琴並演唱西洋歌曲〈It's a long way〉。在新舞台演出惜秋所編之洋裝戲《拿破崙》時也曾展露琴技，此劇為新舞台知名劇目，由潘月樵飾拿破崙，馮子和飾仇秀英，夏月珊飾太利郎，周鳳文飾宮

64　玄郎也曾針對馮子和的表演真切加以揄揚：「春航天分甚厚，敏而好學，涉獵詩書之外，兼習西文。故其演戲，以表情為特長。無論新舊戲，一經春航扮演，則扮相舉動，口吻身分，色色逼真，能令觀者如歷真境，忘其為游戲之事。而新劇尤能動人，如《雙淚碑》、《血淚碑》、《妻黨同惡報》等悲劇，一往情深，纏綿淒惻，座客屬目之餘，不禁感懷愴神，涕泗沾襟。」見〈紀小子和〉，《申報》1913 年 4 月 17 日。

女瑪理。曾有評論認為新舞台《拿破崙》的成功，在於配角之完備，布景之得名。而潘月樵之拿破崙，其英雄氣概栩栩如生；至於馮子和之仇秀英，則纏綿悱惻，一往情深。馮氏後來尚演過《拿破崙艷史》中約瑟芬一角，劇中的服裝完全西化，戴假髮頭套，穿進口的舞裙，足下也換上高跟皮鞋，與京劇的傳統旦角扮像完全分道揚鑣。由此來看，在舞台的服飾穿著上，這個時期的時裝新戲，已經與新劇完全沒有區別。

馮子和雖然喜演新戲，但古裝戲表現也可圈可點，並未因常演新戲而擱置古裝戲，他甚且把在時裝新戲中諸般創新的理念，一併帶入了古裝戲中來進行實驗。如 1917 年在天蟾舞台首演新編古裝京劇《紅菱艷》，又名《鄉下大姑娘》，這齣戲有濃厚文明戲色彩，劇本原是由天蟾舞台負責排戲的人，用昆劇的本子所改寫而成的「幕表戲」[65]。故事以明正德年間為背景，馮子和飾演採菱女鄔鳳姐，毛韻珂飾天官之女鮑香雲，與蓋叫天三人合作演出。馮氏在這齣古裝戲中，對一位出身鄉村但熱心助人的率真採菱女子，在服飾與唱詞上做出了很大的改變，為了貼近角色的身份背景，在唱詞中加入了江南當時流行的民歌小調[66]，並且不再用傳統京劇如

---

65 「幕表戲」是一種只有分場大綱沒有完整劇本的演出形式，演員拿到的幕表只有每幕的場次場景、出場人物表及每場重要台詞提示，至於細部情節道白和動作表演都靠個人經驗在場上臨時編演，是文明戲演出的代表形式。

66 馮子和讓採菱女直接演唱江南流行的採蓮歌：「阿鳳雖是賣菱女，水鄉姑娘口應心，桃花紅來楊柳青，清水塘裡栽紅菱。妹栽紅菱郎栽藕，紅菱拖到藕絲根。」語言俚俗但清新可喜，也貼合劇中角色身份。

李鳳姐的褲襖扮相[67]，而改成了粗布衣褲、圍腰裙，藉以呈現農家女子的真實服色。在髮型上，不貼傳統的片子[68]，也不包大頭，卻梳起一條高把根的辮子。化妝方面，只在臉上薄施脂粉，完全不依照傳統化妝方法。清晰可見他把演文明戲的服裝、化妝方法帶入古裝京劇中的痕跡。

　　對於服裝化妝方面，馮子和很早就開始做出了變革，是南方京劇旦角的先驅人物。他一反過去旦角大開臉、短髮、頭上裝飾只點綴而已的傳統髮型，首創了「古裝頭」，把原本露在外面的後面頸項，以黑色長片的「線尾子」來修飾遮蓋，並且在兩鬢上貼寬片子，既可修整不同人的臉型，又可代表濃密的鬢髮。在額上還變化出「小彎」、「瀏海」、「髮綹」等修飾性的假髮束，有時直接製作新式的頭套，頭上插戴水鑽頭面，光燦閃亮增添華麗的美感。後來梅蘭芳到上海演出時，見到馮子和的古裝頭，十分喜歡，回北京後，與他的梳頭師傅韓佩亭相互研究琢磨，也創出了屬於梅氏的古裝頭扮相。

　　他也改變了清末旦角流行的櫻桃小口，把口紅塗滿整個唇部，讓女性角色看起來更自然。在《杜十娘》中，更改革了旦角必用吊眉帶勒頭的傳統化妝法則，原本這種方式在演古裝戲時，一方面可將眼眶向上吊起，增加可畫眼圈的面積，一方面也可拉緊面部肌肉，修飾面部皮膚的線條。這種方式美則美矣，但卻往往予人不自然的僵硬感，由於它的非寫實

67　這齣戲的部分情節與舊戲〈游龍戲鳳〉非常類似，只是李鳳姐變為鄔鳳姐，賣酒人改為採菱人。

68　馮子和在演時裝戲時，為了真實反映角色生活的背景時代，大都不貼片子，如《江寧血》、《哀鴻遍野》、《玫瑰花》等；另如飾演外國角色，也不使用此種梳頭方法，如《七擒孟獲》等。

形式，也間接增加了角色與觀眾間的距離感。因此汪氏大膽放棄吊眉帶的使用，如此一來，可使演員面部的肌肉自然放鬆，容易做各種表情，並縮減了因妝容所產生的不真實，無疑也是向寫實趨近的一種化妝方式。

　　馮子和在演唱及音樂配器上，頗下了一番求變求新的功夫，能不斷嘗試新的方法。例如他在文場伴奏中加入了二胡、四胡這種幫襯胡琴的絃樂器，以求加添文場音色的豐厚感，後來二胡就成為旦角演唱的基本配器。同樣在《杜十娘》中，有一場活捉孫富的戲，他加重了唱的部份，並採用了海笛（小嗩吶）做為伴奏樂器。前文言及，馮氏以表演逼真感人見長，這點也展現在他的唱工上，為了展現角色不同的情緒，他採用「剛柔並濟」的唱法，在怒罵痛斥時用「剛音」表現憤怒激動的情緒，在哀怨悲切時則用「柔音」來鋪陳感傷的心懷，並藉以渲染感動觀眾。

　　周信芳為麒派老生的流派創始人，也是海派京劇的代表性人物，其父周琴仙為馮三喜之弟子，因此馮子和為周信芳叔輩人物。周信芳曾與馮子和合演過一段時期，馮常以長輩身份帶領周，使周受到他不少的影響。周信芳除了他的本工是老生外，也有時兼唱小生或老旦。他的小生有一項特色，稱為大嗓小生。傳統京劇行當唱法中，小生與旦行（老旦除外）都使用「小嗓」，也就是假音來演唱。不過在周信芳以小生行當與馮子和配戲時，馮感到兩人都在台上使用小嗓，在聽覺上沒有層次並且不甚協調。因此當他們合作《紅菱艷》時，馮建議周信芳可以嘗試用「大嗓」（即真音）唱小生，實驗過後，效果不錯，可以使生旦在音色上高低諧和而美聽，

因此如《梁祝哀史》、《孟姜女》等劇，兩人生旦同台時，周都以大嗓來做唱唸，爾後「大嗓小生」即成為周氏首創的特色唱法。

　　馮子和常以台上的身教，將他的改革創新理念傳達給周信芳，例如他曾與周演出古裝戲《馮小青》，馮飾夫人，周飾公子，王芸芳為丫環。有一場戲是夫人與公子要離鄉遠行，馮站立岸邊久久不動，凝望家園。公子要丫環催請，夫人不言，以手勢與丫環耳語，表示依依不捨，要再看一會兒。丫頭回報公子，過了片刻，公子復催請，夫人仍不語，眼望家鄉難以離去。這個段落馮全以啞劇呈現，不唱不唸，純用表演傳情，但仍使觀眾為之喝采，並幫他博得「表演聖手」之譽。周信芳經過這次演出後，立即吸收了馮現場創新的無聲戲手法，下次再演這個片段時，也以手勢與丫環交待而不說道白，與馮氏相互配合。

　　馮子和在京劇與新劇間的創新與鎔冶，無寧是上述新舞台班底成員中最為醒目的一員。他全面性的由劇目題材、表演方法、重新配器的音樂嘗試乃至於旦角服裝及化妝的改變，來實踐他對於戲曲改革的理念。而在這些變化中，我們也不難發現，他把京劇與新劇間的距離拉近了，甚至相互融合了，使原來的寫意藝術朝向寫實藝術做出大幅度的傾斜。是以，除了南方海派京劇演員深受影響外，就連北方後起之四大名旦，如梅蘭芳、荀慧生等也同樣地受其浸潤，學習了他的創造精神與理念。

第五節　結　語
── 一條新的審美路徑

　　夏月珊、夏月潤以及潘月樵、馮子和等所組成的新舞台京劇演出團體，無疑地引領了二十世紀初期上海京劇界的時代風潮。新舞台所代表的革新意義有幾項：

　　一、將京劇視爲一種宣揚理念的手段，把政治及社會改革放在劇本題材的重要考量上。也因此京劇原本脫離現實，無法反映民生問題的缺點被改進了。

　　二、向新劇大幅度的靠攏。由上面討論的劇目中可以得知，這批新舞台製作的時裝新戲，有許多劇本其實是相互共用的，有的是原爲新劇劇本，而後改爲京劇版，有的則先有京劇本再改成新劇版。由於劇本的相通，也使得在服裝、化妝、表演乃至於劇本的內容形式雷同性相當的大，例如新劇在演出時如加入了京劇的表演程式，就成爲亦中亦西的文明戲；而在京劇劇本中將唱的部份刪減，增加了大量的演說或道白，也就成了類新劇式的時裝新戲。由於新舞台的劇目，大多具有唱少白多的特點，因此甚至有人直接將之稱爲「啞巴戲園」[69]。換句話說，把做爲戲曲最重要的「唱」減少或拿掉，無寧就是走向類新劇的形式。

　　三、新的表演形式的推動。在新舞台所演出的劇目中，

69　玄郎就曾指出：「新舞台以新劇稱長，而於舊劇一門，素不注意，聽戲者往往目之爲啞子戲園。」見《申報》〈自由談〉，1913 年 2 月 26 日。

大多已不再固守舊戲的表演程式，當然這也與新編劇本中大部份為時裝或洋裝戲有關。既然採用了現實題材，與之相應的表演方法也必須改走寫實的方式，不論是老生或旦角行當，舊的表演程式已不能適應新劇的演出，因此這些演員改向新劇（文明戲）吸收表演方法，其結果當然是走向生活化與寫實化的道路[70]。

四、舞台硬體設備與技術的進步。新舞台的建立不但影響了上海舊戲園的改變，同時在全中國也具有指標性意義。從此布景的使用、燈光的講求乃至於機關的設計，都成為新的趨勢，演員們不再把這些技術性的條件視為可有可無，而是要加以重視並且推陳出新。

五、拓展了服裝化妝的類型及技巧。新舞台所推出的時裝及洋裝京劇，大幅度地拓展了京劇在服裝和化妝方面的嘗試。例如當時清裝的使用，或直接改採外國服飾，都是以往在舊劇舞台上不可能出現的。另外如馮子和對京劇旦角化妝技法上的改變，也直接影響了不分南北的旦角演員，對於容妝和髮型美的改進與追求。

六、開啟了海派京劇的審美新路線。原本舊劇對於演員的唱功非常的講求，甚至一個演員的嗓子優劣及演唱技法的獨特性，決定了他在圈內的等級與地位。但是新舞台的戲碼，演唱的功夫已不再是首要決定戲好壞的絕對關鍵，代之而起

---

70 馬彥祥就曾認為：「因為舞台的物質條件的便利，所以那一時期的戲劇，不知不覺地趨於寫實的一途。…演員當然不必再用那「投袖」、「甩鬚」、「撩袍」等的演作，而且都是用寫實的佈景，當然也不必再作那開門登梯的身段了。」見〈清末之上海戲劇〉，頁 225，《東方雜誌》第 33 卷第 7 號，1936 年。

的是表演的可看性，或者可以直接說成戲的可看性。可看性的條件內容也不止於一項，整體而言，劇情的曲折、演員的形象容貌、表演的深刻度、服裝的新穎、道具布景的精巧等等，都被列爲評量的標準。因此，聽戲轉移爲看戲，也開啓了上海京劇表演重看不重聽的獨特審美品味。

本章引用書目

專　書

上海文化出版社編　《上海掌故》，上海文化出版社，1982年3月一版一印。

中國社會科學院文學研究所近代文學研究組編　《中國近代文學論文集　1949-1979》（戲劇、民間文學卷），北京：中國社會科學出版社，1982年。

中國人民政治協商會議、上海市委員會文史資料委員會編　《戲曲菁英》（上），上海人民出版社，1989年。

名譽主編王元化、主編胡曉明　《近代上海戲曲系年初編》，上海教育出版社，2003年。

北京市藝術研究所、上海藝術研究所組織編著　《中國京劇史》，北京：中國戲劇出版社，1999年。

阿英輯　《晚清文學叢鈔》。北京：中華書局，1960年。

苕水狂生　《海上梨園新歷史》，上海小說進步社，1910年。

柳亞子編　《春航集》，上海：廣益書局，1913年。

柳亞子主編　《南社叢刻》第八集、第十集，江蘇：廣陵古籍刻印社，1996年影印本。

柳無忌編　《南社紀略》，上海人民出版社，1983年。

張庚、黃菊盛主編　《中國近代文學大系・戲劇集一》，上海書店，1996年。

梁淑安　《南社戲劇志》，北京：社會科學文獻出版社，2008
　　年。

劉紹唐、沈葦窗主編　《菊部叢刊》，傳記文學出版社，1974
　　年影印初版。

歐陽予倩　《自我演戲以來》，北京：中國戲劇出版社，1959
　　年。

盧向東　《中國現代劇場的演進 —— 從大舞臺到大劇院》，北
　　京：中國建築工業出版社，2009 年。

顧炳權編　《上海洋場竹枝詞》，上海：上海書店出版社，
　　1996 年。

學位論文

鍾欣志　《走向現代：晚清中國劇場新變》，台北藝術大學戲
　　劇學系博士論文，2012 年。

期刊論文及報刊文章

玄郎　　〈自由談〉，《申報》1913 年 2 月 26 日。

玄郎　　〈自由談〉，《申報》1913 年 3 月 13 日。

玄郎　　〈紀小子和〉，《申報》1913 年 4 月 17 日。

柳亞子　〈上天下地〉欄，《民聲日報》，1912 年 3 月 7 日。

馬彥祥　〈清末之上海戲劇〉，《東方雜誌》第 33 卷第 7 號，
　　1936 年。

姚志龍　〈上海茶園的變遷〉，《上海文化史志通訊》總 31
　　期，1994 年。

海上漱石生　〈上海戲院變遷志〉，《戲劇月刊》第 1 卷第 9

期，1928 年。

傅斯年　〈戲劇改良各面觀〉,《新青年》第 5 卷第 4 號,1918 年。

僇　〈論戲曲改良與群治之關係〉,《申報》,1906 年 9 月 22 日。

稚蘭　〈馮春航之別史〉,《民主報》。

蔡祝青　〈舞台的隱喻：試論新舞台《二十世紀新茶花》的現身說法〉《戲劇學刊》第 9 期,2009 年。

潘月樵　〈潘月樵自傳〉,《半月劇刊》第 1 卷第 2 號,1937 年。

醒獅　〈告女優〉,《二十世紀大舞臺》第二期,上海：大舞臺叢報社,1904 年。

錢玄同　〈隨感錄‧十八〉,《新青年》第 5 卷第 1 號,1918 年。

第三章 京劇表現形式之變本加奇
—— 以周信芳連台本戲作品為例

第一節 前 言
—— 爲連台本戲辯誣

1867 年北京京劇演員夏奎章等人，帶了十本《五彩輿》至上海丹桂茶園演出，這樣一件本來可能不經意的舉措，卻在京劇的發展史上具有重要的意義，它的重要性分爲兩個層面：其一是開啓了北京演員在上海的演出歷史；其二則是造就了上海一種獨特的京劇藝術形式 —— 連台本戲。

京劇在演出敘事長度上的操作方式，約可分爲兩種形式，其一爲「散戲」（或稱折子戲），其二則爲「本戲」。「散戲」敘事的容量少，大都不具完整故事首尾，通常只取故事中的某一個段落進行演出，至於段落擇取的標準則以表演發揮空間大、身段動作優美精彩具可看性，或是音樂旋律美聽、適宜展現演員唱功爲最重要的原則。「本戲」則是敘事容量大，故事首尾大致完整，但因爲故事的長短不一，則又可分

為「單本戲」，也就是一天內可以演完一齣完整故事者，及「連台本戲」，即多本故事連續且無法在一天內演完，必須多天甚至數月數年方可完成者。如果單純以演出長度及情節容量來看，二者間只是屬於形式上長短的不同，不過，在京劇發展興盛時期，卻存在著以散戲及本戲來衡量演出品質優劣的看法：

> 戲之僅演一段者叫做「散戲」，連頭帶尾謂之「本戲」。
> 「散戲」情節雖不及本戲容易使人明瞭，然本戲演來十九散漫，反不及散戲像一尾青魚去頭截尾來過紅燒中段來得入味。守舊派伶人之所以不願排「本戲」，並非全怕累，實以腔調有限，不敢胡動，蓋舊劇老例，一劇有一劇之特腔，一劇有一劇之音節，非如今日海派角兒，無論西皮二簧，腔調劇劇雷同，不管喜怒哀樂，音節齣齣不分（有周信芳等唱片可證。）舊派之所以可貴，新派之所以不足取，即繫乎此。「散戲」百看不厭，「本戲」不能持久，豈偶然哉。近數年來，南北盛行本戲，而加入之角，又多為根基未堅之輩，即有慧根，置身其中，亦難成正果。後來落一個左道旁門，混口飯吃而已。噫，本戲之害，豈僅摧殘梨園人才已耶。[1]

上述這段評論有兩項重點，其一，認為本戲粗疏不如散戲來得紮實精彩；其二，則是認為海派演員（例如周信芳）對於唱念的功夫不夠講究，因此造成本戲不耐看。雖然這段評論植基於對本戲的批評，但也帶出了對海派京劇的不滿。

---

1 愚翁：〈散戲與本戲〉，《十日戲劇》第一卷第十九期，頁 79，上海：上海國劇保存社，1938 年 2 月 23 日。

京劇發展自五四以後，漸漸有所謂京朝派與海洋派的區別，歷來多有論者認為京派之散戲是經過千錘百鍊的藝術精粹，對於海派京劇卻往往給予華而不實或是膚淺粗糙的評價，並且在京派與海派的劇目區分上，常常將散戲及連台本戲做為分別標準之一，也就是京派重散戲，海派重連台本戲。

　　事實上，這種區分準則並不十分公允，因為京派雖多散戲齣目，但最早的連台本戲實始自北京，且北京不乏本戲的演出，而海派戲園往往是散戲與本戲交互演出並非一味只演本戲。不過，在連台本戲由北京傳入上海之後，的確這種演出形式在滬大行其道，並得以發揚光大甚而變本加奇，風靡程度遠遠超過其原生地，成為上海京劇的重要類型。本戲之所以在海派京劇中佔有重要位置，且一度有超越散戲的態勢，其中最重要的原因牽涉到京、海派的觀眾在藝術審美的旨趣上，有著很大的差異性，而這種差異性就筆者來看，以連台本戲為觀察的範本，最為適宜。

　　即使海派京劇採取了連台本戲為展現特質的形式，但也不能純以連台本戲的缺點來論定海派京劇，這些缺點諸如：忽視內容只重形式、刻意強化舞台效果，不講究演員功底、著力於布景及燈光的奇炫花俏，甚而蓋過演出內容、過度市場取向、思想貧乏甚至鼓吹怪力亂神、兼涉情色、劇本構成草率、審美品味膚淺等等。檢視過去許多的戲曲評論，會發覺抱持這樣偏見的現象是普遍存在的。不過我們如果以連台本戲在上海最興盛的時間來看，那些一再重演且經常被討論的作品，並不一定只是那些譁眾取寵的作品，並且，這些被認為是缺點的部分，如果運用得宜且不過火，反而更可以突

顯京劇這項劇種在傳入上海後，與地域質性結合後所自行發展的優異特色，而這種流變也正可以彰顯京劇可雅可俗、可廟堂可鄉野的兩面特性。

海派京劇的著名演員中，以周信芳、蓋叫天最具代表性，但是如果衡之以編導演全方位的才能而言，當以周信芳更為適切。周信芳藝名麒麟童，其父周慰堂為票友下海的二路旦角，後因嗓子失潤，生活漸入困境，其子周信芳卻對學戲有莫大興趣且具天份，因此七歲就參加了「小京班」（又稱「小童串」）的演出，開始分擔家計。之後經當時京劇名角王鴻壽[2]的賞識提攜，並以「麒麟童」之名[3]，開始走紅於上海，此後漸漸以「麒派」樹立其個人之老生流派風格。

「麒派」是歷來被公認最具有唱做特色的京劇老生流派之一，周信芳演唱時帶有特殊沙啞嗓音[4]，音色蒼勁且酣暢飽

---

2 王鴻壽藝名三麻子，原為徽班武生，後改學老生行當。於清光緒五年（1879）到上海發展，改唱京劇，注重做表，以姿勢美、氣勢佳著稱。除了演戲之外，也擅長編導，多才多藝，對周信芳影響頗大。

3 周信芳於1907年隨班到上海丹桂第一台演出，藝名「七靈童」，本來他在七歲開始唱戲，名為「七齡童」，後因超過七歲，改名「七靈童」。但此次演出因戲報上將他的名字誤植為「麒麟童」，以後便以此名行走江湖，將錯就錯做為藝名，這是他藝名由來的一種說法。

4 關於周信芳的沙啞音色，並不能算是一種缺點，反而是在一種不完美的先天條件中，創造了屬於個人特色的藝術質地，如譚鑫培就有一條「雲遮月」的嗓子。孔在齊曾對此指出：「有人以為麒派的特點就是嗓子沙啞，不錯，麒麟童的嗓子是音帶沙啞，但卻並非音色不潤的沙，也不是發音乾枯的啞。他雖有沙啞的缺陷，但調門兒其實相當高，音域並不窄，音量也相當大。他就利用這個似乎有缺陷的嗓子，從前輩奠定的基礎上發展出婉轉的唱腔，鏗鏘的念白，句句有韻味、字字打入你的心坎。」《顧曲集：京劇名伶藝術譚》牛津大學出版社，2010年。而這正如同程硯秋因轉嗓後產生了鬼音的缺陷，前輩王瑤卿反倒藉此幫助他創造出別具一格的程派唱腔，是一樣的道理。

滿，注重咬字的鏗鏘有力，行腔稜角分明，別具獨特的韻味，其音色之辨識度高，聽之令人無法忘懷，有所謂筆斷意不斷之趣，喜愛這種特殊唱腔音色者，大有人在。而「麒派」的做表更爲醒目，動作剛勁有力，注重表情描摹，往往採用一種取自於日常生活卻又趨近於「誇飾」的方式，來放大人物性格上和言行上的特色，觀之令人目眩神迷，難以忘懷[5]。周信芳走紅於上海，除了他的唱唸做表極富特色之外，也與他搭上時代風潮、深知上海觀眾的審美喜好脾胃有著莫大關係，而其中連台本戲就是他十分擅長的編演形式。

　　周氏 1912 年由北方回到上海，此時他十七歲，據當時《申報》中所刊登的戲評，他在新新舞台演出了《要離斷臂刺慶忌》及《九美緣》這是他出演連台本戲之始，一直到 1941 年卡爾登大戲院的《文素臣》止，這是他連台本戲有記錄的最後一齣，30 年間共計參與了 61 部 220 齣連台本戲的演出，其中主角、配角、古裝、時裝均有，時間之長，數量之多，可見一斑。如此重要的演出形式，但在一般評論中，往往對於周氏這部份的討論相當少並且零星，實屬可惜。其原因不一而足[6]，但是以現今所留下的資料來看，周信芳的連台本戲

5　日本學者波多野乾一所著《京劇二百年之歷史》中曾將周信芳之特質做了概括的描述：「麒麟童，本名周信芳。寧波人，母爲女伶。北京喜連成科班畢業後，以上海爲土著，以做白爲主之老生而有名。工架最佳，南北少見。嗓音甚沙，然上海人有喜聽其沙音者。《南天門》、《九更天》、《開山府》、《鐵蓮花》等劇佳。彼富有編劇能力，以丹桂第一台（上海）爲根據地，編演各種新戲。」，由於波多野乾一之書出版甚早，此段簡介也可看出周信芳當時在上海京劇界所展現出來的特色。上海：東方時報館，1926 年 9 月。

6　這或許也由於周信芳晚年不喜提及他曾大量演出過連台本戲的過往

作品，卻正可以顯現出他擅長於鎔鑄各種表演藝術兼容並蓄的特點。周氏身兼演員、編劇和導演，這點與前輩王鴻壽十分相似，他對於當時所流行的舉凡話劇、舞蹈、電影乃至於魔術等等外來的藝術形式，都有或深或淺的瞭解，並能將之納入京劇的表演中，做為演出吸引觀眾的手法之一。當然，除了豐富京劇舞台的視覺效果及敘事內容外，也直接豐富了他個人的表演層次及內涵。

　　連台本戲雖然並不是產生於上海，但卻在上海得以發展及變化，而海派的連台本戲，走的是將京劇的藝術形式翻新求變的路線，雖然評價兩極，但仍不失為對京劇形式做出大幅度實驗的創新手法。本章針對上述前提，將已近有百年歷史的海派連台本戲，採取了一個較少被討論的視角來觀看，以周信芳這位海派京劇大師在連台本戲不同層面上所曾經做出的嘗試與努力為樣本，重新審視連台本戲這種類型，在京劇發展的道路上，如何展現出不同於京派的特質，甚或跨界做不同藝術形式的融合，所呈現出來的好戲，並藉此彰顯海派連台本戲對於京劇在各種不同元素所做出的新變嘗試。

經驗有關，因海派連台本戲後來漸次走上「惡性海派」的路線，內容空疏，已不具藝術價值，此可能為原因之一。其次，海派連台本戲的確有許多齣目純粹是為了迎合當時觀眾喜奇好新的審美口味而創作，只重視舞台效果，甚至以各種刺激票房的噱頭做為賣點，對於劇本內容常常不加檢選，甚至走向情色、聳動聽聞的路線，因而歷來對於海派連台本戲評價不高，甚且有刻意漠視此類作品的傾向，為可能原因之二。此外，連台本戲往往隨編隨演，隨演隨丟，因而許多劇本沒有文字本流傳下來，可能為原因之三。

第二節　魚龍曼衍，目迷五色
── 海派京劇連台本戲之生發特質

一、地域審美喜好形成風格上的歧異

　　同治六年（1867），上海建立了仿京式的戲園「滿庭芳」[7]，除了它的建築形式向北京的劇場取經之外，並標示了原本盛行於北京的京劇，經由新戲園的建立，正式立足於上海，經過與上海觀眾審美喜好的融合創造，也由此在唱做的整體風格上，漸漸產生了與北京不同的風格。早期京劇曾有「時尚黃腔喊似雷」的唱法風格，代表的演員為程長庚及其繼承者汪桂芬與孫菊仙，而余三勝則另以聲音的婉轉柔和發展出與前三者不同的風格。在這種力道與高亢、宛轉與柔媚的差別下，在唱法上遂發展出「北派」與「南派」的不同演唱風格。不過，當京劇漸次傳入上海之後，所謂的「北」與「南」，由原本唱法風格的不同，開始轉變成帶有地域審美差異的表演風格區分。所謂的「北派」，已不侷限於以往唱法的剛勁，而是擴展到整體的表演體系上，其所代表的是盛行於北京的京劇表演範本，與上述意涵上有所不同的是，北方京朝派漸漸以典雅穩健及重程式化表現為其特色，而「南派」則是指

7　滿庭芳由英籍華人羅逸卿仿京式的戲園規模所建成，園成之後，即派人赴天津邀京劇名角，並且置辦錦繡行頭演出，此為一般認為京劇傳入上海之嚆矢。

流行於上海的京劇表演風格，它融入了上海觀眾的審美趨向，以勇狠火熾、重新奇創造為其特色。徐珂曾對於看京劇應分別南北，且對於清末時期南北賞鑑之不同特質，有一段記載：

> 北方之音剛以殺。酷喜梆子。南方之音柔以佻。惟中州與漢上之音洪爽。故黃調最合南北之嗜。而道白必推中州。以其清越諧和。莊栗有節也。北人於戲曰聽。南人則曰看。一審其高下純駁。一視其光怪陸離。論其程度。南實不如北。宣統末。滬人雅能聽曲。然喜高嗓而不辨神韻。喜激昂而不樂鎮靜。至於能拍板眼。明音率。求做工。審情節者。實不數覯。而北方則紈袴販夫。皆能得此中三昧也。[8]

在這段記錄中可以粗略的看出，京劇發展時期南北區域對於看戲不同的要求。在宣統時期，北方已有偏重音律、唱功的美聽及演員做工、劇情講求，南方則偏重視覺、喜好音調激越高亢的差別，並且認為北方觀眾比南方觀眾具有審美的涵養。徐珂在同一段文章中也記錄了南北在評鑑演員的優劣方面，所存在的差異：

> 觀劇者有兩大派。一北派。二南派。北派之譽優也。必曰唱工佳咬字真。而於貌之美惡。初未介意。故雞皮鶴髮之陳德琳。獨為北方社會所推重。南派譽優。則曰身段好容顏美也。而藝之優劣。乃未齒及。一言

以蔽之。北人重藝。南人重色而已。[9]

北派觀眾重視演員技藝的呈現，對於色相較不那麼挑剔，而相反的南派對於演員在乎的並非「藝之優劣」，反而是外貌條件，因此「色」比「藝」要來得重要。殊不論用這種看法來評斷北、南觀眾的高下是否公允，但至少在較看重外在形式這方面，普遍為南派賞劇重心是不爭的事實。

「海派」京劇是「南派」京劇演化而來，原本「南派」泛指中國南方，主要是江南一帶的京劇流派，而「海派京劇」範圍則鎖定在上海及其周邊一帶的京劇表演形式。京劇由北向南傳播，傳入上海之後，由於上海的人口結構多數為外來的移民，因此在組成的素質上十分參差複雜[10]。上海觀眾喜好獵奇追新，凡是時髦的、有趣的事物，都較能合乎他們的脾胃。京劇受到這個五方雜處、人文薈萃、開放型城市的影響，逐步吸納此地市民的審美歸趨，因而形成了與北方京朝大派講求規矩、重視傳統等不同格局的京劇流派：

> 戲劇因地域、社會環境、演出方式的不同，形成流派，
> 這原無可非議，但習俗往往同行相輕，門戶之見，由

9　徐珂《清稗類鈔・戲劇類》〈觀劇有南北兩派之別〉，頁 67-67，北京：中華書局，1984 年。

10　關於這點，李倫新指出：「上海人來自五湖四海，是中國最大的移民城市，是典型的近代崛起的新興城市，不同於在傳統城市基礎上長期自然形成的古老城市。1843 年開埠以前，上海人口只有 20 多萬，經過百年的發展，人民猛增到 500 多萬。據 1950 年的統計，上海本地原住民只占上海總人口的 15%，移民則高達 85%。上海的移民，國內的大都來自江蘇、浙江、安徽、福建、廣東，國際的雖來自近四十個國家，但主要來自英、法、美、日、德、俄，其數量多時高達 15 萬人。」《戲出海上 —— 海派戲劇的前世今生》，頁 2，上海：文匯出版社，2007 年。

此形成。我認為流派雖殊，對於藝術的貢獻則一。現
在看來，所謂京朝派只是為了士大夫階級而存在，他
們演技力求洗煉、蘊藉，格律嚴而流於抽象，所謂「笑
不露齒，行不露趾」，就和士大夫階級的道德要求相
一致。海派，這是屬於新興的市民階級的藝術，誇張、
過火、趨重寫實，格律範圍不住的創造發展，在嘲謔
哄笑中針世砭俗。[11]

上海市民除了組成條件外，因地理環境的關係，接受到外界
的新思潮及新事務速度比其他城市快速且多元，這其中當然
也包含了藝術形式。至民國初年時期，西方話劇、電影、歌
舞、魔術、歌劇等藝術形式，都已在上海各地流布，因此，
這是南方一個藝術多元化的匯集地。

二、劇場型態嬗變與市場操作策略所決定的新形式

1908 年，潘月樵及夏月潤、夏月珊兄弟，建立了新舞台
這個不同於以往的舞台空間，也直接給予了新型態的表演藝
術一個有利的展示場域，「光緒戊申秋，有商辦新舞台崛起於
南市之外馬路，劇場全部構造悉仿歐制，戲台為半月形，可
旋轉，並有一切佈景，每齣必易，加之以電光。建築告成，
即以丹桂全部實之，兼演新舊劇。」[12]這段記載，點明了新
舞台的誕生對於上海展演空間的幾項重大變革：其一，仿歐

---

11 檻外人《京劇見聞錄》，頁 6，北京：寶文堂，1987 年。
12 徐珂《清稗類鈔・戲劇類》〈上海戲園〉，頁 48，北京：中華書局，1984
年。

式舞台；其二，舞台為半月形且具備了旋轉功能；其三，有
布景和燈光的使用。這些舞台硬體上的改進，基本上是仿效
了日本新劇和西方話劇舞台而成，因此，在表演呈現上漸漸
也有趨近於話劇寫實表現的傾向。新舞台在開幕的演出，除
了最前面的兩齣戲仍仿舊戲模式演出外，由第三齣戲開始，
均採用布景做為襯托，愈後面的戲碼，布景愈華麗，爾後在
新舞台的演出，燈光布景的運用遂成為基本形式。也因為如
此，舊劇的劇本已經不能完全配合新式舞台的硬體優勢，於
是也就新編了許多時裝京劇，如《新茶花》、《黑籍冤魂》、《羅
漢傳》、《惠興女士》、《刑律改良》等[13]。這些新式京劇的生
成，不可諱言的主要是為了實現戲曲改良的政治目的而加以
創作。因此在政治的前提下，舊故事、舊戲碼以及舊式表演
手段，早已不符合需求，再加上結合市民喜好求新求變的特
色，所以上海在清末時期，出現了大量的新編京劇劇目。等
到革命初成，民國建立，原本藉由戲劇為手段來達到推翻清
朝實體的政治原因消失，海派的京劇市場，遂留下了當初求
新求變的這項特色，成了以後新編京劇的創作主要訴求之
一。這些新編戲大都為了符合觀眾重故事情節、重看戲樂趣
所生成，使得原本京腔大戲中講求韻味、講求演員唱工精湛、
做表醇雅大方的單齣戲碼，已不能滿足上海觀眾的要求。

---

13 時裝新劇的編演，並非開始於「新舞台」的建立之後，應該說夏月珊、
　夏月潤及潘月樵等海派京劇的早期代表人物，是為了實現他們要改良
　京劇的目標而興建「新舞台」的。1901 年汪笑儂就已在天仙茶園演
　出新編京劇《黨人碑》，為了京劇改良，也為了政治目的，加上「新
　舞台」的建成，因而使得時裝京劇在天時地利人和的條件下大量產
　生。至於時裝京劇初期的發展，可參考本書第一、二兩章。

　　除此之外，尚有幾項在市場操作上的自然競爭現象，也直接造成上海市民逐漸背離了京朝派而生成所謂海派京劇的特質：

> （京派與海派）表現在各個方面都是爭奇鬥勝，處處充滿了尖銳的競爭。如：大的新型劇場和小的舊式戲園的競爭；京角兒和上海演員的競爭；傳統劇目和本戲、連台本戲（機關布景）的競爭，導致這一時期優秀劇目大量出現和劇本題材的多樣化，名演員輩出和表演藝術的提高，促進了京劇的繁榮和發展。到民國十年，這些競爭已得出初步結果，就是新型大劇場戰勝了小戲園，以致班社的規模越來越大，票價越來越高，致使小的班社無法立足，只得進入「遊樂場」謀生，結果京劇院也日見減少。另方面本戲、連台本戲戰勝了傳統劇目，上海演員也戰勝了京角兒。盡管表面上看，京角兒地位高，票價高，但不能長久演出，經常演出的還是上海演員，以本戲為主，兼演一些傳統劇目。[14]

為了因應激烈的市場競爭，上海各戲園無不盡力在各地邀約名角，以壯聲勢，因此在當時北方京、津已具有知名度的京劇演員，就成為競相爭取的對象，例如孫菊仙、楊月樓、譚鑫培、汪桂芬等都曾到上海搭班演出[15]。要邀得一流名角到

14　劉靜沅《京劇藝術發展史簡編》，頁 112，安徽文藝出版社，1984 年。
15　當時在上海來自於北京的老散戲（折子戲）仍然具有一定的市場，因此京派名伶不論老將新秀，都願意到上海過水，藉以能名利雙收，譚鑫培就曾六下上海，博得了「伶界大王」的隆譽。當時流行一句俗諺：「學藝在北京，成名在上海」，因此除了實質可以得到較高的報酬外，

戲園搭班，必得付出高額的費用，而這些費用自然就轉嫁到買票的觀眾身上。因此只要北方京派大牌演員一到上海貼戲，票價必然翻高[16]，票價高也就無法使中下階層，也就是俗稱「三層樓」的觀眾廣為接受，直接造成了京派與市民階層的漸次疏離[17]。

　　在劇場管理上，京、海的不同也是造成海派連台本戲興盛的原因之一。北京的劇場基本上是班園分立，也就是戲班與戲園的經營是各自獨立的，戲園所有者大都是屋主，只管租借場地給戲班，戲班的演出上座好壞，得自負盈虧，因此

京伶無不希望在上海能打響知名度。哀梨老人《同光梨園記略》中就曾記載：「長江數千里，上至武漢，內及蘇杭，遠去閩粵，甚至湖南之常德郡亦有京班足跡，僉以上海為根本。」之後北京崛起的四大名旦，也都非常重視上海這塊市場。

16　雖然上海市民對京劇自有其品味，但高昂的票價也沒有完全阻隔他們看京角兒的可能性，因為對於他們而言，北京仍是天子腳下最重要的皇都所在，而京角兒的「玩藝兒」總是比海角兒要來得底子硬，所以對於京派戲總有著崇拜心態，這點我們看一下孔在齊的說法，就足以明瞭：「京劇的演出風格素來有「京朝派」和「海派」之別，而北方不乏唯京朝派是崇的觀眾，他們則貶低南方（主要是上海）喜歡看海派表演的戲迷。我懂得看戲時就有這樣一個瞭解，就是京朝派以傳統劇目和藝人們的真材實料為長，而海派則以新編劇目、連台本戲甚至奇裝異服、機關佈景為號召；因此京朝派是正宗藝術，而海派則不足法。所以我們這些生長在上海的戲迷，每逢京朝名角南下，能夠做為座上客會感到與有榮焉，而到共舞台去看連台本戲則不免自慚形穢。」《顧曲集 ── 京劇名伶藝術譚》，頁151，牛津大學出版社，2010年。

17　這種情況，仲懷於《十日戲劇》中曾指出：「京朝派的伶人，不能吸住大量的觀眾，於是抱著以消遣為目的之觀眾，向海派戲趨之若鶩。不能吸住大量觀眾的原因，不外乎票價太高，以上海論，聽一次程硯秋、馬連良非法幣三元莫辦…更加上年梅蘭芳在大上海唱，前排座之〇辦，及天蟾之案目居奇，在在足以減少觀眾。」《十日戲劇》二卷四期，頁144，1939.01.31。（按）引文中之"〇辦"為原本報刊文字漫漶不清處，故以缺文視之。

戲園子的老闆只管收租金，戲班子的經營策略，不關戲園子老闆的事。所以北京的戲班大都是以名角挑班的方式組成。而上海的劇場則流行班園合一，戲班和戲園常常是由同一個老闆負責[18]，老闆掌握著戲班大部份的人事權和經營權，也因此劇場上戲時賣座的好壞就與劇院產生了直接的關係，因此戲園經營者自然要考量在軟硬體都能相互搭配下，才能勝出，提高上座率。是以上海的各戲園除了選擇有叫好叫座實力的演員外，無不在硬體上各出奇招，各顯其能，直接促使布景、燈光運用在上海大興其道。

　　設計新奇的布景與燈光，戲園需要投入大量資金，一套燈光布景如果只能使用於一場散戲，雖然可以搭配京、津名角吸引觀眾，但單齣散戲能演出的次數不可能重複太久，對於喜新厭舊的觀眾無法持久。此外，京角費用高，不可能長期駐院演出。在這種現實考量下，演出容量大、時間長的連台本戲，正能符合戲園投資的經濟效益[19]。一本戲、一堂布景可演出使用一個月至數個月，等觀眾膩了再換一本，如此投注的製景費才能回收，也就使得連台本戲發展起來。

　　班園分立使得京派戲班子得靠換劇場換碼頭維生，戲班子如果不斷的移動演出，表示觀眾一定不斷的更新，因此京

---

18 這些老闆通常是洋行買辦、捕房或工部局的人員，資金雄厚，後來更往往是具有黑道背景的惡勢力加以把持。

19 周信芳曾指出：「連台本戲能夠在上海興起來，是由於上海的演出團體一般長期在一個固定的劇場演出，單靠折子戲，無法持久，另方面，上海是五方雜處，也只有新戲才能夠擴大觀眾面。連台本戲的演期長，好處是能夠不斷地聽取觀眾的反映，不斷地磨練加工。」《周信芳文集》〈談談連台本戲〉，頁 346，北京：中國戲劇出版社，1982年。

派的班子可以用幾齣戲不斷重複演出，就能賣上好一段時間，戲碼無需時常更新。這使得一齣戲的藝術層面，可以藉由多遍演出不斷改進而得以提升。反觀海派劇院經營模式，劇院與上海當地的演員長期存在著合作關係，因此劇院與戲班演員是固定的，如果反覆只演出幾齣經典戲目，久了自然觀眾生厭，難免遭到被淘汰的命運。因而也就直接刺激了劇院必須不斷更新戲碼，在題材和演員條件的考量下，選擇連台本戲的演出方式，是較能符合效益的。劇院負責人可選用固定的班底，演出長時間跨度的本戲，間或在不同本之中，視情節需求另行增聘名角加入。一方面演員能有長期的固定收入，只要劇情夠吸引人，劇院也能長期掌握住固定觀眾，保障收入，是雙方皆能互蒙其利的方便法門，因而連台本戲也就在這些不一而足的因素中在上海興盛。

三、海派連台本戲的審美特點

連台本戲起源甚早，在明代所演之《目蓮救母》即有一百齣的長篇幅容量，不少與宗教有關的劇目都有長篇連演的演出形式。而清代的內廷演戲，也有如《封神天榜》這類型的連台長戲。同治年間程長庚、徐小香、盧勝奎在北京合演全部《三國志》，即有 32 本的長篇。1867 年北京京劇演員夏奎章等人，帶了十本《五彩興》至上海演出，當時有詩作流傳：「自有京班百不如，昆徽雜劇概刪除，門前招貼人爭看，

十本新排《五彩輿》。」[20]，造成「滬人初見，趨之若狂」的盛況，京劇之連台本戲因而傳入上海[21]。搭配上原本對京腔單折戲的厭倦，連台本戲因為情節容量大幅加長，並結合當時在新舞台盛行的新劇所使用的舞台機關布景及道具，因此提供了當時海派京劇演員及創作者一塊可大加揮灑的新園地，也產生不少編演連台本戲的好手，例如馮子和、王鴻壽、夏月珊、夏月潤兄弟、趙如泉、常春恆及周信芳等。

　　這些審美特點可略分成兩個層面來檢視其趨向：

　　其一，在題材的選擇上講求多元化 ── 由於上述班園合一的體制，形成上海戲園無法一直演傳統老戲，因此劇目的創新多元，成為海派京劇的特色之一。而方法之一就是不再拘泥於對古代帝王將相、才子佳人故事的演繹，將目光轉回現實，以時事題材入戲，如此反而把範圍大大的拓展開來[22]。一方面能貼近一般人的現實生活，著重即時性，另方面也能反映社會現況進而提出針砭或加以諷刺規諫。所謂「時事」題材包括幾種類型，一種是根據當代所曾經發生的政治事件改編，如《刺馬傳》、《宋教仁》、《學拳打金剛》、《潘烈士投

20 引自《周信芳傳》，沈鴻鑫、何國棟著，河北教育出版社，1996。

21 參見《梅蘭芳周信芳和京劇世界》，沈鴻鑫著，漢語大辭典出版社，2004年。

22 楊常德指出：「當京班南來伊始，北方的伶人們面對的就是這樣一個與帝都截然不同的花花世界，為了立足，他們不得不適應全新的社會環境，除了廣泛吸收兄弟劇種的長處以外，他們首先是千方百計地在劇目上翻新。據統計，同治十三年以前，在短短的兩年多時間內，《申報》戲曲廣告所載的上海演出劇目就達八百個左右，其中有些還是在上海新編或移植的。到光緒年間，則更進一步編演時事新戲。」收錄於《戲曲菁英》〈說南派，話海派〉頁243，中國人民政治協商會議、上海市委員會、文史資料工作委員會編，上海：上海人民出版社，1989年。

海》等。一種是根據當時所曾經發生的社會新聞或案件改編，如《槍斃閻瑞生》、《黃慧如》、《第一樓》等。這兩類題材十分契合上海市民的脾胃，「上海觀眾有著獨特的觀劇趣味，他們素來喜聽愛情、家庭和新聞故事，喜見靚麗、新奇的舞台美術，喜看時髦、詼諧的表現形式，總體呈現商業城市市民階層的文化審美取向。」[23]。除了拓展出時事題材外，對於外國故事如歷史、小說等，也加入了新編的行列，如《瓜種蘭因》、《新茶花》、《薄命嘆》等，當時流行的白話小說也成為題材，如《恨海》、《黑籍冤魂》等，這些都是以時裝京劇的姿態來展現的新題材。

　　但是海派京劇編劇者也並未將視線完全由傳統素材中移開，他們對古代歷史事件的新編或是原來為老戲的舊劇本，現在舊戲翻新，重新整編，也都投注相當多的心力，進而產生大量的新編劇目，如《哭祖廟》、《黨人碑》、《徽欽二帝》、《文天祥》，或是《封神榜》、《貍貓換太子》、《漢劉邦統一天下》、《劈山救母》等。曾有評論者認為，海派觀眾不講求戲情戲理，只是一味趨新求異，因此貶低海派京劇在劇本上的價值。但換個較為允當的角度來看，海派的新編戲側重現實題材的抒寫，畢竟發生在耳目聞見之內的事，最為真實且貼近人生，它無需經由寓寄或假託，能直接反映生活。事實上，好的時事新劇反而更能在戲情上感動人，好的新編戲，也不能說因為敘事方法上的新穎，就完全不講求戲理。而對於舊戲的整編，強化原有情節的薄弱及角色的平板，使其更合理、

23　胡曉軍、蘇毅謹《戲出海上 —— 海派戲劇的前世今生》頁8，上海：文匯出版社，2007年。

具有可看性，更是深化舊劇的法門。

其二，在表現手法上講求寫實奇炫 —— 海派觀眾尚好求新求變的內在因素，已如前文所述，若把新變的審美訴求印證在海派京劇表現手法上，可發現寫實化的取向十分明顯，但「寫實」只能成為打開觀眾觀賞興趣的敲門磚，而「奇炫」才是能吸引觀眾進入劇場，並且使之流連忘返的萬花筒。這又可略分為舞台呈現的變化及演員詮釋的新方法兩個路向來觀察。

一為舞台呈現的變化方面，寫實化的布景和機關的加入，蔚為當時的風氣：

> 舊劇裏有很多地方是登峯造極了。不許擅改。如水至沸點一樣。即令用火再燒。亦決不能使其熱度再高。不求藝員藝術之進步。單從舞台機關佈景之改良。舊劇「自然要開倒車了」。機關佈景不但足以妨礙演員表演之精神。抑且足以渙散觀眾的情緒。[24]

上述是古愚對於海派京劇普遍使用機關布景的負面看法，也是反映了當時對海派戲反感大部份觀眾的意見，這類意見的著眼點在於京劇走的是寫意化路線，一旦趨近於寫實，就會造成審美想像的庸俗化。傳統京劇講究的是戲隨人走，舞台上時空的轉變，甚至於道具所代表的意義都依靠演員的表演動作或唸唱來規定，這是中國戲曲極具代表性的特色，也是為了因應表演時的有限條件而生。但上海為一商業城市，經濟成長快速，算是一個富庶之城，娛樂事業的發展往往也跟

---

24 古愚〈讀「戲劇寫實化的重要」後〉，《十日戲劇》第二卷第三期，頁108，1939.1.20。

經濟的成長成正比，因此，早在光緒時期，上海新丹桂茶園之燈彩戲《善游斗牛宮》就已有了戲園大量使用機關布景演出的情況[25]。

不過，1908 年新舞台的出現，可以說是把戲曲舞台上偶而使用的燈光布景變成了常態，並加速了視聽效果的普及化且日益興盛流行。《善游斗牛宮》是燈彩戲，基本上以燈光視效的五光十色為賣點。至於海派興起時裝入戲之後，為了要與劇情、服裝搭配，對於寫實布景就更加講求，由原來只是用西洋繪畫技法繪製成景片以取代原本的布幔「守舊」[26]，到把真實道具如真刀真槍、真水、真馬真車直接搬上舞台，如《法國拿破崙》一劇於 1915 年 9 月在新舞台上演，就以舞台上能見到「真汽車、真砲車」為在《申報》宣傳重點之一，下個月（1915 年 10 月）上演的《新茶花》也標榜「滿台真山真水」為宣傳號召。但是在海派京劇視覺效果上奇炫的追求，莫過於舞台機關的大行其道。上述所舉《善游斗牛宮》一劇中，就曾展現過主角仙子「清水畫（花）」由畫中人一變

25　《海上梨園新歷史》記載《善游斗牛宮》一劇的觀賞經驗：「五花八門如入山陰道中，令人接應不暇，中間綴以五色電光，尤覺熱鬧。」茗水狂生《海上梨園新歷史》卷三，頁 10，上海小說進步社，1910年。

26　對於布景的寫實追求，海派京劇有時已到了「畢肖」、「逼真」的程度，例如《梨園軼事》有一段記載，當時的布景大師張光圭需要設計一套公堂戲的布景，但因平民百姓從未進過真正的公堂，因此夏月潤便請託衙門，讓張光圭能親自到公堂實地勘景。後來他運用了西洋繪畫技法，加上透視原理和陰暗對比，畫出了十分逼真的公堂布景軟片。參見蔡國定、鍾澤騏編《梨園軼事》頁 151，廣西民族出版社，1984年。

爲真人，從畫中走出來的機關特效[27]。

　　機關特效對於舞台上的演出若使用得宜，可收畫龍點睛之效，但若過度強調，就容易傷害演出的本體而喧賓奪主，因此如何使用及在何時使用，使用得合不合理，則爲尺寸拿捏的關鍵。天蟾舞台曾上演過連台本戲《封神榜》，當時的機關特效由莫悟奇加以設計，「他設計的《封神榜》中，申公豹的頭會離開身體飛上去被仙鶴唧住，還可以開口說話，然後飛回來又裝歪了，觀眾看不出破綻。梅伯被綁在炮烙柱上，一眨眼工夫，變成了一個焦人。這都是魔術，但是它結合劇情，運用的恰到好處。」[28]莫氏在這段戲中表現申公豹的法術和梅伯被受刑後的景況，是戲中情節的重要展現，在不以偏害全的前提下，如此使用機關特效，一方面可紓解情節展現上的枯淡之處，以爲調和；另方面也滿足了觀眾好奇尚炫的獵奇心態。

　　二在演員、編劇詮釋的新方法上，海派京劇演員並未因舞台視效的豐富而忽視京劇基本的唱做表演，反而是建立在燈光布景的基礎上，將唱做表現的更爲激越火熾。承上所言，海派京劇是由南派爲基礎發展出來，而南派京劇在唱腔上融合了部份的徽劇音樂，並且也攙入梆子腔調，使得承接南派京劇而來的海派京劇腔調，帶有徽、梆色彩，「高撥子」、「吹腔」都常用於海派唱腔之中，因而海派戲往往在聽覺上比較

---

27 燕山小隱〈新年梨園閒話〉一文中曾提及：「編是劇者，則響九霄耳，九霄自飾清水畫，自畫上下來，爲今日機關布景之先進。」收錄於《游戲世界》第九期，1922 年 2 月。

28 引文見施正泉〈連台本戲在上海〉，收錄於《戲曲菁英》上，頁 205，上海人民出版社，1989 年。

強烈，音量大且爆發力強。海派新編戲更大幅度的跨越傳統
音樂的樊籬，在某些時裝戲中，加入西樂的使用，包含將西
方樂器如鋼琴、小提琴一類加入舞台演奏，或是直接把國外
歌曲置入表演之中。例如馮子和演出的《薄命漢》一劇，有
幾場戲他一人獨自於舞台以英文來唸唱表演，由當時上海工
部局的樂隊以西樂來加以伴奏，在當時京劇舞台為首創，在
上海大為轟動，並吸引了不少外國觀眾前去觀賞[29]。不過西
樂的使用畢竟不能全面且普遍，只能視劇情的需要來穿插，
海派京劇尤其是連台本戲在音樂方面的新建樹是加入了地方
音樂或是新的歌調，讓京劇音樂更加豐富，其中更創出了一
種「五音聯彈」的新唱法。「聯彈」即是群體輪唱，是在處理
舞台上群戲的一種靈活性的手法，可形成用歌唱來對話甚或
爭鳴的新方式。但演唱者不一定是五個人，也有「七音聯彈」
等，端看設計唱腔者要分配台上幾個人來演唱同段曲子而定
[30]。值得一提的是海派連台戲中，唱的部份大都因應劇情的
需要而設置，已脫離了京派戲中將精彩唱段獨立欣賞的習
慣，這也造成許多老戲迷的指責，認為海派戲重念不重唱，
但與其說是不重演唱的美聽，不如說海派戲重情節的舖敘，
用唸白描述其實比用演唱抒情要來得重要許多，是以唸白的
份量在海派戲中大幅提升。

---

29 參見龔義江〈南方京劇旦角改革的先驅者馮子和〉，收錄於《戲曲菁
　英》上，頁 168，上海人民出版社，1989 年。
30 更有甚者稱為「中西聯彈」，如《申報》中曾刊登《紅羊豪俠傳》一
　則名曰「中西聯彈」的宣傳：「多數演員對唱，舊稱聯彈，實為皮黃
　之進步唱法。本劇於聯彈中採用新歌調子，並加入鋼琴提琴等西樂合
　奏，鎔中西樂曲於一爐。」1934 年 8 月 11 日。

　　海派京劇的編劇者除了在唸白份量上大幅增加外，因著市場的考量，必須兼顧各階層的觀眾，所以普遍有通俗且口語化的傾向，對於市井的俗語、俚語甚至方言都能吸收為白口，玄郎曾指出：「新劇白口多於唱工，而又以土語出之，視聽之餘，較舊劇易於明瞭耳。」[31]連台本戲由於演出時間跨度大，所需耗用的觀賞人次多，票房壓力也就比單折散戲來得大，因此上至公卿士夫，下到「三層樓」的市井走卒，都得要能聽得懂才會增加上座率，是以，白口的淺顯易懂是必得走的道路。

　　海派連台本戲最大的特點之一是極重做表工夫，這也是由「看」戲所衍生出的視覺刺激，幾乎所有海派戲演員對於做表都花了非常大的心力，各出奇招，各顯其能，荀慧生曾在上海看了馮子和的演出後，慨嘆的說：「看了他的戲，簡直沒法學，因為他太會演了。」[32]馮子和為南方旦角全才，有「南馮北王」之譽，能與北方「通天教主」王瑤卿相頡頏，可見其藝術評價之高。馮子和是當時最早演出時裝京戲的旦角演員，也率先在舞台上說外語、唱洋歌，以擅長表演著稱，對於京劇的改良不遺餘力，為南方京劇旦行的早期代表人物。能由四大名旦中十分著力於做表的荀慧生口中，得到〝太會演〞的讚美，其做表之功力可見一斑。生行如王鴻壽、周信芳、劉奎官、蓋叫天等也都對於做表功夫鑽研甚深，不過海派演員的做表普遍具有誇張的傾向，南方武生宗師蓋叫天

---

31 見〈論編演新劇當取材於中國史〉，《申報》1913 年 3 月 19 日。

32 見〈南方京劇旦角改革的先驅者馮子和〉，收錄於《戲曲菁英》上，頁 166，上海人民出版社，1989 年。

在演連台本戲《三本鐵公雞》中的張嘉祥時，有一段牽馬的表演：「為向帥牽馬時，倒反跟斗十餘個，最後面對向帥站定，微牽其頸，假辮繞頸部可三匝，右手作牽韁勢而用左手二三兩指勒住辮端之鬃絡，妙在與場面鑼鼓相湊合，真絕活也。」[33]由這段記錄可看出蓋叫天在一個單純牽馬的動作上，用上了誇張、美觀、展露功夫等不同層面的表演手段來詮釋。蓋氏除了武功功底了得，武打招式火爆也是他的特色，並且他每演出一齣戲，一定要有新招式，倘若沒設計出新招式，就寧可不演[34]，這也可看出武生翹首對求新求變的自我要求。

　　武打火爆也是海派連台本戲舞台的表現重點之一，並且常在演出時使用「真家伙」，真刀真槍都拿上舞台，這也使得觀眾在看這些真武器打鬥時，增加了格外的緊張刺激，但相對的對於台上演員而言，其危險性也就大大提高。在表演時，不但要展現武藝的真功夫，也要兼顧美感，不論生行、旦行都不可免，如「南方四大名旦」中的小楊月樓，曾提到他在上海演出連台本戲時，幾乎全都有武打的段落。連旦行都重武打，這種現象在京朝派不常見，也可看出南方海派戲對於武打形式的偏重。海派連台本戲之生發原因和特點已如上述，周信芳為海派連台本戲之編演健將，在他眾多編演的作品中，對於連台本戲有著積極且正面的示範意義，他能將海派京劇的新變，由表象化、譁眾取寵的市場取向中，導入一個正面且深度化的路徑。

---

33 鵲尾〈蓋叫天之絕活〉，《申報》1941 年 9 月 11 日。
34 參見龔義江〈江南活武松蓋叫天〉，收錄於《戲曲菁英》上，頁 98，上海人民出版社，1989 年。

第三節　周信芳對於海派連台本戲之導正及藝術實踐

一、「有意義」 ── 思想取向

　　周信芳自 1912 年時就開始參加連台本戲的演出,在歷來周氏所排演的劇目中,約 220 齣屬於連台本戲,幾乎佔其演出劇目總量的三分之一強,可見他對於連台本戲所花費的心力[35]。不過他後來也因為大量演出這種形式的作品,受到許多責難,原因在於「連台本戲」的發展窮變,成為只重機關布景、情節庸俗荒誕、粗製濫造的「惡性」海派京劇,因此後來與文明戲一樣,都充滿了負面的意義。

　　「惡性」海派連台本戲是為了單一的市場取向而存在,因此對於戲本身的思想內容和藝術質素並不在最先的考量範圍之內,以致於造成了最終被捨棄的命運。不過,周信芳在上海演出的連台本戲作品卻與當時流行的本戲作品不同[36],

---

35　根據陳琪的統計,周信芳由 1901 開始登台起,至 1963 年所排但未及上演之《楊立貝》為止,一生初步統計,共演出過 590 齣戲,其中屬於連台本戲形式者共計有 220 齣之多。見陳琪〈周信芳演出劇目一覽〉,收錄於《周信芳藝術評論集續編》頁 485-507,北京:中國戲劇出版社,1994 年。

36　周信芳的媳婦黃敏禎曾回憶當時連台本戲上演的情況:「本世紀二十年代末期,正是京戲連台本戲在上海風行的時候,不管是京派的或是海派的名角,到上海不演連台本戲就很難叫座。我公公當時成名不久,正在上海丹桂第一台演出《漢光武復國走南陽》。由於這些戲裏既有緊張曲折的情節,又有較多的說唱做工,能做到雅俗共賞,不比那些情節荒誕的連台機關佈景戲那樣只是迎合一部分小市民的口味,因此上演以來,盛況空前,風靡全城。」(見黃敏禎著、沈葦窗

並沒有被冠上膚淺荒誕的名稱，究其主因，還是在於兩者對
於思想和藝術的執著與追求不同。在談到連台本戲的優劣
時，他認為作品具不具備正確的思想性，以及在藝術表現層
面上有沒有精心設計與規劃，是兩者間最重要的差別：

> 一個好的連台本戲，應該是：有意義，有情節，有戲，
> 有人物；還要有噱頭，有穿插，有關子。總起來一句
> 話：必須提高質量。談到文藝作品的質量，無論什麼
> 時候，都必須包括思想和藝術兩個方面，片面的強調
> 哪一個方面都是不正確的，[37]

所以好的連台本戲必須具有思想層面及藝術層面。

連台本戲除了上述的缺點外，之所以會在上海大行其
道，當然需要其他優點特色來吸引觀眾，如故事篇幅長，因
而事件交代詳細完整，且情節性強，結構緊湊有懸念，因此
對於觀眾的「獵奇」心態吸引力頗大。周信芳曾指出：「『連
台本戲』是傳統戲曲中一種基本的表現形式，尤其在它傳到
上海後，結合上海的特點，吸取了新劇的表演方法與現代化

編《我的公公麒麟童》，頁 60，台北：大地出版社，1984 年。）這段
文字說明了周信芳所編演的本戲與一般本戲間的差異，也是他不隨當
時不良風氣起舞的證明。筆者按：黃女士這裡所提之《漢光武復國走
南陽》，查當時《申報》所刊登之演出宣傳，並無此戲在丹桂第一台
的演出記錄，有可能是在 1925 年丹桂所演的《漢劉邦統一滅秦楚》
的誤植。而與周信芳合作過《封神榜》妲己的小楊月樓，他的女兒也
有同樣的看法：「這裡我所要談的是當年排演二本《封神榜》的事。
那時老板經營的京劇團（班）純粹是商業化的、以謀利為目的的。就
在這樣的情況下，周老伯與家父仍是著眼在京劇的發展，認真從事藝
術創造。所以那時一本戲能演一個季度之多，上座率始終不衰，是在
藝術上大下功夫的緣故。」（見楊玉華〈回憶周信芳編演二本《封神
榜》的經過〉，收錄於《周信芳藝術評論集續編》頁 178，北京：中
國戲劇出版社，1994 年。）

37 見〈談談連台本戲〉，《周信芳文集》頁 344、348，北京：中國戲劇
出版社，1984 年。

的舞台技術，再加上它通俗易懂，情節緊湊熱鬧，獲得了廣大觀眾的歡迎。」[38]我們如果重新檢視周信芳所演出過的連台本戲，會發現這些作品與惡性連台本戲其間最大的不同，在於周氏的作品大都具有嚴正的思想主題，即使是在舞台呈現上仍然追求機關布景光鮮亮麗的外包裝下，在鮮明的思想指涉這點上就與惡性本戲作品大相逕庭。「一個好的連台本戲，應該是：有意義，有情節，有戲，有人物。」[39]，連台本戲雖然篇幅長，但每本仍然要有每本的「意義」。對周信芳而言，能夠寓教於樂、美教化、移風俗，是其演劇的中心主旨，也是他在 1932 年離開天蟾舞台後，自組「移風社」的核心價值。

　　由晚清至民國初年這段時期，戲曲改良運動正方興未艾，由汪笑儂一系列反應對清廷不滿的作品起，許多京劇演員也開始走出戲園的象牙塔，他們不再只關起門來精進自己的演技，反而對於社會的責任意識慢慢覺醒，不少演員也實際付諸於行動。周信芳於 1913 年 18 歲時，就加入京劇改良的風潮，因對袁世凱的不滿，主演了反映現實題材的《宋教仁遇害》，自行編演了《王莽篡漢》做為諷刺，其後又參加由汪笑儂編演的《受禪台》、《獻地圖》。從此以後，因應不同時期反映不同的政治處境，他編演或參演了許多具有愛國或反抗專權的劇碼，如《英雄血淚圖》、《陳勝吳廣》、《岳母刺字》、

38　見〈談談連台本戲〉，《周信芳文集》頁 344，北京：中國戲劇出版社，1984 年。

39　見〈談談連台本戲〉，《周信芳文集》頁 348，北京：中國戲劇出版社，1984 年。

《界牌關》、《陸登盡忠》(潞安州)、《梁紅玉》、《桃花扇》、《博浪錐》、《明末遺恨》、《洪承疇》、《董小宛》、《香妃恨》、《亡蜀鑑》、《徽欽二帝》、《文天祥》、《岳飛》等，其中有許多是以單本散齣的形式呈現，但其中也不乏連台本戲。

> 連台本戲形式相當靈活，可塑性比較大，便於反映時代的要求。因此，有些連台本戲是具有進步的思想內容的，「例如新舞台的《新茶花》。在「九一八」事變以後，我編演的《滿清三百年》裡，也企圖通過《洪承疇》、《明末遺恨》、《董小宛》等等來宣傳愛國思想。」[40]

思想上的教化意識及強烈的社會責任感，是周氏畢生致力實踐的重要演出功能，也由此可以看出周信芳與其他只靠演連台本戲賺錢卻不追求藝術精神的演員間的不同。他受到前輩演員們的影響，不論散齣或本戲，不論時裝、清裝或古裝，許多都與他自己的政治理念或所面對的政治處境做緊密結合[41]。如以連台本戲來看，周氏所編演的作品其中有借古代題材來反應現實政治情勢者，如《昏皇鑑》、《滿清三百年》、《文天祥》、《史可法》、《亡蜀鑑》、《徽欽二帝》、《龍鳳帕》

---

40 見周信芳〈談談連台本戲〉，《周信芳文集》頁 345，北京：中國戲劇出版社，1982 年。

41 周信芳將自己三十年的演藝生涯分為五個階段，其中第二階段由 1913-1925 年間，稱之為「求新時期」，是他積極投入改革運動的時期：「辛亥革命以後，許多進步藝人像潘月樵、夏月珊、夏月潤、劉藝舟等參加了革命運動。他們不滿當時的清廷腐朽和帝國主義的侵略壓迫，演出了很多諷喻現實的新戲如《新茶花》等等。我也被這種熱潮捲進去了，追隨著他們的腳步處處求新，演出了《宋教仁》。在『五四』運動前後，我受到進步影響，演出了《學拳打金剛》。」見周信芳〈五個十二年〉，《周信芳文集》頁 37，北京：中國戲劇出版社，1982 年。

等；有以英雄烈士為精神依歸者，如《英雄血淚圖》、《英雄譜》、《麒麟閣》、《漢劉邦統一滅秦楚》、《封神榜》等；有借明正之清官斷案以期廓清晦暗者，如《大紅袍》、《鍘判官》、《珠聯香采緣》、《狸貓換太子》、《天雨花》等；有標榜正義之士或文人氣節者，如《俠妓桃花血》、《冷於冰》、《華麗緣》、《文素臣》等，他在演出連台本戲的時期，正是國家內憂外患政局動盪不安的時刻，他與隨波逐流的演員不同，藉著觀眾進入戲園看戲，往往他給予的不止是娛樂，而是更深一層的教育啟發和民族意識的喚醒，對於當時歌舞昇平的「孤島」上海有一定的積極意義[42]。

二、「充分占有材料，活用材料」 —— 編劇理念

連台本戲由於情節的容量大，所以如何編寫劇本就成為一大學問，並且編寫穿插得好壞也就成為決定這部戲優劣的重要關鍵。惡性海派戲往往隨編隨演，不講求戲的合理性，只要能吸引觀眾，即使光怪陸離也可編演上台。周信芳雖然是演員，但很早就開始參與編劇的工作[43]，也編寫了不少連台本戲的劇本，但是他認為連台本戲的編演不可以無根，正由於新編戲的自由度大、限制少，反而要植基於傳統之中，才能使新戲避免膚淺虛浮的弊病，同時吸納老戲深厚的基

---

42 舉例而言，周信芳曾演出《明末遺恨》，主要因為日軍侵華，北方危急，在演出其中〈殺官〉一場時，公主問崇禎帝：「兒有何罪？」周信芳所飾演之崇禎皇帝以顫抖的口白說：「兒身為中國人就是一項大罪！」每演至此，據說台下觀眾往往啜泣不已。

43 如他在 1915 年為了譴責袁世凱稱帝就自編自演《王莽篡位》一劇。

礎：「好的連台本戲，是講情節、講戲的。那時編排連台本戲。往往是以傳統的老戲作基礎，再加以穿插和發展，因此既有骨子，又豐富了許多新的東西。」[44]因此，連貫傳統散齣戲，使之敷演為長篇，就成為當時連台本戲編劇的重要手法之一，如當時非常叫好叫座、歷演不輟的兩齣經典作品《狸貓換太子》和《封神榜》就是很好的例子。《狸貓換太子》結合了《九曲橋》、《拷打寇承御》、《斷太后》、《打龍袍》、《烏盆記》等老戲散齣而成，另外《封神榜》中的《炮烙柱》、《鹿台恨》、《反五關》也是舊戲，這些老戲經過了加頭加尾及重新整編，並且加強其間的戲劇性，豐富了人物的性格，因而使得連台本比散齣本更完整充實，更具有可看性。

　　除了連綴老戲之外，周信芳對於新戲的編寫有獨到的看法：

> 必須反覆說明的是：要編好、演好一齣戲，一定要多方面收集材料，好好研究這些材料。如果連導演分析一下人物都認為是多餘的話，那怎麼談得上塑造典型人物呢？同時，還必須說明的是，要充分占有材料，但又不能做材料的奴隸，要活用這些材料。不能忘記我們的任務是，在舞台上創造出鮮明的性格、典型的人物形象。如果只是圖解一下歷史記載，那是不行的。[45]

---

44 見周信芳〈談談連台本戲〉，《周信芳文集》頁 344，北京：中國戲劇出版社，1982 年。

45 見〈《蕭何月下追韓信》表演藝術〉，《周信芳文集》頁 193，北京：中國戲劇出版社，1982 年。

舉例而言，1925 年周信芳於丹桂第一台編演過連台本戲《漢劉邦》，這齣戲原本植基於一齣單本戲〈蕭何月下追韓信〉，〈追韓信〉於 1922 年在丹桂首演，原本是為了劉奎童初到上海，需要一新耳目的打泡戲而編寫的，劉奎童飾演蕭何，周信芳自演韓信，因當時很少演出兩漢題材的戲碼，周氏參考了《兩漢演義》選出韓信、蕭何這個故事，編寫後加上舞蹈身段成了一個單篇散齣戲，此戲後來成為周氏的代表作之一。因為演出效果很好，幾年後他參考了不同史籍，揀選出以劉邦為主的故事段落，將之敷演成《漢劉邦》：

> 由於有了這齣戲做底子，後來又陸續排演了從劉邦起義直到登台拜將的連台本戲《漢劉邦》，包括：《高祖斬蛇》《吳廣起義》《九戰章邯》《鴻門宴》和《韓信》等。參考了《史記》《漢書》《唐代叢書》以及有關的小說、民間傳說和論文。材料多了，人物也就站得起來了。以後又不斷加工，逐漸形成了比較完整的文學劇本。[46]

因此劉邦、韓信、蕭何等歷史人物就被串連起來，成為十本的連台本戲，於 1925 年在丹桂演出，與歐陽予倩合作，周演劉邦，歐陽演虞姬、曹姬。由此可看出周氏在編寫劇本時，是以史書為基本材料，還要參合民間傳說與小說中的描述、甚至相關論文，才整編出一部十本的長篇，在題材的收集上，是十分有根據且完善的。

　　而對於整編劇本的態度上，周信芳也十分的嚴謹，並不

---

46 周信芳〈《蕭何月下追韓信》表演藝術〉，《周信芳文集》頁 189，北京：中國戲劇出版社，1982 年。

是把編劇修好的劇本拿來立即可用，其間必須再經過整體審查和集體創作二項再塑造，才能付之氍毹。葛次江曾說明此點：

> 我們在排新本戲的時候，首先對採用和處理劇本上很慎重，有的戲如《明末遺恨》、《冷於冰》是周老自編的。也有外來的劇本，如《溫如玉》是傑出京劇表演藝術家馮子和先生的手筆，《文素臣》是朱石麟先生編寫的。本子拿來之後，周老總要親自審查，並根據演員條件，和作者商量，進行案頭加工。有時，周老也把某場戲交給主演去補充，使能發揮所長。不管時間多麼急迫，從來不隨便抓個本子來就亂演。本子經過修改之後，一旦固定下來，從周老算起，先帶頭唱念準詞，始終如一，直到把戲收起來為止。除非是有計劃地全盤增刪，才會加以更動。[47]

這種審慎的態度與當時許多連台本戲演員用幕表方式編戲，並且以「台上見」這種現編現演的草率方式迥異。不但劇本具有固定性，表演程式也是固定的，一旦確定下來，不隨意增修，一方面對觀眾是一種負責任的態度，而演出的品質也獲得確保。另如 1928 年 9 月至 1931 年 8 月，天蟾舞台推出十六本《封神榜》，連演三年十分轟動，周信芳除了演出此戲外，還擔負起劇本整編工作，一樣採用集體合作「搭架子」的方式，由周氏本人和小楊月樓、王芸芳、劉奎官、高百歲等人分別就自己主演的場次加以整編，再由周氏統整，為其

---

47 引自〈移風社二三事〉，《周信芳藝術評論集》頁 543、544，北京：中國戲劇出版社，1982。

他次要演員編寫詞曲，如裁縫師般將十六本鉅細靡遺的連綴起來，演出期間，《申報》的戲評對於周氏的編劇手法及功力大加讚賞。

三、「程式與誠實間的平衡」 —— 角色創造

　　集體對劇本加工創造，也使得周氏在編演本戲人物的展現及詮釋上，有了相關接演角色演員的意見與討論，比起一般由編劇者一人思想脈絡下所形塑的劇中人物，來得更加完整且貼合行當特質。周信芳與小楊月樓演出《封神榜》第二本時，就曾為了《伯邑考撫琴》這段戲，在角色動作的完整性上頗費了一番推敲。根據小楊月樓的女兒楊玉華回憶，他的父親與周信芳合力創造此場戲時，遇上瓶頸：

> 周老伯和家父切磋多次，雙方都感到體現人物還有一
> 定困難，因為規定情景妲己是假皇家勢利賣弄風情，
> 伯邑考為救父以正壓邪撫琴，盡管妲己誘惑和挑逗，
> 伯邑考不為所動，看也不看。兩人在台上，就是這些，
> 總覺差些什麼似的。[48]

此時正值《封神榜》頭本演出期間，經過他兩人每天後台見面反覆討論後，終於想出在這場戲中加上一個打宮扇的太監角色，用他來反映出面對誘惑的情緒，讓他偷看偷笑忍俊不住，間接的也對映出周信芳所飾演的伯邑考的正氣凜然且不

---

48 見〈回憶周信芳編演二本《封神榜》的經過〉，收錄於《周信芳藝術評論集續編》頁 178，北京：中國戲劇出版社，周信芳藝術研究會，1994 年。

為所動。他只低頭以「琴」音來回答妲己之挑「情」，不用正臉面對觀眾，只用頭頂及眼角演戲，就能傳達伯邑考面對妲己的由尊重、期望、警惕、蔑視、憤懣、忍耐至安詳恬靜等不同層次的情緒。因此楊玉華認為，當時《封神榜》能歷演不輟的原因，正是在於周信芳與其他相關的演員能在藝術創造上力求精進，並以京劇的發展為前提所得到的成果。[49]也可以看出周信芳對於角色情境的細心經營。

　　李玉茹也曾談及她與周信芳合作後的心得：「我與周先生除合演了許多老戲外，還有不少新編的戲，如《明末遺恨》、《徽欽二帝》、《董小宛》、《趙五娘》等等。周信芳先生所演的人物幾乎從未給人以雷同之感，每一場戲都有新的創造。」[50]李玉茹以一個正統京派中華戲曲專科學校訓練出來的演員，原本不能接受海派京劇「過火」的表演方式，但她與周氏合作了許多戲，也參與了新編戲《明末遺恨》、《徽欽二帝》、《董小宛》及《趙五娘》的演出後，漸漸改變了她的想法。她認為周氏在揣摩角色上所下的功夫是紮實且靈活的，他所演的角色不論老戲新戲，不會給人千人一面之感，每個人物都有不同的性格詮釋，可見其揣摩之細膩與對人物特性的掌握力。

　　周信芳自己也曾提到，要能成功的掌握角色，其實是由基本訓練的確實和經驗的積累再加上活用而來：

---

49 參見楊玉華〈回憶周信芳編演二本《封神榜》的經過〉，《周信芳藝術評論集續編》頁 178-179，北京：中國戲劇出版社，周信芳藝術研究會，1994 年。

50 見〈我與上海京劇舞台〉，收錄於《戲曲菁英（上）》頁 154，上海：人民出版社，1989 年。

> 戲曲有一套傳統的舞蹈和表演程式，這是每一個戲曲
> 演員都必須學習的基本功夫。關鍵在於如何運用，但
> 也只有學會了，才能談得到運用。因此我主張多學點
> 戲，多演點戲。小時候，我們學戲至少要學三十齣，
> 講究唱一個月不翻頭，也就是說，唱一個月的戲，沒
> 有相同的劇目。各種各樣的角色，各種類型的戲都要
> 學。每齣戲的故事、人物不同，表演和唱法也就不同。
> 再加上觀摩前輩的表演，觀察、體驗生活，眼界廣了，
> 生活經驗豐富了，就能應付裕如。[51]

因為能將所學基本功靈活運用，周信芳在表演上只演人物而
不演行當，因此不會被行當的表演程式所苑圍。連台本戲情
節容量多，所以動用的演員人次頻繁，使得一個演員在同一
台戲中往往演出不只一種的角色[52]，例如他在《封神榜》中
就分飾姜子牙、比干、梅伯、聞仲、伯邑考等不同人物，如
果只以老生行當的基本程式來表演，其間的特性並不容易做
清楚的區分，唯有透過演員對於各色人物性格特徵的體會，
搭配上精準掌握人物在情節中的動作和情緒展現，才能創造
出角色間的獨特面貌，也才能使觀眾留下深刻印象。

---

51 周信芳〈《蕭何月下追韓信》表演藝術〉，《周信芳文集》頁 206，北京：中國戲劇出版社，1982 年。

52 周信芳對於這種一人演多種角色的現象，抱持著正面的看法，他指出：「由於連台本戲一晚只演一本，一本戲一般要連演好多天，一來是戲本身的需要，二來是避免單調，就必須設法把文武崑亂、生旦淨丑、悲歡離合組織在一個完整的故事裡，這也就形成了連台本戲的另一個特色。連台本戲一方面要求演員具有多方面的才能，另一方面還要求角色行當齊全，加上連台本戲演的都是新戲，因此，它是能夠出人出戲的。」〈談談連台本戲〉，《周信芳文集》頁 346，北京：中國戲劇出版社，1982 年。

　　李玉茹認為要在舞台上拿捏好自己行當的程式，同時也要誠實面對角色特性是不容易的，周信芳就是懂得箇中三昧的演員：

> 周先生對我的影響是潛移默化的。他是老生，我是旦角，戲班裡有句話叫「隔行如隔山」，千真萬確。我向周先生學習絕非在外表，而是在同台演出中，我逐漸領會、琢磨著麒派表演藝術的真諦。「發乎中，誠乎外」，便是我所體會的一點。在台上要做到誠實是很不容易的，但同時這又不等於沒有程式化的表演，可以說，誠實與程式是一對對立而又統一的矛盾，掌握好它們，才能真正演好戲。[53]

李玉茹是知名京劇旦角演員，也是中華戲校四塊玉之一，對於行當中的程式自是掌握得十分嫻熟。如何在舞台上要能夠既遵守行當規範又誠實面對角色的特質，這兩者間要取得平衡實屬不易，以其與周合作多次的舞台經驗而發此見解，更具說服力。

四、「不閉關自守，拿戲情注重」
── 唱唸做表的摹寫與追求

　　周信芳創造了「麒派」的唱腔風格，風靡南北，不過他自己認為是受到諸多前輩的影響，並且兼採各家長處，使他在表演上受惠不少，例如汪桂芬、譚鑫培、孫菊仙、夏氏弟兄、潘月樵等均對他有深遠影響。周氏本身在學習積累的過

---

53 見〈我與上海京劇舞台〉，收錄於《戲曲菁英》上，頁 154，上海人民出版社，1989 年。

程中，並不只抱守單獨的家數，甚至也不以老生爲他所學習的唯一行當，對於其他行當的優點與特色，往往也能學來活用在他的表演中。他認爲：

> 在藝術上，我從來是反對「閉關自守」的，早年，我有幸常常看到「鬚生泰斗」譚鑫培的表演；我長期地和前輩藝術家汪笑儂、王洪壽（老三麻子）同台演出；我對花臉劉永春的唱和花旦馮子和的創造腳色感到濃厚的興趣⋯從他們身上，我深受熏陶，使我擴大了藝術眼界。[54]

由此可知他不但師法老生泰斗譚鑫培和汪笑儂，同時他也跨越行當學習花臉和旦行的特長[55]。

　　事實上，周氏也曾拜南派武生李春來、京朝派王玉芳爲師，博學眾家之長於一身。他並且獨創用大嗓唱小生，對於行當程式的突破十分新穎大膽。小生唱腔原是爲了小嗓而創造的，周氏用大嗓來唱，顯然在發音部位上會產生很大的隔閡，但周信芳自創一種大嗓小生的表現方式，音色較老生大嗓來得柔和，少去蒼老音質，卻依然帶有麒派的味道。他用大嗓所演出的小生人物不少，如卞機、賈寶玉、蘇秦、溫如玉、冷於冰、文素臣、冒辟疆等。以老生本工串演小生並不始於周信芳，如馮子和演《賣油郎》、《杜十娘》、《孟姜女》，就以老生小保成與之搭配小生角色；賈碧雲演出《虹霓關》、

54　見周信芳〈十年來的舞台生活〉，收錄於《周信芳文集》頁 23，北京：中國戲劇出版社，1982 年。

55　周信芳能自由地學習眾家所長，可能也與他非科班出身的背景有些關連，這使他不會被某門某派的固有觀念所牽絆，反而更能跨越行當的取其所需。

《梵王宮》均以呂月樵飾演王伯黨及花雲，但以往這些先例
都屬於臨時「反串」，被指名反串的角色，通常都是配角，不
演主戲，但周信芳的大嗓小生幾乎都是主角而非臨時爲求演
出效果的「反串」。此外，由周氏的大嗓小生角色來看，除了
早年搭配馮子和《花田錯》中的卞機或是他演《黛玉葬花》
的寶玉等幾齣古裝戲外，幾乎都存在於連台本戲中，推敲原
因，可能與連台本戲形式自由，較不用嚴守科範不無關係。

　　如前所述，海派京劇的表演傾向於寫實化，這點也可由
周氏所詮釋的大嗓小生中窺其一二，例如他在表現這種跨行
當角色時，白口多有口語化的現象，移風社的小生演員葛次
江曾指出：

> 京劇的韻白，雖然不講四六對仗，但基本上是用文言
> 體式來分句讀。周老卻在這方面有獨到之處。他扮演
> 的小生多為有才華的書生，但其念白卻很口語化。比
> 如冷於冰發現了嚴嵩的罪行，不願為他偷改奏章，嚴
> 嵩大怒說：「幕賓好比妾小，膽敢不從！」冷於冰答
> 道：「什麼？妾小？你是個什麼東西？」再如冷於冰
> 罵羅隆文：「你不過是寄生在他身上的一個小跳蚤罷
> 了…」念起來勁頭十足，聽起來字字清晰有力。他演
> 這一類型的人物並不一味表現文雅瀟灑的方面，當慷
> 慨陳詞、痛斥奸佞時，甚至捲袖子，拍桌，奮臂高呼
> 等等動作都會出現，說來似已越出小生表演的格局，
> 周老卻是從表現人物出發，不受一種死板的格局所限
> 制。一句話，以戲和人物為準，怎麼合適怎麼演，這

就是他的創作原則。[56]

由此可見出周氏除了在嗓音上的突破外，也打破原本小生行當白口趨向於典雅的固定格式。

　　被廣泛討論的「麒派小生」角色還有《文素臣》[57]，此劇由 1938 年 12 月至 1941 年 1 月於卡爾登大戲院上演，演出期間曾有「萬人空巷來觀」之譽。文素臣在戲中不掛髯口，但神氣做表仍以老生程式爲表現主軸，翁偶虹在看了《文素臣》後，不但沒有對周氏的大嗓小生唱法質疑，反而認爲用這種新穎的跨行當方式詮釋文武全才的文素臣，頗有特色：

> 『麒麟童文素臣之扮相，文武雙用，而不掛髯口，劇中描寫文素臣個性，爲一含有神秘性之多才智士，不只如此而已，武技亦極嫻精，有多少女子慕其名而思近雄澤，不掛髯口亦宜。』、『麒麟童表演力佳，字句筋節，乾淨切當，如食哀家梨，用并州剪。』[58]

要欣賞周信芳的表演藝術，除了獨特的聲音特質外，念白與動作更是重點，唱與念的搭配就如同繪畫中的寫意與工筆，相互搭配運用得宜才能成就一幅畫的美感，但基本上要從工

56　見〈移風社二三事〉，收錄於《周信芳藝術評論集》頁 549-550，北京：中國戲劇出版社，1991 年。

57　如張古愚就針對周信芳的大嗓小生專文討論其得失：「周信芳在此戲中扮文素臣，文是一位少年公子，平班舊例，少年公子正規者必派小生，不正規者是由丑角應行。照劇中演出，文素臣是一位頂天立地的一位奇男子，當然是應由小生飾之，周扮此角，除了下巴免了髯口以外，一切皆照老生演出。因此引起各報對於周信芳唱文素臣，大嗓小生之討論。」不過他認爲大小嗓其實不是問題，主要在於周氏的表演依然用老生程式，難免會造成唱與做之間的違和感。見〈大嗓唱小生〉，《十日戲劇》第二卷第十四期，頁 417-418，1939.6.15。

58　見〈略記麒麟童之六本《文素臣》〉，載於《半月戲劇》第三卷 8-9 期，1941 年。

筆上著手下功夫才行[59]。因此由聲音表現層面來看周氏的唱
與念，念白可能是他更加著力的一個部份，再搭配上精心設
計的做工，以念、做為主，而將傳統欣賞的重點「唱」的部
份移位當作輔助，因此，唱的地位下移而代之以念、做，是
周信芳麒派藝術展現的重要特色。他也曾表明：

> 我拿戲情注重，自然要拿『念白』、『做工』做主要，
> 拿唱看做輔助戲的哀樂的，自然當它是『附屬品』…
> 演戲的『演』字，是包羅一切的。要知道『演』字，
> 是指戲的全部，不是專指『唱』。[60]

這種特質從他初登舞台開始演出本戲時就已逐步發展出來，
如 1912 年 17 歲時周信芳由北方學藝後回上海，參加了新舞
台八本連台本戲《要離斷臂刺慶忌》的演出，一次四本共演
出兩次，雖然這是周信芳初次參演連台本戲，但評價非常好，
6 月 19 日《申報》就刊出前四本的劇評：「麒麟童之要離，
處處以神氣勝人，做工不弱於潘月樵。侯椒行刺時，口吻冷
雋，姿態安閑從容，老當之至。獻計回家一段，悲壯之氣，
溢於言表，辭嚴義正，磊落光明，極得俠士之真相。」；同月
28 日《申報》又刊出後四本的演出評論：「麒麟童斷臂後繞
台滾，用描摹痛入心窩之狀，煞費力量。做工以此段為最佳。
在慶處聞妻被殺，直仆地下，敏捷絕倫，情景逼真。刺慶後，
白口悲壯沉鬱，淋漓盡致。」[61]由這兩段報評可見出，年輕

---

59 參見〈唱腔在戲曲中的地位 — 答黃漢聲君〉，收錄於《周信芳文集》
　　頁 310，北京：中國戲劇出版社，1982 年。
60 見〈唱腔在戲曲中的地位 — 答黃聲君〉，收錄於《周信芳文集》頁
　　311，北京：中國戲劇出版社，1982 年。
61 兩段報評均是健兒執筆，見《申報》1912 年 6 月 19 日和 6 月 28 日。

時期的周信芳就已在念白和做工上著墨精進,而對於念、做的彰顯,也正體現出海派連台本戲向寫實化趨近的一個發展特色。

　　爲了表現人物並突顯自己在念白上的特長,有時周信芳會捨唱而改爲念白,例如他在 1938 年排演《溫如玉》一劇,此劇描述家道中落的官家子弟溫如玉與妓女金鍾兒的愛情悲劇。金鍾兒爲嫁如玉一意從良卻屢遭金母等人破壞,後來服毒自盡。其中一場戲是如玉爲金母拜壽但受金母等人冷落,當夜在清冷的後院自思自嘆。傳統編戲的習用模式,在此場景時大都以〈嘆五更〉一段唱來抒發人物的心情,周信芳爲展現自己念白的長項,在編寫這段戲時,捨棄傳統〈嘆五更〉而改成一段「數板」來表現。「數板」一般傳統用法常見於丑行或詼諧敘述的場景中,極少用於具有文化素養的小生角色上,但周氏此處卻以沉鬱口吻念出:「平康姐妹太無情…劉郎棄,阮郎近,相對氣難平!長嘆守孤燈,睡難成。千般恩愛寄高岑,自沉吟,自沉吟!」,完全展現出溫如玉悲憤的心情。當時與他配戲的演員葛次江認爲,周氏如此的表現手法,算是一種脫套的處理,但卻又具有獨到之處。搭配接下來的大段散文獨白,全場觀眾安靜傾聽,真如現場只有溫如玉一人自思自嘆一般,可見他念白用法的靈活及吸引力[62]。由此也可看出周氏在編排本戲時不拘一格的創新手法,不受固有傳統侷限,反更能發揮所長,再加上形式自由,更能方便營造戲劇氛圍。

---

62 參見葛次江〈移風社二三事〉,收錄於《周信芳藝術評論集》頁545-546,北京:中國戲劇出版社,1991 年。

　　周氏在念白上所用心詮釋的，在於角色當下的心理反應和背景[63]，在重要的「字眼」上甚至更要做到非常細微的修飾與雕琢，他曾針對連台本戲《漢劉邦》中的一齣戲〈蕭何月下追韓信〉的表演方法和心得，撰寫過一篇專文，其中提到當蕭何終於追到韓信，希望游說他回頭卻被拒絕後，蕭何要表現自己的誠心挽留，因此周信芳加意的強化再次勸說表達誠心的這段口白：

> 蕭何下面這一段念白，快慢、頓挫要得當，要表現出蕭何的誠心，所以要有朗誦的意味。像『我以全家性命，力保將軍』，『保』字語氣要重些，語音要拖長一些，『將軍』之後要頓一頓。對語氣一定要研究，所謂：每字必歌，有動必舞。首先要有內心感情，有了感情還得有準確表達感情的形式。力保的『保』字，等於有一個小腔。字義字音也很要緊，字念對了，才談得到準確地表達感情，從而也才能有小腔。[64]

用念白的快慢、長短、輕重、拖頓、語氣，再輔以腔調，詮釋蕭何說服韓信的心態，並且加強「保」字在於他願意用身家擔保，讓韓信能夠放心。此外，「保」字歸喉，適宜運用來做為聲音變化，而「將軍」之後的停頓，在於展現蕭何的強

63　周信芳認為：「念白一定要有語氣，不能死念。韻白也不是呆板的非用一個腔調不可。」〈蕭何月下追韓信〉，《周信芳文集》頁 198，北京：中國戲劇出版社，1982 年。所謂語氣，應該是角色在當下的心理狀態及面對事件時，情緒反應融合語言的高低快慢輕重而成的語言情調。

64　周信芳：〈〈蕭何月下追韓信〉表演藝術〉，《周信芳文集》頁 212，北京：中國戲劇出版社，1982 年。

烈決心，周信芳非常細緻且精準地把此時蕭何誠摯又帶心焦的情緒傳達出來。

　　麒派老生向來被歸爲做派老生，所以在做表方面的突出醒目，是其重要特色。周信芳不論是演傳統老戲或是新編本戲，對於做表的琢磨都下足功夫，再加上海派京劇既寫實又誇張的表演風格，構成了麒派重表演的特色。周氏秉持一貫不拘一格的創造理念，廣泛吸收如話劇、電影、舞蹈等不同藝術形式，重新加以鎔鑄，再結合舞台上不同角色人物的背景和情境，塑造出許多鮮活的人物形象。例如他在編演《文素臣》一劇時，有一場戲是文素臣爲縣令之女治病，任縣令見女兒怪病得瘳，設宴款待文素臣，文飲得有些醉意，任縣令說話，他每句都附和點頭，當任縣令提出欲將湘靈許配給他時，他一下子沒有清醒，也隨意點頭應和，但突然發現不對時，才又很諧趣的猛搖頭否認。在這段表演中，周氏借用了好萊塢喜劇的表演手法，融入文素臣的行爲當中，呈現人物醉後的諧趣感，在傳統老戲中，是較少用這種誇飾的方式來表現一個文人士公子的言行的。事實證明，能化用西方表演到京劇中於無形，其戲劇效果頗能事半功倍。

　　周信芳本身的舞台經驗非常豐厚，他演過時裝新戲、話劇，還拍過電影，是個電影迷，曾自稱他的許多表演方法，是由美國電影中學來的。也演過《雷雨》中的主角周樸園[65]，

65　1940 年 1 月 23 日，在當時孤島上海的有識之士聯合舉行義演，爲了賑濟難民，周信芳率領了移風社結合當時藝文界人士，演出了《雷雨》。周自飾主角周樸園外，金素雯飾樊漪，電影導演桑弧飾周二中，胡梯維飾周萍，高百歲飾魯大海，張慧聰飾四鳳，馬蕙蘭飾魯媽。由朱端鈞導演，京劇名伶串演話劇，這是開了首例。

因此，當他浸潤過不同的表演方法後，使得他回到京劇舞台
上時，做表要比一般人豐富而細膩，詮釋角色饒富層次及節
奏感[66]。葛次江亦曾提及，周信芳對於角色的詮釋頗為生動：

> 記得一次排《文素臣》，我演張老實，看見一個大元
> 寶，動了心思。周老覺得我表情不夠味，他做了一個
> 動作：瞪大了眼珠瞧著元寶，兩手曲舉過肩，五指張
> 開，說：『呀！一個大元寶！』這樣就把一個愛財的
> 人的心理表現出來了；像這種漫畫式誇張的動作，在
> 京劇中是少見的，但類似這種新的手法，只要演得像
> 那個人，他常常使用，毫不顧忌。[67]

由上，亦可以見出他對角色詮釋上不侷限於一格，且傾向於
誇飾的特色。

　　雖然用誇張的表現手法展現詼諧喜劇場面，可博得觀眾
對此人物的好感，但也非一味討好觀眾，周信芳在這點上十
分懂得表演的分寸拿捏。他在〈蕭何月下追韓信〉中有個下
場是要表現蕭何再三說服劉邦，希望他能重用韓信，但劉邦

---

[66] 周信芳在演出過《雷雨》後，對話劇如何表現人物性格，有更深一番
的體會。沈鴻鑫指出：「周信芳自己感受也很深，他對別人說：『對於
人物性格的分析和角色的內心活動，話劇在這方面抓得很緊，演員的
體會也深，京劇如果也能夠這樣，那就好了。』」（沈鴻鑫、何國棟《周
信芳傳》，頁 146，石家莊：河北教育出版社，1996 年。）而實質上，
周氏的確也將話劇的人物表現運用在京劇表演之中。

[67] 見〈移風社二三事〉，收錄於《周信芳藝術評論集》頁 544，北京：
中國戲劇出版社，1991 年。而李玉茹對於周信芳在角色詮釋上的準
確也與葛次江有同樣的感受：「周信芳先生的表演最使我難以忘懷的
便是他在人物塑造上所下的苦功，可謂刻意求準，爐火純青，即便有
些身段與表情不太美，但只要符合這個人物，便在所不惜。」見〈我
與上海京劇舞台〉，收錄於《戲曲菁英（上）》頁 154，上海：人民出
版社，1989 年。

不肯：

> 下場身段與台步，要踩鑼經，也就是說要與音樂的節
> 奏合拍，但要自然，不要故意討好觀眾。凡屬技術性
> 的表演，如踢袍、水袖、甩髮以及甩髯口等等，都應
> 該讓人看起來舒服，舒服自然就會有效果，即便沒有
> 效果也不會難看。[68]

這裡所指「技術性的表演」往往都是演員展現功夫的地方，
運用頭、手、腿加上服裝或道具，用較為炫技的表現方法來
外顯舞台上角色的某些情緒與反應。當技藝展現時，觀眾的
視角往往會由劇情被轉移到動作，在這種轉換的過程中，觀
眾會強烈意識到他們情緒的被抽離。因此，周氏認為展現這
些功夫時，最重要的是自然，不要使人覺得刻意，能把功夫
融入情境和角色動作中，能夠盡量淡化觀眾視角被轉移的違
和感，才是上乘的做表功力。

　　舉例而言，周信芳於 1931 年為了要反映當時他對九一八
事變的感受，停止了正在演出非常賣座的《封神榜》，當下積
極編寫出連台本戲《滿清三百年》，其中一齣本戲《明末遺恨》
是描寫李自成兵圍京城，明思宗煤山自縊的故事。這是一齣
歷史悲劇，原來潘月樵曾有舊本，周氏把它加入了崑曲舊本
《鐵冠圖》中的〈殺宮〉、〈撞鐘〉再重新改編。戲中周信芳
飾演崇禎皇帝，在表現他匆忙逃入煤山時，驚慌中跑到下場
門，甩去了一隻靴子，又跑到台中甩去另一隻，以十字甩靴
的方法展現思宗的驚惶失措，逃遁無門，除了表現他的腳下

---

68 周信芳〈〈蕭何月下追韓信〉表演藝術〉，《周信芳文集》頁 199，北京：中國戲劇出版社，1982 年。

功夫外，非常的寫實且具有渲染力。而呈現思宗瀕死的場景時，周氏善用了頭上甩髮的功夫：

> 他先用個猛勁兒，甩髮直沖頭上，然後頸部微往下一縮，甩髮披落下來，散成傘狀，遮住面部，充分地刻畫了崇禎臨死前絕望的奄奄一息的形象，這個造型也表現了一個自縊身死的死屍形象。[69]

此一甩髮功的運用，極自然也極妥貼，既展現周氏的功夫，也完全與思宗這個人物當時的情緒情境結合起來。《明末遺恨》的演出時間長達半年，每天都告滿座，他還帶了此戲北上公演。每每在周氏藉崇禎之口說出與現實政治局勢相符合的口白時，台下群情激憤，可見其表演情景交融的感染力。

　　儘管海派京劇的做表風格向來以誇張火爆為表徵，但周信芳的做表運用卻不一味只遵從誇張火爆，基本上一切都需要以角色情感的強弱來做依據。一味做大幅度且誇飾的動作，只是討好及炫技，不以人物為基底，這是所謂「惡性」海派的缺點之一。戲曲舞台上演員的表演講究剛柔並濟，動靜合宜，這其間收放的掌握，端看演員詮釋角色功力的深淺。陳西汀認為周信芳在某些時候以靜態方式搬演角色，反比動態更傳神：

> 周先生的嗓音蒼勁沉宏，白口爽健老辣，身上腳下，功夫堅實。這些條件，決定他在強調某種感情時能夠洋洋灑灑，淋漓盡致。但是這些淋漓盡致的、大幅度的表演身段，只是強烈的一種形態，絕不是周先生表

---

69 見李洪春《京劇長談》頁 96-97，北京：中國戲劇出版社，1982 年。

演的全部特點。相反地，他的一哼一哈，一瞥一看，
甚至像《清風亭》中的張元秀在『臨別訓子』時，乾
脆把眼睛閉起來說話，並且說了好多。其強烈程度，
反而遠遠超過那些大幅度的動作。這也說明藝術上的
鮮明強烈，並不由動作大小、聲調高低來決定，而是
由感情表現的強弱來決定。[70]

在極少動作的靜態間也能傳達深沉情緒，我們可參看與周信
芳長期合作二十幾年的旦行演員金素雯，在與他合演《文天
祥》一劇的感受。金素雯在此劇中飾演文夫人，當文被捕後
前往獄中探視丈夫，此時文天祥行將就義，國破家亡並且在
未知的狀況下以為妻子已死，不料此刻卻又可相見。周信芳
所刻劃此時的文天祥，並不見悲悲切切的兒女情長，他冷靜
聽著文夫人告訴他，自他被捕後陸秀夫已背負著幼主投海，
而張士杰也投海殉難的慘痛國難後，「周先生一吸氣，兩眼遠
射，唱「血淚斑斑濕青衫」，略一皺眉，眼皮向下一低，在這
眼皮一抬一低中間，表出無窮悲憤，恰似熱淚盈眶，但他的
情緒卻並未給我感到消沉低落。」[71]用一個簡單的眉眼抬合，
來概括文天祥心中沈痛但又抱著殉國堅定意志的心理基調。

之後，禁卒急上報：伯顏和元帝親來監中，文夫人急
躲避下，我在幕後觀摩。這時周先生的感情一變，已
和見文夫人時截然不同，他正襟危坐，面部沒有什麼

70 見〈剛勁直樸的麒派藝術〉，收錄於《周信芳藝術評論集》頁 123，
　　北京：中國戲劇出版社，1991 年。
71 見金素雯〈談文天祥〉，收錄於《周信芳藝術評論集》頁 297，北京：
　　中國戲劇出版社，1991 年。

表情，神態安詳，穩若泰山，目不斜視，手不輕動。
伯顏和元帝還想作最後努力說降文天祥。伯顏說：「文
丞相，你對大宋朝的一片忠心，分一點給我們，那我
們萬歲就封你為大丞相之職。」周先生只淡淡地輕蔑
地一笑：「哼…這些廢話說他則甚！」這幾個字念得
很平穩，就是「廢」字聲音加重，略拖一點尾音，「則
甚」二字很乾脆，斬釘截鐵；眼中放出凜凜然不可侵
犯的光芒，那種雄偉的英雄氣魄，真令人肅然起敬。
舞台上三個人，周先生的氣度就像一座泰山，伯顏和
元帝就顯得那麼渺小，只得狼狽退去。[72]

在面臨生死大限時，周氏所詮釋的文天祥反而沒有哭號，沒
有激動的情緒，沒有垂胸頓足，或是大幅度的動作表現[73]，
有的只是沉鬱和剛毅。他捨棄了動作，內化了亡國之痛的情
緒，只用眉目演戲。眼睛往往是一個人的精神表徵，他用眼
睛傳達最深沉的悲憤，也用眼睛展現了最不屈的堅定，也由
此見出周信芳在舞台動作動靜間選擇的精準。

---

72 見金素雯〈談文天祥〉，收錄於《周信芳藝術評論集》頁 297，北京：
中國戲劇出版社，1991 年。

73 能動不能靜或是能靜不能動，都不能稱為完美的表演，周信芳如果只
是誇張火爆，就不能成其「麒派」，誠如阿甲所言：「周信芳先生表現
事物對象，除必要時用直接的比擬法，常常是用加強動作的情緒來表
現的。所以，他的動作很洗煉、單純、不多、不瑣碎；有時完全不動，
很沉靜，沉靜得只剩那一絲絲微動的波紋，那個角色卻舒適地游泳其
中。在台上很靜，但仍在舞蹈之中…」(〈從《四進士》談周信芳的舞
台藝術 ── 為反對京劇中的保守主義而作〉，收錄於《周信芳藝術評
論集》頁 171，北京：中國戲劇出版社，1991 年。)

五、「智慧機巧及意境風格的表現」
—— 機關布景的運用

　　機關布景的大幅使用，也是海派連台本戲的重要特徵，它給予觀眾強大的視覺享受與刺激，也是劇院老闆吸引觀眾入園看戲的一大賣點。但是，基本上機關布景是為劇情而服務的，應以劇情的需要進行穿插。不過，海派連台本戲發展到後來卻往往本末倒置，一味賣弄機關布景的奇炫而忽視了最主要的劇情，所以許多評論者常將機關布景的濫用，視為海派連台本戲的重要缺失且詬病不已。機關布景的運用，實際上也與舞台表現走向寫實化有密切關係，在此種走向的影響下，觀眾對於虛擬的美感經驗感受力減低，代之而起的是對「真實化」的要求變多，這也使得多用機關布景的海派連台本戲，比傳統老戲在舞台的總體呈現上要寫實的多。當時講究欣賞京劇寫意美感的老戲迷，就無法接受這種改變：

> 近年伶人藝術。一代不如一代。觀眾程度一年不如一
> 年。於是聰明的院主以像真佈景來補救演員藝術之不
> 足。機關歌舞以迎合低級智識之趣味。老實說。舊劇
> 愈尚像真。則伶人之藝術愈非。[74]

古愚在此把伶人的藝術層次和觀眾的審美層次低落，歸咎於寫實機關布景的興盛，殊不知這其間是有相互表裡的關連存在。當寫實布景道具出現在舞台上，演員原本的虛擬表演程式就必須做出調整與改變，否則就會造成背景與動作的不協

---

74 見古愚〈讀「戲劇寫實化的重要」後〉，《十日戲劇》第二卷第三期，
　　頁 108，1939 年 1 月 20 日。

調，梅蘭芳為了演出電影版《生死恨》時加入的真實織布機，也大幅度改變了他的原本虛擬的動作。然而這其間是否真的無法並容，實際上也並非如此動若參商。孟瑤就曾指出：

> 皮黃向寫實的路上試探，是一條應該走的路，卻也是一條很難走的路…我們說它是一條難走的路，是因為它的成敗繫於它寫實程度的深淺。那就是說，往這一條路上發展，稍微過份，便變成了『話劇加唱』。脫離傳統太遠，變成一種不倫不類的東西。[75]

因此，寫實程度深淺的拿捏是決定成功與否的關鍵。

周信芳對機關布景的運用有一套他自己的標準：

> 我還想特別談一談機關布景。關於機關布景，認為既不應偏愛，也不應排斥，要看題材和戲的需要而定。神話故事可以多用，武俠故事可以少用，歷史故事就不宜用。機關布景用得好，也是一種智慧和機巧的表現，不過它必須能幫助表演，而不能攪戲（這是京劇的術語，意思是妨礙或者掩蓋了表演）。機關布景本身，也應該搞得更美一些，也應該講究意境和風格。[76]

用這些標準來看周氏所編演連台本戲的機關布景運用，大致上若合符節，如《封神榜》是依據明代神怪小說《封神演義》所改編，極富神話魔幻的色彩，這種題材正可發揮機關布景的優勢，增加視覺效果。天蟾舞台由 1928 年 9 月開始演出，

---

75 引自康保成《中國近代戲劇形式論》頁 162-163，廣西：灕江出版社，1991 年。

76 見〈談談連台本戲〉，《周信芳文集》頁 347、348，北京：中國戲劇出版社，1982 年。

共歷三載，演出前花費半年時間請專家設計機關布景，並在
《申報》刊登整版〈封神榜特刊〉，盛況可見一般。舞台上所
陳設的宮殿金碧輝煌，正可彰顯紂王的奢靡。其他特效的運
用，還包括出現八九尺高的長人、軒轅墳內出現妖狐，當場
化為三具骷髏，又馬上變為三個美女；洪鈞老祖說法時，宮
殿可一下變為大海，上有葫蘆冒著青煙，煙內站著神仙數十；
元始天尊坐騎口吐蓮花，花上站立多人；申公豹殺頭還原，
摘星樓火燒琵琶精，美女化為琵琶等[77]。可見這種魔幻故事
運用機關布景甚至魔術幻術，在不影響劇情發展的前提下，
反而增加了可看性[78]。

　　此外，周信芳也改良了布景的設置，由原先只是平面布
景改為立體布景：

> 那時的機關布景是平面的，後來雖然有許多發展和改
> 變，機關的變化也愈來愈多，但景仍是平面的，有時
> 就會出現這樣的笑話：景上畫著几椅，台上又放著一
> 套几椅。我演《文素臣》時開始運用立體布景，這種
> 立體布景並非從話劇照搬無誤，還要照顧到京劇的表
> 演，因而和表演並沒有多少矛盾。此外，還用燈光表

---

77 參見沈鴻鑫《周信芳傳》頁 92，河北：河北教育出版社，1996 年。
78 當時《申報》也刊登了幾篇關於《封神榜》演出後的評論，其中 1928
　年 12 月 1 日伯溫〈由《封神榜》說到時下舞台的趨勢〉這篇評論就
　指出：「像天蟾舞台的《封神榜》，戲情既好，角色又齊，更有許多精
　巧玲瓏的機關彩景，簇新的精彩行頭，特別改良的異樣歌舞，處處都
　能吸引人入勝⋯你想一成不變的舊式京劇，如何敵得他過？又怎怪一
　般舞台都趨向排演新戲一途呢？」（轉引自沈鴻鑫《梅蘭芳周信芳和
　京劇世界》頁 182-183，上海：漢語大詞典出版社，2004 年。）也直
　接說明了好的劇情、好的演員若能再搭配好看的機關布景，的確在舞
　台呈現上比傳統老戲更具有吸引力及優勢。

現時間的推移，表現出暮色和曙光，我覺得還是恰當
的。[79]

《文素臣》取材自清代文人小說《野叟曝言》，全書一百五十
四回，由周信芳和朱石麟將其濃縮刪改成六本連台本戲，《申
報》有評論認爲此劇是 1939 年最紅的一齣戲，在當時造成「萬
人空巷來觀」的風潮。因爲故事以文人事跡爲主軸，是以此
戲的機關不以奇炫爲重點，改採立體式的布景來呈現，隨著
劇情場景的改變來換景，也可見出周氏處處以戲爲主，不過
度濫用機關布景的原則，《文素臣》因而成爲不靠機關布景卻
能廣受歡迎的連台本戲的典範[80]。

第四節　結　語
── 換個角度看本戲

「形式」沒有所謂對與錯或好與壞，重要的是如何使用

---

79 見〈談談連台本戲〉，《周信芳文集》頁 347、348，北京：中國戲劇
　　出版社，1982 年。
80 不靠賣弄機關布景就能讓《文素臣》非常賣座，與演出的整體配置有
　　關。檻外人指出：「卡爾登戲院小、台小、座位不到一千，無法在本
　　戲裡賣弄機關和佈景，全仗戲好、演員好，吸引觀眾。周的名作如《明
　　末遺恨》等不必說了，由名導朱石麟編寫的《文素臣》，高潮迭起，
　　場子緊湊，運用電影手法到戲中去，氣氛更佳，連滿達四月之久，確
　　實是以前本戲中不憑機關佈景和開打而賣座的成功之作。」（見〈周
　　信芳渾身是戲〉，收錄於《我的公公麒麟童》頁 195-196，大地出版
　　社，1984 年。）雖然主因在於配合小型舞台和戲院，但也證明了連
　　台本戲的演出只要演員底子硬，各方面搭配合宜，一樣能獲得觀眾的
　　青睞。

形式來創造出具有原創性的作品，戲法人人會變，各有巧妙不同，不過不變的是追求藝術的真誠和努力不懈。如果以此角度來看全盛時期的海派連台本戲對於京劇的新變嘗試，周信芳的作品無疑是其中最好的操作典範。在中心主旨上，用積極正向且反映現實的思想，取代一味媚俗、市場取向、甚至荒誕不經的題材。在編劇的理念上，廣泛的收集材料並且以審慎的態度統整編寫，取代倉促草率、隨意連串幕表制的編劇方式；並且以集體再組合統整成定本，取代隨意即興台上見的粗糙做法。在角色的創造上，由程式出發，演人不演程式的個性化塑造，取代千人一面、陳陳相因只尊程式忽略個性的固守傳統表現。在唱念做表上，以戲理、戲情的需要為基底，適時展現演員功力，取代一味誇張火爆、賣弄外在形式炫技的表演方法。在機關布景上，以題材區分和使用的合理性，畫龍點睛的增加演出效果，取代目迷五色、喧賓奪主的絕對機關化陋習。

　　正因為連台本戲的形式自由，變化度大，周信芳往往能於其中創造出更多的新戲、新角色和新的表現手法，這也造就出許多由連台本戲中抽出單演的優秀經典散本戲目，如《漢劉邦》中的〈鴻門宴〉、〈蕭何月下追韓信〉；《封神榜》中的〈鹿台恨〉；《飛龍傳》中的〈北漢王〉及《滿清三百年》中的〈明末遺恨〉等。在連台本戲的全盛時期，每逢星期日白天，天蟾舞台循例貼演整台老戲，周信芳都參與老戲的演出且往往更加賣力，使得他不斷演出及磨練老戲的心得能夠滲透到連台本戲的演出之中，而在連台本戲自由形式中所創造的新方法也同時可以運用到老戲的表現裡，在這二者間取得

了良好的平衡且相互激盪。但當時有些演員卻剛好相反，往往因為連台本戲容易演出時期長且易取得利益，就荒廢了對老戲的回溯精進甚或不演老戲，更甚者把連台本戲中的不好習氣帶入老戲中，使原本的演出素質下降[81]，相較而言周信芳可說是將傳統老戲與創新本戲結合最具代表性的演員。他亦曾指出：

> 江南連台本戲的形成，是創造革新的結果，反過來它又推動了京劇藝術的創造革新。從劇本創作到表演方法，直到服裝、化妝等等，都產生了許多新的東西，其中有些不好的，已逐漸被時間所淘汰，一些好的東西一直保留到今天，還被廣泛地運用著。[82]

而一部好的、健康的連台本戲，往往是可以出人出戲的[83]，演員在自由創造鮮活角色的同時，也對整齣戲發揮烘托作用，所以人與戲能相互輝映。觀眾在審視連台本戲時，不會用「某人」所唱的某戲來評論優劣，在這種審美法則下，被看見的往往只是演員個人的技藝，而不是戲的本身，看「戲」

---

81 鄒葦澄指出：「麒麟童正好和其他南方名角恰恰相反，他把原有良好的老戲基礎，運用到連台本戲，所以即使連台戲裡亦有老戲的骨子在內，所以高明而受人喜愛。一方面他始終沒有把舊戲擱下不管，還是不斷地在琢磨探討，精益求精，甚至將連台戲裡的心得或創造，回過頭來，又豐富了他的老戲。這樣良性的循環，所以不論老戲新戲，必然會產生他的獨特的風格了，這也就是他創出麒派的主要成因了。」見〈京劇界的一顆巨星 —— 周信芳 —— 由上海京劇團演出兼及麒派藝術〉，收錄於《周信芳藝術評論集》頁 149，北京：中國戲劇出版社，1991 年。
82 見〈談談連台本戲〉，《周信芳文集》頁 346，北京：中國戲劇出版社，1982 年。
83 引用周信芳語。

的成分被弱化，取而代之是看「人」。由是連台本戲這種形式，反而可以使戲劇的整體呈現被完整的看見。

　　傳統的散齣老戲，常常是一個精華片段的一再淬煉，它吉光片羽的精彩段落，令人回味再三。而連台本戲就如同長篇史傳，長幅卷軸，可以把許多精彩片段做成完整鏈結。周信芳在連台本戲的嘗試創新與努力，是優質連台本戲最有力的成績展現，同時也可以將連台本戲這種經由上海得以發揚的特殊類型，放置在京劇發展史中來觀看，藉以凸顯其融合寫意與寫實間的嘗試與過程，並給予一個正面評價的可能性。

本章引用書目

專　書

中國人民政治協商會議、上海市委員會、文史資料工作委員
　　會編　《戲曲菁英》。上海：上海人民出版社，1989 年。

中國戲劇出版社編輯　《周信芳藝術評論集續編》，北京：中
　　國戲劇出版社，1994 年。

孔在齊　《顧曲集：京劇名伶藝術譚》，牛津大學出版社，2010
　　年。

李洪春　《京劇長談》，北京：中國戲劇出版社，1982 年。

沈鴻鑫、何國棟《周信芳傳》，河北：教育出版社，1996 年。

沈鴻鑫　《梅蘭芳周信芳和京劇世界》，漢語大辭典出版社，
　　2004 年。

波多野乾一　《京劇二百年之歷史》，東方時報館，1926 年。

茗水狂生　《海上梨園新歷史》，上海：小說進步社，1910 年。

周信芳　《周信芳文集》，北京：中國戲劇出版社，1982 年。

胡曉軍、蘇毅謹　《戲出海上 —— 海派戲劇的前世今生》，上
　　海：文匯出版社，2007 年。

徐珂　《清稗類鈔》，北京：中華書局，1984 年。

康保成《中國近代戲劇形式論》，廣西：漓江出版社，1991 年。

黃敏禎著、沈葦窗編　《我的公公麒麟童》，台北：大地出版
　　社，1984 年。

劉靜沅 《京劇藝術發展史簡編》,安徽:文藝出版社,1984 年。

蔡國定、鍾澤騏編 《梨園軼事》,廣西:民族出版社,1984 年。

檻外人《京劇見聞錄》,北京:寶文堂,1987 年。

期刊論文及報刊文章

上海圖書館近代文獻資料室館藏 《申報》縮印本,上海圖書館近代文獻。

仲懷 〈海派戲興盛的間接原因〉《十日戲劇》二卷四期,1939 年 1 月 31 日,上海,上海國劇保存社。

翁偶虹 〈略記麒麟童之六本《文素臣》〉,《半月戲劇》第三卷 8-9 期,1941。

張古愚 〈大嗓唱小生〉,《十日戲劇》第二卷第十四期,1939 年 6 月 15 日,上海,上海國劇保存社。

張古愚 〈讀「戲劇寫實化的重要」後〉,《十日戲劇》第二卷第三期,1939 年 1 月 20 日,上海,上海國劇保存社。

愚翁 〈散戲與本戲〉,《十日戲劇》第一卷第十九期,1938 年 2 月 23 日,上海,上海國劇保存社。

燕山小隱 〈新年梨園閒話〉《游戲世界》第九期,1922 年 2 月。

第四章　京劇與電影的初步跨界對話

第一節　前　言
── 一個必然的開始

　　西方的電影藝術最初引進中國,大約是在西元 1896 年中期左右[1],這期間所放映的影片,全是由歐美人士所拍攝的紀錄片、特技片以及滑稽片等。當時北京琉璃廠豐泰照相館的老闆任景豐[2],由於愛好戲曲,與戲曲界的名伶多所結交,並

---

1 最早的電影放映記錄,始自 1895 年法國盧米埃兄弟於巴黎 "大咖啡館" 地下室,公映了《火車到站》等 12 部影片。隔年,這項新興的藝術就傳入了上海及香港。

2 任慶泰(1850-1932)字景豐,曾於 1874 年自費至日本學習照相技術,1892 年於北京廠甸(琉璃廠土地祠)一帶開設豐泰照相館,與當時京劇名伶多所交游,原因不外乎京劇在北京得到皇室喜愛與提攜,而對於生意人來說,相館外懸掛名伶戲裝照片,有廣告作用。陸弘石曾指出:「就當時來說, "豐泰" 的規模堪稱不小,技師、學徒多達十餘人,並兼營照相器材。它以拍合影和 "戲裝照" 聞名京師,尤以攝製發售戲曲名伶照片為重頭經營項目,頗受老北京人的歡迎。任慶泰因此而聲名大振,還曾數次應召為王公貴族拍照,被慈禧賞賜四品頂戴。」(詳參陸弘石〈任慶泰與首批國產片考評〉,收錄於《中國電影史 1905-1949 早期中國電影的敘述與記憶》頁 289,北京:文化藝術出版社,2005 年。)豐泰由於生意興隆,陸續做起了其他外延的生意,而形成了豐泰的經營圈,其中還包括開設了大觀樓影戲園,此園形制分上、下兩層,平時有京劇的演出,同時也放映電影。所以任氏與名伶間建立的友好關係,無疑對於他所經營的生意有莫大幫助。

經常邀請他們來照相館拍攝戲裝照，因此，憑著這份喜好，西元 1905 年（清光緒三十一年），他與攝影技師劉仲倫，拍攝了中國第一部影片 —— 定軍山，這時，距離電影引進中國，已近十個年頭。

《定軍山》[3]是一齣京劇的老生長靠戲，也是當時的京劇泰斗譚鑫培的拿手劇目之一。這齣戲的可觀處，在於結合老生演員的唱、念、做、打全方位功底，因此極為考驗著飾演黃忠的演員的舞台實力。不過，當時影片的拍攝處於無聲階段，因此音樂的元素被完全排除，僅能以動作為拍攝重心，並且以當時的技術，也不可能做到將全劇完整的紀錄下來，所以《定軍山》只拍了其中〈請纓〉、〈舞刀〉、〈交鋒〉等以動作為主的片段。這次的拍攝純粹以紀錄為目的，距離藝術手法的展現還完全談不上。任景豐將《定軍山》的片段拍成影片並公開放映，這是中國第一部以自己國人之力來拍攝，並取材也是一部純中國題材的電影[4]。

---

3 《定軍山》取材於古典小說《三國演義》第 70、71 回，大致為曹營將領張郃兵敗懼罪，又攻打葭萌關，老將黃忠與嚴顏向孔明討令合力迎敵，孔明以黃忠老邁，不允出戰。黃忠怒，於軍帳中舞刀斷弓，展示寶刀未老之志，終於討得令箭，擊退張郃，乘勝攻佔曹屯糧地天蕩山，並進而攻打曹軍重鎮定軍山。幾經交戰，將守將夏侯淵引至荒郊斬於馬下。

4 歷來對於中國電影之嚆矢為何，大都依據 1963 年由程季華主編之《中國電影發展史》中對於中國人嘗試拍西洋影戲的論述為主要立論根據，一直沿用迄今。不過對於這項材料，曾有不同的看法被提出並且質疑，例如 2008 年於《當代電影》第 2 期，當時的中國電影藝術研究中心副研究員黃德泉在「重要電影史」的單元發表了一篇〈戲曲電影《定軍山》之由來與演變〉，其中對於《定軍山》被定義為中國電影的第一部影片提出了疑問，並認為此項材料多由「道聽途說」而來，其中所牽涉到的人包括許姬傳、吳震修及梅蘭芳等人，並且他認

第二節　絕對的主體話語權
—— 由豐泰照相館的《定軍山》看起

關於《定軍山》的拍攝過程，有三種目前間接留下來的資料，一是根據王越於 1988 年發表於《影視文化》第一輯中〈中國電影的搖籃 —— 北京 "豐泰" 照相館拍攝電影訪問追記〉一文。此文是王氏訪問了當時豐泰的幾位工作人員，其中包含攝影師劉仲倫的許多訪談記錄，而對於《定軍山》拍攝的記錄如下：

> 廊子下借著兩根大紅圓柱，掛上一塊白色布幔。屋內成了譚老板臨時起居的地方，他的跟包、琴師、敲鑼鼓傢伙的，都來了。屋外院子裡，把那架號稱『活動箱子』的攝影機，擺在了靠前院後牆邊。由照相技師劉仲倫擔任拍照，他是『豐泰』最好的照相技師了。雖然前幾天練過幾回，但真的上陣，他仍顯得有些緊張。一通鑼鼓過後，布幔後閃出一個戴髯口、持大刀的古代武將來，這就是譚鑫培最拿手的《定軍山》裡的老黃忠，只見他配合著鑼鼓點兒，一甩髯口，把刀一橫，立成頂樑柱一般，就聽旁邊有人喊『快搖』，

爲，這部傳說中於 1909 年被火焚毀的影片，有可能根本並不存在。如果黃氏的推論屬實，那麼中國電影史的開端應可能就此改變，不過，黃氏的推論有待更多的資料加以驗證，且需獲得電影史研究者之認可，方能確立，因此，本文仍以目前的定論爲論述的依據。

劉仲倫便使勁搖了起來，那時的膠片只有 200 尺一捲，很快就搖完了，算告一段落。然後便是吃茶、卸妝。而劉仲倫卻搖出了一身大汗，大家忙著給他擰手巾把子、搖扇子。第二天，仍在原地，拍黃忠舞刀，那真精彩極了，只見刀光閃閃人影倏倏，把人都看呆了；劉仲倫也只顧看戲，忘了搖機，結果報廢了兩捲片子。任景豐一聽急了，就教劉仲明趕快到祁羅孚洋行，一下買了十捲膠片，以防萬一。那時拍影戲，受限制很大，因是利用太陽光拍的，一早一晚、刮風下雨都不能拍。所以每天只能拍很短一段時間；就這樣斷斷續續拍了三天，拍下了《定軍山》裡的〈請纓〉、〈舞刀〉、〈交鋒〉，算三個場面[5]。

這條資料應該算是最為直接的透過參與者回憶了《定軍山》當時的拍攝過程。第二條資料是根據許姬傳為梅蘭芳所記述的《舞台生活四十年》中，許氏以（按）的方式提及關於這部影片的一段間接記載：

（按）中國戲劇拍成電影，我所曉得的，最早恐怕要算譚鑫培的《定軍山》了。這件事知道的人不多，我的老友吳震脩先生是在無意中撞著他們正在拍攝，可以說是他親眼得見這麼一幕具有京劇歷史意義的可貴鏡頭。他這樣地告訴我說：「光緒的末年，我在京師大學堂師範館教書。課餘，我總喜歡逛廠甸。跨入各書舖子的門，隨便翻著各種的書看，就不想再走出

5　王越〈中國電影的搖籃 —— 北京 "豐泰" 照相館訪問追記〉，《影視文化》第一輯，頁 298，北京：文化藝術出版社，1988 年 9 月出版。

來的了。大約是在一個秋季，有一天我照例又晃進了琉璃廠。經過豐泰照相館附近的一個廣場，老遠看見臨時支著一塊白布，有些人在拍照。我走到跟前一望，哪兒是拍照相，簡直是在拍活動電影呢。而且還是我們最崇拜的一位老藝人——譚鑫培，紮著一身黃靠，手拿一把金刀，耍了一個《定軍山》裡的大刀花下場。旁邊站的幾位都是譚氏的家屬和親友們，人數並不過多。那位照相館的老板，是個大塊頭，跟我很熟，他也在一旁忙著照料一切。可惜拍得不多，一下子就算了事。後來還在『大觀樓』電影院公映過的呢。這恐怕是京戲上鏡頭最早的一幕吧。」

梅先生告訴我：「俞菊笙和朱文英合拍過《青石山》裡對刀一段，俞振庭拍過《白水灘》、《金錢豹》，也都是在豐泰照相館拍的。」[6]

吳震脩為"梅黨"成員之一，曾對梅蘭芳演出多有幫助，也編修過《霸王別姬》的劇本。第三條資料，則是來自於梅蘭芳在《我的電影生活》〈小引〉中的一段記載：

戲曲搬上銀幕，歷史上最早的應該說是在清代光緒 31 年（1905 年），北京琉璃廠內豐泰照相館為京劇界名老生譚鑫培拍的《定軍山》耍刀的片段，以及名武生俞菊笙（楊小樓是宗俞派而後發展為自成一派的）與名武旦朱文英（和我合作多年的朱桂芳是他的兒子）合拍的《青石山》的對刀，名武生俞振庭（俞菊笙的

兒子）拍的《白水灘》、《金錢豹》。這些片子，當年都先後在北京大觀樓（大觀樓在前門外大柵欄，始建於光緒年間，一直使用到解放後，1960 年 9 月改建為立體電影院）上映過。上面所說的幾部戲曲影片，雖然已經不知下落，但現在還可以從戲曲資料中看到當時拍片時的劇照。[7]

　　由上述三段資料可以看出幾條訊息：一、前兩段記錄顯示，當時的確是由豐泰攝影師為譚老板拍攝影片，而非只是拍戲裝照。二、當時的電影攝製光源為室外自然光（陽光），尚沒有輔助燈光。三、當時的膠片長度甚短，約 200 英尺，只能拍攝很短（約 5 分鐘）的片段，無法連續拍長時間的電影容量。四、記錄中沒有顯示劉仲倫或任景豐有無剪輯影片。五、首次公開放映地點在任景豐所經營的大觀樓[8]。六、共拍攝了三個動作場面。而從記錄中也可看出，劉仲倫應該是以固定攝影機的位置並且一鏡到底以全景、遠景的方式，攝製完成了影片，因此沒有所謂的運鏡、分鏡動作，純粹是以記錄譚老板耍刀的動作做為攝製目標。在這種初期以記錄為主的京劇電影呈現方式中，「京劇」或「京劇演員」為主要發語對象，而「電影」只提供了保留京劇可供更多人觀賞的純粹

7 梅蘭芳，《我的電影生活》，《梅蘭芳全集》第四卷，頁 83，石家莊：河北教育出版社，2000 年。

8 除了梅蘭芳於《我的電影生活》一書中所言，這些影片曾於大觀樓放映外，據名紅生宗師李洪春於 1980 年 6 月發表於《北京日報》之〈我國最早上映的戲曲記錄片〉一文中，亦指出他個人就曾於年少時在大觀樓看過這批戲曲短片的放映。（參見陸弘石〈任慶泰與首批國產片考評〉，收錄於《中國電影史 1905-1949 早期中國電影的敘述與記憶》頁 293，北京：文化藝術出版社，2005 年。）

技術功能。

　　任景豐會選擇譚鑫培為被攝對象，當然與生意經有密切關聯，譚氏當時是名震京師的「伶界大王」，慈禧太后欽賜為內廷供奉，有著崇高地位和廣大的戲迷群的支持，拍攝譚派代表劇目《定軍山》，一方面出於譚氏的人氣，一方面也基於大觀樓營業的需求，對於保持大觀園放映的票房可說有絕對的需要[9]。此外，譚老板是京劇界的「巨星」，在拍攝成本的考量下，優先把「巨星」的影像紀錄下來，是最符合本利條件的商業目標[10]。

　　之後，任景豐繼續拍了其他的戲曲片斷，如俞菊笙的《青石山》、《豔陽樓》，俞振庭的《金錢豹》、《白水灘》，許德義的《收關勝》，小麻姑的《紡綿花》等。如果看紀錄下來任景豐所選擇的被攝對象除小麻姑外，俞菊笙、俞振庭父子為名

9　陸弘石曾指出：「據記載，"大觀樓"雖然『所映影片，尺寸甚短，除滑稽外，僅有戲法與外洋風景』，但『每晚上座常滿』。然而，雖然生意不錯，但任慶泰還是感到不甚滿足，因為所放的幾套外國短片，既單調且與國情民俗有隔。這就使他產生了一個念頭，把戲曲的"靜照"拍成戲曲的"活動照片"！於是，中國首批國產片就這樣誕生了。」見《中國電影史 1905-1949 早期中國電影的敘述與記憶》，頁290，北京：文化藝術出版社，2005 年出版。

10　根據王越的訪談記錄，可以見出任景豐這種以票房為考量的傾向：「先是請這些名角兒去"大觀樓"影戲院演出，見哪些戲好看，群眾歡迎，他就記下來，慢慢地一個個請到照相館來，讓劉仲昆給他們拍相片，放大後掛出來；再讓劉仲倫選那些光演不唱的好戲拍成片子，拿到"大觀樓"去放映。對所有戲曲名家而言，這是出名的又一條路子，那些角兒都樂意幹。」由此可見，這是一種互利共生的行銷方式，對於京劇名伶而言，更可以借由這種方式，快速拓展他們的觀眾群以及累積人氣。參見王越〈中國電影的搖籃 —— 北京 "豐泰" 照相館訪問追記〉，《影視文化》第一輯，頁 298，北京：文化藝術出版社，1988年 9 月出版。

武生，許德義爲名武淨，朱文英爲名武旦，這些都是京劇界「明星」級的演員，這種「明星制」的選取傾向，直接影響了後來京劇乃至於戲曲電影的選角標的。我們可由在之後的京劇電影作品中留下影像資料的如梅蘭芳、周信芳、蓋叫天、言菊朋、言慧珠父女、李玉茹、馬連良等，都是「明星化」的京劇名角可以驗證[11]。這一批由豐泰所製作的戲曲影片，是中國最早的一批電影影片，亦是中國電影的起始。由這樣一個起始，註定了迄今中國戲曲與電影之間的不解之緣。

西元 1909 年，豐泰的廠房發生了一場大火，拍攝機器均付之一炬，這使得由豐泰所攝製的戲曲影片宣告終結。雖然現今已無法看到這些由豐泰所製作的第一批京劇影片，但是由《定軍山》的拍攝回憶記錄中，我們可以推測，這一時期

11 京劇名伶的明星化現象，是另一個屬於京劇文化衍生層面值得討論的課題，對於京劇市場的拓展，名伶明星化更有助於京劇電影話語權的取得。吳平平曾指出：「名伶明星化，是 20 世紀初中國社會變革中的一個重要文化事件。德國海德堡大學葉凱蒂教授曾經撰寫文章〈從護花人到知音 —— 清末民初北京文人的文化活動與旦角的明星化〉，對曾處於社會最底層的旦角，如何在短短一二十年內，一躍成爲全國矚目的知名人物，以及社會爲何會接受這種明星文化，作了深刻的洞悉。他從相公堂子制度的取締和清朝的滅亡入手，分析了在這種背景之下文人捧旦文化朝著公開化，公共化和大眾化的轉型，以及文人在旦角身上投射了自己的文化理想和政治心態的努力。筆者認爲，堂子制度的取締，不僅如葉教授所言，促成了文人捧旦從主觀上的愛慕到客觀藝術標準的建立，而且也爲伶人自己本身獲得了一張能爭取獨立的藝術發展空間和人格地位的綠卡。」文人的幫襯以及伶人們亟思轉型而躋身於文化圈，都有助於形象的提昇，也有助於這些名伶們觀眾群的培養。京劇的觀賞者不再限於販夫走卒，而直接滲透進入知識份子的文化活動乃至於藝術圈中，這種現象對於資本家願意挹注資金拍攝京劇電影應有推波助瀾的效果。見吳平平〈傳播媒介與戲曲電影的歷史生成〉頁 15，《電影文學》2009 年第 2 期。

的影片是沒有特寫、近景或中景的景別區分，只用固定式攝影機在不運鏡的方式下拍攝，由於是固定式攝影，因此沒有所謂導演，純以西方電影初期紀錄片的方式來完成。因此在京劇電影的初始時期，京劇與電影這兩種不同的藝術形式，並沒有對話的空間，這種記錄式的拍攝手法，完全以舞台呈現的樣貌來存在，在限於技術的簡單和有限資源下，拍攝者尚無進一步思考如何融合兩種藝術形式優點並善加利用的可能性，京劇在這個與電影初步結合的時刻，握有絕對的主體話語權[12]。

第三節　京劇與電影初步對話的展現 —— 梅蘭芳在《天女散花》、《春香鬧學》中的「自我檢視」

而京劇與電影的初步對話，則是由京劇大師梅蘭芳所展開的。他在電影無聲片時期嘗試了一系列擅長劇目的攝製工作，這包括了西元 1920 年後的《春香鬧學》、《天女散花》兩

12　陸弘石指出，在首批中國製造的電影片中，保留＂戲曲＂在舞台演出的原始樣貌是主要的拍攝目的：「在這些影片中，電影時空與戲曲時空是完全同一的，場面調度應該也還是照搬舞台調度的樣子，攝影機的視點顯然也以舞台觀眾的視點和最佳視距為依據，因此，它們所體現的美學意義上的品格特徵，與其說是＂電影的＂，還不如說更多是＂戲曲的＂。」見陸弘石〈任慶泰與首批國產片考評〉，收錄於《中國電影史 1905-1949 早期中國電影的敘述與記憶》頁 298，北京：文化藝術出版社，2005 年。

部完整的戲，以及其他戲曲片斷，如《西施》中的〈羽舞〉、
《霸王別姬》中的〈劍舞〉、《上元夫人》中的〈拂塵舞〉、《木
蘭從軍》中的〈走邊〉，以迄後來的整本《生死恨》、《宇宙鋒》、
《游園驚夢》等。因此由 1905 年開始，京劇一直是電影所注
目的形式之一，並且也與幾項中國電影的首創記錄有著密切
的關聯性，如中國第一部電影 ── 《定軍山》，第一部彩色影
片 ── 《生死恨》；第一部有聲電影 ── 《歌女紅牡丹》中，
採用了京劇《玉堂春》及《穆柯寨》中的大段唱腔等，這些
影片都受到了當時觀眾的廣大回響及喜愛。

　　1920 年梅蘭芳帶領劇團到上海天蟾舞台演出，上海商務
印書館的李拔可先生與他談起最近由美國買了一部份電影器
材，並游說梅氏拍京劇電影，梅氏當下躍躍欲試，並表明:「拍
電影我沒有經驗，但是我想試試看。」[13]並且當下由朋友提
出拍攝梅氏的古裝新戲《天女散花》，而梅氏自己也提出了《春
香鬧學》，因此決定以這兩齣戲為梅氏京劇電影的處女作。梅
蘭芳於《我的電影生活》一書中曾自云是一個電影愛好者，
並在青年時期就是電影院的老顧客，對於電影這一種新興的
視聽藝術有著濃厚興趣，除了感受這門新藝術的新奇形式之
外，也對於做為一個戲曲演員的他，在表演上有所滋養，他
曾言及:

> 在早期，我就覺得電影演員的面部表情對我有啟發，
> 想到戲曲演員在舞台上演出，永遠看不見自己的戲，
> 這是一件憾事。只有從銀幕上才能看到自己的表演，

13　見梅蘭芳《我的電影生活》，收錄於《梅蘭芳全集》第四冊，頁 84，
　　石家莊：河北教育出版社，2000 年出版。

而且可以看出自己的優點和缺點來進行自我批評和
藝術上的自我欣賞。電影就好像一面特殊的鏡子，能
夠照見自己的活動的全貌。因此，對拍電影也感到了
興趣。[14]

由這段話可以看出，「自我檢視」是梅蘭芳對於拍電影有興趣
的另外一個重要原因，演員在台上演出，永遠無法看到舞台
上自己的表現樣貌，除非透過錄影，將影像即時留下來，才
有檢視自己優缺點的可能性[15]。梅氏是一個對於自己舞台呈
現要求極為嚴謹的京劇演員，在許多的文字記錄中，可以得
知他在每一個動作、身段，每一段唱、唸甚或每一個音都講
究到極為細微的程度，絲毫不能馬虎帶過，因此能有機會拍
下自己的表演，有機會來自我檢視，應該是開始拍攝京劇電
影的最大誘因。

　　商務印書館於 1897 年由夏粹芳、張元濟等創辦於上海，
原來是專業印刷及出版事務，1917 年由美國人處購得一批低
價電影設備，包括一架百代攝影機，一架放光機及其他附屬
配備，因此另開設了攝影部，1918 年又成立了活動影戲部。

---

14 見梅蘭芳《我的電影生活》〈小引〉，收錄於《梅蘭芳全集》第四冊，
　　頁 82，石家莊：河北教育出版社，2000 年出版。
15 其實當時錄影的機會稀少，真正能夠把自己舞台上的表演拍成電影的
　　京劇演員，可謂鳳毛麟角，例如一代武生楊小樓就曾跟梅蘭芳說過：
　　「你們老說我的戲演得如何如何的好，可惜我自己看不見。要是能拍
　　幾部電影，讓我自己也過過癮，這多好呀！」（見梅蘭芳《我的電影
　　生活》，頁 83）可以見出凡是對自己的 "玩意兒" 抱持著精益求精態
　　度的演員，都渴望能有這種自我檢視的機會。梅氏並表示，後來明星
　　公司曾計劃找楊小樓與梅合拍他們的代表作《霸王別姬》，是一部有
　　聲電影，可惜最後沒有實現這個計劃。根據目前所知，楊氏有六部無
　　聲電影拍攝記錄，但有聲電影卻付之闕如。

1919年美國環球影片公司派員赴上海拍攝風景影片,商務攝影部的攝影師任彭年等遂跟隨環球工作人員至上海、平津取景,並從中學習電影拍攝之操作技巧,為時長達半年,因此商務之影戲部具有早期實際學習拍片技術的攝影人員,並且有計劃的拍攝不同類型的電影作品。為了抵制外來有傷風化的電影,確立了表彰中國文化的宗旨,並有計劃的拍製教育、風景、時事新聞和新劇、古劇影片[16]。此時期由商務所拍的古裝影片,就包括了梅蘭芳崑曲《春香鬧學》(1920)、京劇《天女散花》(1920)及周信芳京劇《琵琶記》之〈南浦送別〉(1920)、《琴訴荷池》(1920)兩個片段。因此梅氏所面對的商務影戲部攝影團隊,是一組直接向美國環球電影公司拍片學習後的技術人員,這與當年由任慶泰、劉仲倫所組成的攝影人員,在技術層面上已有大幅度的提升。

由1907年迄1920年,電影的攝製發展雖然仍停留於無聲階段,但在歷經了1913年第一部劇情片由亞細亞公司出資發行,張石川、鄭正秋二人合力執導的《難夫難妻》攝製完成開始,以鏡頭講故事的電影敘事時代,已宣布展開。電影不再只停留在紀錄現象的攝影工具位置,而是漸漸由被動轉為主動,開始掌握鏡頭攝製的發語權,而對於「電影」已不再陌生的都會大眾,也不再滿足於電影只是紀錄現實或是現象的複製這種簡單的功能之上。梅蘭芳對於這兩部影片的拍攝有如下的記錄:

> 我就白天拍電影,晚上演戲。開拍的時間是五月中

---

16 參見胡霽榮《中國早期電影史1896-1937》,頁38、40,上海:人民出版社,2010年出版。

旬，拍攝地點在上海閘北寶山路商務印書館印刷所附
設照相部的大玻璃棚內，面積不小，設備也還算完
善。拍的是無聲片，並沒有正式導演，由攝影師指定
演員在鏡頭前面的活動範圍，至於表演部份，則由我
們自己安排。[17]

由這段文字中可以看出，當時商務的照相部已有了初步的攝
影棚，由「白天拍電影」及「大玻璃棚內」可看出拍攝的光
源仍是自然光而尚無其他人工輔助的燈光，兩片均是無聲電
影，但這時無聲片已不再純粹只有動作的展現，《春香鬧學》
及《天女散花》都有多少不一的唱詞，例如春香出場後的曲
牌〔一江風〕就是展現小春香天真活潑的重要唱做[18]，但如
何能讓觀眾瞭解唱詞的部份呢？「在電影裡雖無聲，但可以
在影片上加印字幕，所以有些身段，還是需要做出來。」[19]當
時的無聲電影解決道白和唱詞的方法是加上手寫的字幕卡，
這些一張張的字幕通常是放在此段道白或唱詞場景發生後再
插進影片中，也因此在拍片時，必須將字幕的插入且預留觀
眾閱讀的時間事先考慮清楚。如果是一般劇情片的字幕與情
節場景搭配比較沒有太大的問題，只需注意道白不能太多太

---

17 見梅蘭芳《我的電影生活》，收錄於《梅蘭芳全集》第四冊，頁 84，
石家莊：河北教育出版社，2000 年出版。
18 《春香鬧學》中，春香出場時〔一江風〕的唱詞為：「小春香，一種
在人奴上；畫閣裡，從嬌養。侍娘行，弄粉調朱，貼翠拈花，慣向妝
台傍。陪她理繡床，陪她理繡床；又隨她燒夜香。小苗條吃的是夫人
杖。」見梅蘭芳《我的電影生活》，收錄於《梅蘭芳全集》第四冊，
頁 84，石家莊：河北教育出版社，2000 年出版。
19 見梅蘭芳《我的電影生活》，收錄於《梅蘭芳全集》第四冊，頁 85，
石家莊：河北教育出版社，2000 年出版。

長，以免字幕卡無法容納或是可能要連續插入數張字幕卡的
繁瑣。但戲曲片就產生了一個重大的時間搭配上的問題，尤
其是在呈現唱詞的部份，問題更加棘手。例如梅氏拍《天女
散花》時，有一場〈雲路〉的戲，「這是全劇最主要的一個單
人歌舞的場面，從唱詞內容產生身段，而身段又必須與唱腔
的節奏密切相合。」[20]這場戲中天女的唱詞板式為〔西皮倒
板〕→〔慢板〕→〔二六〕→〔流水〕→〔散板〕，唱腔的速
度是由慢到快，最後再慢收。由於身段嚴密的搭配唱詞，因
此舞綢子的身段也是由慢到快。問題產生於京劇慢板唱腔為
了能展現演員的唱功，往往舞台時間非常長，一句慢板七至
十個字，可將時間拉到數分鐘之久，但電影所展現的時間卻
無法完全遵照舞台時間來等長呈現，如果按照紀錄片的拍
法，這一句慢板畫面停留如此長的時間，之後再插入這句唱
詞的字幕卡，觀眾可能早已不耐煩而失去了專注力。為了解
決這種問題，梅氏與商務採取的方法是「壓縮」了電影中唱
腔的時間，也就是精簡了唱腔的舞台時間，連帶的原本以唱
搭配動作的舞台呈現方式也得一起跟著變動，如此才能將大
段唱的畫面縮減到觀眾可以忍受的電影時間長度中[21]。

20 見梅蘭芳《我的電影生活》，收錄於《梅蘭芳全集》第四冊，頁 86，
石家莊：河北教育出版社，2000 年出版。
21 這樣的問題在電影處於無聲期時，會特別明顯，不過有後來的電影史
撰寫者指出，《天女散花》在當時影院放映時，將唱片在現場同時播
放，觀眾因此有 "如臨現場" 的效果（參見《中國電影百年 1905-1976
上編》，頁 24，李多鈺主編，北京：中國廣播電視出版社，2005 年出
版），這條資料有兩點可以討論：一、唱片的錄製是根據何種版本？
是梅氏的《天女散花》舞台版錄音還是梅氏為了這份短片所單獨錄
製？不過，在梅氏《我的電影生活》中並未有提及為了此片另外灌錄
唱片的記錄。二、如果影院採用梅氏一般舞台演出版本的錄音，就可
能會產生電影時間與唱片時間不一致的問題。

這場戲，在舞台上連唱帶做，占的時間長，相當費勁。
到了電影裡，雖然時間縮短了許多，但在〔二六〕和
〔流水〕裡，嘴裡必須哼著唱腔，控制節奏，因為京
劇的動作是需要配合音樂來做的，因此也並不省力。[22]
在後來的戲曲電影中，舞台時間和電影時間的協調，還有一
段磨合期，梅氏在此所做的舞台時間的壓縮方式，提供了未
來在這方面繼續實驗的良好基礎。

　　而在《天女散花》一片中，也運用了特效來使畫面更加
豐富，例如〈散花〉一場戲，天女與花奴（姚玉蓉飾）最後
以散花動作結束時，就用了五色紙剪成了花片代替真花瓣，
據梅氏解釋，紙片不含水份，分量很輕，因此較真花瓣更能
達到滿天飄蕩著花朵的感覺，顯然，這應該是測試後的結果，
選取了對畫面美感呈現較好的方式。另外在〈雲路〉一場，
畫面疊映了天上雲彩的圖面，襯托出天女御風騰雲的意象，
梅氏也指出在當時這種效果的使用，可以算得上是特技了
[23]，顯然說明了這個畫面可能是經過後製過的成果。

　　梅氏雖然在《我的電影生活》書中認為這兩部短片在電
影鏡頭的運用上，是比較單調而少變化的，但是在《春香鬧
學》一片中，我們卻也由梅氏記錄裡發現了不同的鏡頭運用
技巧，例如「特寫」，他記錄如下：

　　春香的出場用了一個特寫鏡頭，我用一把折扇遮住
臉，鏡頭慢慢拉開，扇子往下撤漸漸露出臉來，接著

22 見梅蘭芳《我的電影生活》，收錄於《梅蘭芳全集》第四冊，頁 90，
　石家莊：河北教育出版社，2000 年出版。
23 見梅蘭芳《我的電影生活》，收錄於《梅蘭芳全集》第四冊，頁 91，
　石家莊：河北教育出版社，2000 年出版。

> 我做了一個頑皮的笑臉。那天拍攝時有一個美國電影
> 公司的朋友來參觀，對這個鏡頭的表現方法和春香的
> 面部表情都十分欣賞。[24]

雖然特寫鏡頭在現今看來，只是電影運鏡的基本方法，但把它運用到戲曲電影中，應可說是第一次，這也突破了《定軍山》以固定鏡頭拍攝的紀錄片方式。「特寫」的使用，對於戲曲演員而言，更可以促使他對於角色面部表情的重新鑽研，以往在舞台上表演時，觀眾坐在台下，與演員隔著一段距離，因此演員的面部表情不一定能被每一位觀眾所注意到，但有了特寫鏡頭後，這個部份就被放大、強調並突出了。

　　除此之外，《春香鬧學》也多了棚內及棚外實景拍攝的不同場景運用，如前所言《定軍山》的拍攝場地，是在豐泰照相館的室外中院及前院，背景可能是一塊白布幔，以自然光源來完成。而到了拍《春香鬧學》時，場景的運用結合了棚內景和棚外景兩種方式進行，棚內景表現杜麗娘書房，背景採用「舞台布景片子」，而書桌、椅子都用了紅木製的實物，光源一樣採取自然光。至於棚外景，梅氏及商務製作組把原本舞台上用「暗場」帶過的春香逛花園情節改採「明場」來展現，為了要表現春香實際在花園遊玩，特別借用了蘇州一處中國式私人花園 —— 淞社做為場景，梅氏為了這場原本舞台上不存在的場次，特別增加設計了許多配合實景的身段動作：

> 春香假領"出恭簽"去逛花園，在舞台上是暗場，到

---

24 見梅蘭芳《我的電影生活》，收錄於《梅蘭芳全集》第四冊，頁84，石家莊：河北教育出版社，2000年出版。

> 了電影裡變成明場了。我在花園裡的草地上做了許多
> 身段：打鞦韆、撲蝴蝶、拍紙球等等，不過都很幼稚，
> 因為沒有打過鞦韆，站到架子上去不敢搖盪，倒也合
> 乎小春香的年齡。[25]

這段工作的方式，可以看做是梅氏第一次為了電影的拍攝所
做出的新鮮嘗試，也可以做為戲曲與電影這兩種不同藝術形
式初次相互對話溝通的初體驗。

此後，將舞台上暗場處理的場次轉為電影中明場展現，
也成為戲曲電影常見的手法。不過在影片的效果上，並沒有
完全的成功，因為把角色置入實際的花園屋舍中表演，會面
臨到一個問題，也就是在畫面上大小比例無法配合的視覺缺
陷：「我記得春香領了 "出恭簽" 走出來的時候，感覺到書房
的門十分高大，不甚相稱。」[26]這種實景與人在全景畫面格
局上不協調的問題，普遍存在當時的戲曲電影中，不過在這
次的嘗試中，梅氏已經十分敏銳的注意到了這個問題。這兩
部片的拍攝在當時是沒有「導演」的，據梅氏指出，拍攝時
由攝影師指定演員在鏡頭前可以活動的範圍，而表演和表演
的內容則由演員自行決定，因此攝影師負責定位，並不肩負
決定內容、動作等層面，可以說在初次的電影經驗中，「導演」
的部份工作是由梅蘭芳自己來負責籌劃、測試及執行的。例
如，走位的界限是另一個舞台作品與電影要相互磨合及對話

---

25 見梅蘭芳《我的電影生活》，收錄於《梅蘭芳全集》第四冊，頁 85，
　　石家莊：河北教育出版社，2000 年出版。
26 見梅蘭芳《我的電影生活》，收錄於《梅蘭芳全集》第四冊，頁 85，
　　石家莊：河北教育出版社，2000 年出版。

的地方，因為電影畫面是平面的，但舞台表演是立體的，往往原本在京劇舞台上四角式或三面式的表演動線，到了拍電影時就會出現缺點，梅氏在拍《天女散花》中〈雲路〉一幕時的唱做時，就面對到這種問題：

> 電影是平面的，不能完全照立體的舞台部位來做身段，我們事先雖然試了好幾遍，到正式拍攝時還不免臨時發生問題，不是焦點不對就是跑出了框，攝影師說『這個鏡頭不合要求』，就只能聽他的話重拍。[27]

所以立體舞台的平面化，也將是之後京劇與電影相互對話所必須審慎思考的重要一環。

總體而言，梅蘭芳對於這次與電影初步接觸的成果是不滿意的：

> 《春香鬧學》分為上下二本，《天女散花》一本。拍攝的技術是比較差的，鏡頭大半用全景、遠景，很少用近景，燈光照明的技術也未能掌握，片上時有模糊暗淡的景象[28]

但是對於後來京劇與電影相互媒合對話、嘗試進一步做出更好的融合，應該算是走出了非常穩健的起步[29]，而由一些拍

---

27 見梅蘭芳《我的電影生活》，頁 90。

28 見梅蘭芳《我的電影生活》，收錄於《梅蘭芳全集》第四冊，頁 91，石家莊：河北教育出版社，2000 年出版。

29 關於這點梅氏是有其自覺性的，他認為：「雖然這兩部片子在電影攝製的技術方面仍是啟蒙時期，更談不到古典戲曲的表演藝術如何與電影藝術相結合，但在拍攝戲曲片方面，繼《定軍山》之後，還是作了一些新的探索的。」(見梅蘭芳《我的電影生活》，頁 91) 由這段話也很明白的觀察出他在拍這兩部短片時，心中的標尺是《定軍山》，並且也自覺性的做出了兩者間的比較。

攝的細節來看，梅氏對於京劇電影一開始就採取了主動而積極的參與態度，這與當年譚鑫培只是被動的被攝對象，在觀念上，以及在對電影不同於舞台的認知上，獲得了很大的進展。

第四節　由立體到平面的視覺齟齬 —— 舞台移轉至電影的走位困境

1920 之後，電影這種新興的傳媒形式，在中國迅速的發展起來，這種現象展現在屬於中國人自己開設的電影公司如雨後春筍般出現上，另外隨著電影公司林立，所出品的電影作品也就大量產生，而相對地在拍攝的技術上，漸漸也日趨熟練。不過，在整個 20 年代，所拍攝的作品卻還處在無聲電影的階段，即使如此，電影儼然成為時代的寵兒，有需求就有供應，拍片數量的大增，也直接反映了電影受歡迎的程度以及當時的商業市場需求。

1923 年 7 月 14 日，香港民新製造影畫片有限公司成立，這是香港第一個由中國人出資開設的電影公司，民新電影公司的組成是由黎氏三兄弟共同負責，大哥黎海山擔任董事長，四哥黎北海任經理，六弟黎民偉任總經理，技術主任為羅永祥[30]。1923 年 10 月 4 日黎民偉與羅永祥至上海，13 日

---

30 黎民偉，香港電影工業發軔期最重要的代表人物，從影之初以拍攝紀錄片為入手方式，與羅永祥曾拍攝有關孫中山先生活動之紀錄片，為重要的民國史料。1913 年以華美影片公司名義拍攝最早由港人自製

搭夜車至北京，與梅蘭芳洽談拍攝京劇電影片段事宜[31]，黎氏會有此想法，極有可能與 1922 年 1 月 14 日上海商務印書館活動影戲部所拍攝的《春香鬧學》[32]首次在香港公開上映，以及其後同年 4 月、10 月三次公開上映梅氏之《天女散花》的觸發有關。與梅氏商定之結果，選擇了《西施》之〈羽舞〉、《霸王別姬》之〈劍舞〉、《上元夫人》之〈拂塵舞〉、《木蘭從軍》之〈走邊〉及《黛玉葬花》五個片段為拍攝對象[33]。拍攝的地點除了《黛玉葬花》採用實景之外，其餘四部都選在真光電影院的屋頂上作業，屋頂上搭了臨時攝影棚，背景則是以梅氏當時舞台上所使用的布景軟片為基礎，黎民偉、梁林光任攝影。這五部短片基本上仍然沒有專人擔任導演工作[34]，只由梅氏與攝影師事先溝通交換意見，然後把身段演

之電影作品《莊子試妻》，此片由四哥黎北海飾演莊子，黎民偉自飾莊妻，一般認為此片與《偷燒鴨》為香港電影歷史之正式開端（參見〈香港電影八十年〉，蔡洪聲等主編《香港電影八十年》頁 4，北京：廣播學院出版社，2000 年）。

羅永祥，與黎氏兄弟同為"清平樂劇社"成員，《莊子試妻》開拍後，跟隨當時攝影師猶太裔俄羅斯人布拉斯基（Benjamin Brodsky）學習攝影，曾參與黎民偉各類新聞紀錄片及故事片的拍攝工作，在早期香港影界有"攝影王"之稱。

31 這個時間尚有爭議，因為據梅蘭芳在《我的電影生活》中的回憶，此段記錄為 1924 年秋天，但根據黎民偉自己的日記中卻記載此行為 1923 年 10 月，兩者間差了整整一年時間。關於黎氏之記錄，參見黎錫編訂《黎民偉日記》，頁 11，香港：香港電影資料館，2003 年。

32 本片在香港公映時名為《學堂戲師》。

33 見梅蘭芳《我的電影生活》，頁 93。此外，黎民偉也於日記中記載：「1923 年 10 月 4 日，偉乘俄國皇后（號）往滬，與羅永祥等於 1923 年 10 月 13 日夜車晉京攝梅蘭芳影片，計有《黛玉葬花》、《木蘭從軍》、《上元夫人》、《西施》、《霸王別姬》五片。」（見黎錫編訂《黎民偉日記》，頁 11，香港：香港電影資料館，2003 年。）

34 梅氏在此時即已認知到，拍戲曲電影的導演與拍一般敘事電影的導演

練出來，再由攝影師分出景別（包括近景、中景、遠景、全景），以無聲片的方式呈現。

　　這次的拍攝與其說是為了記錄五個京劇片段，不如說是為了拍攝梅蘭芳而來，因為有些原本舞台上有其他角色存在的場面，後來都只留下梅氏及與他具有動作搭配的演員，其他演員都被捨棄於畫面之外。例如《西施》中的〈羽舞〉，原本為了表現吳王沉迷酒色、流連歌舞，舞台上應有吳王、宮娥、太監和西施、旋婆等角色，但拍攝時卻捨棄了沒有動作的吳王、宮娥和太監，只留下了西施及與其搭配對舞的旋婆（由姚玉芙飾演）。同樣的情形也存在於《霸王別姬》中的〈劍舞〉與《上元夫人》的〈拂塵舞〉中。《霸王別姬》中虞姬為了解項羽兵困垓下的愁煩，因此舞劍為項羽釋懷，這段舞蹈是搭配了〔夜深沉〕這個曲牌，項羽在後方飲酒觀舞，虞姬在前舞劍，不過拍片時，只保留了虞姬單獨舞劍的畫面，項羽並未出現於鏡頭中。至於《上元夫人》之〈拂塵舞〉，原本的場面熱鬧精練，舞台上所存在的幾個主要角色都有各自的表現空間，不論是單人或群體都有不同份量的歌舞，在梅氏認為，這個片段是舞台調度頗為成功的段落[35]，但實際拍攝時，卻只保留了梅氏一人獨舞。上述三個片段，在背幕方面

有很大的不同，如果對於被攝劇種（如京劇）沒有一定程度的熟悉與藝術特質上的認知，就不可能掌握好拍攝鏡頭的語彙運用、節奏等細節。梅氏針對這次的拍攝過程指出：「因為當時熟悉京劇表演藝術的導演不多，同時，導演也很難改動京劇的表演程式。」由於這個原因，即使是演文明戲（文明戲與戲曲關係密切）出身的黎民偉，也無法真正擔任導演的工作，而只是以攝影為主。

35　參見梅蘭芳《我的電影生活》，收錄於《梅蘭芳全集》第四冊，頁95，石家莊：河北教育出版社，2000年出版。

都使用同一幅宮廷內景的軟片子，與梅氏在舞台上演出時是相同的布景。

　　由此可知，在這幾個片段中，黎民偉只把焦點放在梅蘭芳這位明星級的京劇演員身上，至於場景和情節的細節呈現並不在拍攝的考慮範圍之內。換句話說，雖然在梅氏的記錄中，沒有提到特寫鏡頭的運用，但剔除了次要角色在鏡頭中出現，也等於是用了另一種形式的特寫手法了。對於梅蘭芳而言，戲曲「無聲不歌，無動不舞」的特質，在拍成電影時，是應該被尊重的，當然，聲音的部份在這個時期尚無法被納入考慮之中。但戲曲中舞蹈的存在意義及價值是什麼呢？雖然戲曲舞台上每一個演員的舉手投足都是經過舞蹈化和長期粹煉過後的成果，不過所有的舞蹈動作總有動機，這個發動舞蹈動作的動機即為劇情，所以舞台上的一舉一動都應以劇情為基準。由這個中心概念來回看上述三個黎民偉所拍的片段，其實只是一種純粹的舞蹈記錄，對於劇情並未獲得應有的重視，由是可以推知，這樣的成果其實並不符合梅蘭芳對於京劇的整體美學要求。

　　前文曾經提及立體舞台的走位方式，在經由電影鏡頭呈現時，往往會遇到一個「平面轉化」的問題，1920 年間拍攝《天女散花》時，梅氏就面對過這種情況。三年後在攝製《霸王別姬》之〈劍舞〉的片段時，也有同樣的情況，但如何將原本舞台四方形的走位方式轉化為電影平面界限，這次梅氏有了更進一步的思索：

　　　　困難的問題就在把一段完整的東西，切成多少塊（因為電影必須變更鏡頭的角度）。我對攝影師說：『我們

> 必須拍得似斷還連，好像一塊七巧板，拆散後拼得
>
> 攏，使人沒有支離割裂的感覺。』[36]

由這一小段記錄可以看出，梅氏雖只是第二次拍京劇電影，但已清楚具備有電影分鏡運用的概念，也就是說原本舞台上一氣呵成的連貫動作，在拍電影時需做段落的區分，經由一段段的拍攝後再重組成連續畫面，但這中間會有一個情況產生，那就是該在哪些地方切分歌舞動作呢？這個部份就應該由一位同時熟悉戲曲動作與電影運鏡兩種藝術型態的導演來做拆解調度，無疑的，這次是由梅蘭芳自己擔任這個工作，因爲攝影師只能做到鏡頭景別的區分，卻無法幫演員做舞台動作的切割與重組：

> 攝影師說：『您自己設計部位方向，我把鏡頭遠近的
>
> 處理方法告訴您，得您同意再拍。』我說：『就這麼
>
> 辦。』於是就把部位方向走給他們看，演習了幾次才
>
> 正式開拍，有幾個鏡頭因為動作太快，沒有拍好，又
>
> 反覆重拍了幾次才拍成。[37]

在尚未出現好的戲曲電影導演的此時，梅蘭芳與攝影師間相互配合溝通的工作經驗，對於他後來再次拍攝京劇電影作品時與導演合作有非常大的助益。

除了上述在臨時搭設的棚內所拍的劇目外，《黛玉葬花》則選擇了實景拍攝的呈現方式。《黛玉葬花》是梅蘭芳於 1916

---

36 見梅蘭芳《我的電影生活》，收錄於《梅蘭芳全集》第四冊，頁 94-95，石家莊：河北教育出版社，2000 年出版。

37 見梅蘭芳《我的電影生活》，收錄於《梅蘭芳全集》第四冊，頁 95，石家莊：河北教育出版社，2000 年出版。

年初在北京吉祥園首演的新編古裝戲，也是梅氏自行編演的
第一齣紅樓戲目，劇本集合了當時頂尖的編劇家所共同完
成，由齊如山撰寫提綱，李釋戡編寫台詞再由羅癭公等共同
參與完成全部的劇本。實際的電影拍攝借用了梅氏舊交馮幼
偉的住宅爲場景，此宅本爲清朝貴族謨貝子府，其規模雖較
小但氣派與《紅樓夢》中之大觀園相近。在拍攝〈葬花〉一
段時，因爲需要配合真實的花園場景，因此梅氏對黛玉的走
位動線做出了修改，舞台上原本以緩慢的走圓場程式展現黛
玉惜花、憐花乃至於回想自己煢子一身的寂寥感傷情懷。不
過把舞台上的圓場走位動線如果直接移植到真實花園場景
中，就會顯得不倫不類，這也顯示著一種以虛擬爲手段的藝
術形式轉化爲以寫實爲尙的電影形式中所面臨的尷尬。梅氏
巧妙的把圓形的走位改成直線行進，鏡頭跟著他同時行進，
一方面自然融入了背後的花園實景外，也同時展現與舞台相
同的感傷情態，這種改變是成功的轉化了虛擬動作與寫實場
景間的差異。同樣的，原本舞台上是黛玉坐在假石做表情，
但拍攝時梅氏是直接坐在花園的真石上：

> 所有的表情、動作基本上是照舞台的樣子做的，但在
> 電影裡卻起了變化。因爲從舞台的框子裡跑出來到了
> 真的花園裡，雖然電影鏡頭的框框有時比舞台更小，
> 但自然環境究竟與舞台不同，因此動作表情就不能完
> 全用戲台上的程式和和部位來表演，而自然地和花園
> 環境結合起來。[38]

---

38 見梅蘭芳《我的電影生活》，收錄於《梅蘭芳全集》第四冊，頁97，
　　石家莊：河北教育出版社，2000年出版。

由此也可見梅氏能針對不同表演場景做出不同的表現方式，以期能達到最自然效果的調配功力。

　　另外，這個場面的拍攝上，梅氏曾提及攝影師在此處運用了不同於其他四個在棚內段落的「電影藝術技巧」，使得黛玉的服裝、道具與庭園實景的建築結構更能融合，但是由於本片現今已不復得見，梅氏也並未對此多做說明，因此究竟是何種「電影技巧」，也就不得而知了。

　　然而，虛擬程式與寫實背景的轉化，在拍攝《木蘭從軍》時卻失敗了。這個劇目是與前三齣一樣在棚內拍攝，背景採用了繪製有山水景物的營帳軟片[39]，這段「走邊」是以昆曲曲牌〔折桂令〕展現木蘭行路的歌舞身段：

> 木蘭一手拿槍，一手拿馬鞭，根據昆曲牌子〔折桂令〕的內容做身段。身段比較繁複，活動部位也是四個犄角和中央，變換部位雖然有一定的段落，但有些動作相當快，在拍攝電影時是比較費事的。[40]

顯然這與《霸王別姬》的舞台走位方式近似，也頗令梅氏花費心思來拆解動作及與鏡頭間的搭配。

　　由於前面已有了類似的經驗，在這次的走位轉化中是比較成功的[41]。解決了走位問題但伴隨而來的卻是背景與動作

---

39 這個背景軟片應該是一種有景深的繪畫景片，梅氏曾記載景片上繪有山嶺、樹石、營帳、旗幟和彎曲的道路。（參見梅蘭芳《我的電影生活》，頁 96。）

40 見梅蘭芳《我的電影生活》，收錄於《梅蘭芳全集》第四冊，頁 96，石家莊：河北教育出版社，2000 年出版。

41 梅氏對於「走邊」的舞台走位與鏡頭的搭配，基於前幾次的拍攝經驗累積，已經比較能得心應手，「因為拍過幾次電影，對於遠、中、近各種鏡頭的性能和作用，已經又添了一些經驗，所以拍攝時比較順利。」（參見梅蘭芳《我的電影生活》，頁 96。）

產生了不協調的現象，梅氏指出：

> 因為劇情是規定木蘭從甲地經過乙地、丙地而到丁
> 地，這段昆曲牌子的歌舞是當作表現手段來表現這一
> 連串的活動，所以我在一個固定不變的山水營帳背景
> 前面，連耍帶轉，觀眾就會有這樣一個問號 ──『你
> 到底在做什麼？如果說是走路的話，為什麼你總沒有
> 離開這塊地方？』[42]

也就是說當唱唸中展現的是時間、地點的大幅度改變時，如
果背景是固定不變的，就會產生兩者間的不統一，這種現象
會發生在所有戲曲舞台「定型化」舞蹈，轉化成為電影場景
時，也是虛擬與寫實相互融合所要面臨的一大課題。亦即當
戲曲程式語彙與電影時空語彙產生齟齬時，應該如何有效的
相互配合，或是彼此競爭？乃至於一方妥協退讓？這個問題
在之後崔嵬的作品中獲得了很好的解決，只不過在京劇與電
影相遇的初始時期，並未能完善的處理。

　　梅氏事後曾做出了一些檢討，他認為京劇要拍成電影，
其實在題材上是需要有所選擇性的，並不是所有的劇目都能
成功的轉化成大銀幕作品。以上述《黛玉葬花》及《木蘭從
軍》而言，黛玉的活動範圍侷限於諸如花園之類的小場景內，
而花木蘭卻是要騎馬趕路大範圍的做時空的移轉，在與背景
的結合前提下，前者對於演員比較有發揮的餘地，背景與表
演也能自然結合，是比較適合於拍成電影的類型[43]。

---

42 見梅蘭芳《我的電影生活》，收錄於《梅蘭芳全集》第四冊，頁 99，
　　石家莊：河北教育出版社，2000 年出版。
43 參見梅蘭芳《我的電影生活》，收錄於《梅蘭芳全集》第四冊，頁 99，
　　石家莊：河北教育出版社，2000 年出版。

　　此外，在拍攝《黛玉葬花》時，梅氏對於表演有了更進一步的體會，他認為演員在京劇舞台上的表演方式，並不一定都能直接移入電影之中。他在此時此刻做出的這項反思，主要植基於拍攝的是黑白無聲片，在這種限制下，京劇的唱唸特質被移除，以往如果選擇舞蹈性較強或以動作展現為主的片段來拍攝，比較沒有問題。但如果選擇的題材是沒有誇張的表演，也缺乏突出的舞蹈動作像《黛玉葬花》這類型的劇目為被攝對象時，演員該如何表現自己呢？這點梅氏就有非常深刻的體悟，他認為如果像黛玉這類型的角色（如青衣、閨門旦），只依靠緩慢的舞台動作和沉靜的面部表情來表演，那麼在拍電影時，就必須針對這兩個部份多加著墨或更加深刻化的展現出來：

> 回憶起來，拍攝黑白無聲片，不但和舞台上不同，和現在拍攝彩色有聲片也不同，對於面部表情和動作，需要作一番適應無聲片的提煉加工，要把生活中內在情緒的節奏重新分析調整。譬如面對滿地落花的癡想，聽過曲文後顰眉淚眼的表情，如果仍照舞台上的節奏，可能觀眾還未看明白就過去了，因而也就不能感染觀眾。《黛玉葬花》裡那些含蓄的面部表情和動作，就需要演員自己想辦法，調整節奏，加強內心表演深度，才能鮮明清楚地使觀眾得到藝術上的享受。我認為，這也是迫使演員深入角色、提煉表演技術的一個實踐機會。[44]

---

44 見梅蘭芳《我的電影生活》，頁 100。針對這點，梅氏特別加強了林黛玉的那種寄人籬下的孤苦疏離感受，他用了「顰」這個字，來深刻

因此借由京劇與電影不同形式的相互撞擊，反而提供了一個
好的演員對自己的表演詮釋更進一步思索並且提升的機會。

第五節　結　語
—— 絕對話語權的微幅傾斜

　　由 1905 年《定軍山》到 1923 年梅蘭芳所拍攝的五個京
劇片段，是京劇與電影相結合的初始發軔時期，這兩種不同
的藝術形式，最初的相互接觸與對話，應是由電影採取主動
的態勢。京劇發展到此時期，可以說是正處於黃金巔峰期，
而電影在中國才剛起步，任景豐和黎民偉這兩位電影的拍攝
者會選擇以京劇為對象，「商業」考量應是最大的主因。至於
藝術形態的相融合，在這個階段尚屬於草創狀態[45]。不過由
原本固定全景式的攝影紀錄到梅蘭芳把舞台走位與鏡頭景別
做出了切割與統整，京劇與電影在傳統與現代間正慢慢摸索
前進並且有了可見的成績。現今再來回視這批默片時期的作
品，如果我們用京劇的角度來看，我認為並不應該被視為純
粹屬於紀錄性質的舞台紀錄片，或只處於被動的被拍攝對

黛玉這種身世背景的孤單女子所產生的面部表情。

[45] 京劇與電影不但在藝術表現手法上有很大的差異性，在敘事的方法上
也不盡相同，關於這點高小健認為，在默片時期的這批京劇電影「…
依然是以紀錄為最終目的，效果上也同樣如此。因為雖然有了鏡頭和
景別的變化，但是還侷限於舞台和身段表演的紀錄，在敘事上沒有什
麼突破。」見《中國戲曲電影史》，頁 65，北京：文化藝術出版社，
2005 年。

象,「銀幕即舞台」並不是這個時期的唯一準則[46],原因在於我們由梅蘭芳所做出的跨躍,可以看出幾項成果:

其一,角色詮釋的深化與自省 ── 前文已經討論過梅氏曾針對無聲電影的缺陷來思考,京劇在面對唱唸特質被移除而無法發揮時,演員該如何因應,並且由此更深刻體認演員在詮釋角色上應更加擴大角色特質,並在表演技術上加以提升。

其二,敘事程式的改變 ── 梅氏將原本舞台上不需演出的暗場轉為明場表現,這點使後來的戲曲電影深受影響,從而也成為以後戲曲電影的慣用手法之一。

其三,立體舞台動線的平面化 ── 關於這點前文也已討論過,梅氏由 1920 年的《天女散花》到 1923 年的《霸王別姬》、《木蘭從軍》、《黛玉葬花》經歷了多次的思索,最終取得兩種變革,一是將京劇舞台上以四方犄角及中央為表演區的立體走位程式,加以打破並且改為區段式平面走位,以能搭配電影遠中近不同鏡頭運用,來破除鏡頭前舞台式走位的不協調。二是將舞台上圓場的圓形走位程式改為直線式以搭配自然實景,這兩種方式都變革了京劇的傳統表演程式。梅

---

46 抱持這樣片面式看法的學者頗多,例如周傳家於〈京劇電影縱橫談〉一文中就曾認為:「粗略算來,默片時期的京劇電影片多達 10 餘種,它們恪守著"銀幕即舞台"的成規,把攝影機當成想像的觀眾,從樂隊指揮位置去觀看舞台演出,對傳統京劇的演出樣式幾乎未作絲毫的改變,從某種意義上來說仍然不過是"活動照片"而已。」(此文見《戲劇》雜誌,2001 年第 2 期,頁 130。)周氏認為這個時期的京劇電影在意義和價值上,是保存了京劇藝術的珍貴資料。不過如果是以這個概念來看,梅蘭芳在拍攝民新電影公司的五部影片,並未完全遵照舞台上的表演方式原封不動的搬上大銀幕,因此「銀幕即舞台」的說法,顯然並不能完全反映當時的真實現況。

氏由傳統京劇演員的立場出發，不斷努力嘗試與新興電影藝術間的相互對話，由於他對於傳統京劇所做出的改變，目的是為了能與電影的表現方法更貼近，因此在這場對話中，與其說京劇具有絕對的話語權，無寧說京劇的話語權已經開始向電影漸漸傾斜。

本章引用書目

專　書

李多鈺主編　《中國電影百年 1905-1976 上編》，北京：中國廣播電視出版社，2005 年。

胡霽榮　《中國早期電影史 1896-1937》，上海：人民出版社，2010 年。

高小健《中國戲曲電影史》，北京：文化藝術出版社，2005 年。

梅蘭芳述　許姬傳、許源來記《舞台生活四十年》第二集，北京：中戲劇出版社，1987 年 1 月第一版。

梅蘭芳　《我的電影生活》，收錄於《梅蘭芳全集》第四卷，石家莊：河北教育出版社，2000 年。

陸弘石　《中國電影史 1905-1949 早期中國電影的敘述與記憶》，北京：文化藝術出版社，2005 年。

蔡洪聲等主編　《香港電影八十年》，北京：廣播學院出版社，2000 年。

黎錫編訂　《黎民偉日記》，香港：香港電影資料館，2003 年。

期刊論文與報刊雜誌文章

王越　〈中國電影的搖籃 —— 北京 “豐泰” 照相館訪問追記〉，《影視文化》第一輯，北京：文化藝術出版社，1988

年 9 月出版。

吳平平 〈傳播媒介與戲曲電影的歷史生成〉,《電影文學》
2009 年第 2 期。

周傳家 〈京劇電影縱橫談〉《戲劇》雜誌,2001 年第 2 期

第五章　梅蘭芳與費穆的跨界對話

第一節　前　言
——"聲"與"色"很重要

　　京劇，爲中國戲曲第一個與電影藝術進行融合對話的劇種。由 1905 年《定軍山》的拍攝，到 1923 年香港民新電影公司爲梅蘭芳所攝製的《黛玉葬花》、《上元夫人》之〈拂塵舞〉、《霸王別姬》之〈劍舞〉、《西施》之〈羽舞〉以及《木蘭從軍》之〈走邊〉五個劇目片段，都是以無聲默片的方式呈現，我們可以將之視爲京劇與電影對話的初始時期。不過做爲戲曲最重要的藝術元素 —— 唱、唸，卻在當時電影的技術侷限下被捨棄了。隨著技術的演進，「聲音」進入了電影，這也是電影發展的必然結果，因此原本梅蘭芳在拍攝無聲電影時所被困擾的種種問題，從此之後將被重新思考及探索，而自從有聲電影進入中國之後，戲曲與電影間的融合乃至於話語權的掌握，進入了一個不同以往的新階段。

　　1926 年 8 月 6 日，美國上映了全世界第一部的有聲電影 ——《唐璜》，掀起了電影應該維持無聲還是大步邁向有聲的

一番激烈論戰[1]，但是由 1930 年底，幾乎所有美國電影院都
已具備可以放映有聲電影的設備，以這種現實情況來看，這
場論戰的結果自是不言而喻。聲音如何進入電影的畫面中，
在當時有兩種技術，一種稱為「蠟盤發音」，另一種稱為「片
上發音」[2]，1930 年，上海天一影片公司（即後來的邵氏電
影公司）用蠟盤發音的技術，拍攝了中國第一部有聲電影《鐘
聲》，不過此片尚未公開放映即被燒毀。之後，明星影片公司
與上海百代唱片公司[3]也同樣用蠟盤發音的錄製方式，完成了
洪深編劇、張石川導演，由當時紅極一時的明星胡蝶所主演
的《歌女紅牡丹》，一般咸認為，此片是中國第一部的有聲電
影。之所以會提及此片，主要是做為第一部公開上映的有聲
電影，也與京劇存在著密切關連，此片收錄了《穆柯寨》、《四

1　例如當時的默片泰斗查理・卓別林就抱持著反對的意見，他認為在拍
　　攝的現場，那些負責收音的工程人員，穿著好像來自於火星的戰士，
　　而演員的上方必須懸掛著話筒，如同釣魚的魚鉤一般，在這種令人沮
　　喪的工作環境中，演員往往也無法發揮他們的創造力。不過對於資方
　　而言，例如當時華納電影公司的老闆，就認為有聲電影將是一項巨大
　　的商機。參見李多鈺主編，《中國電影百年上編 1905-1976》，頁 86，
　　北京：中國廣播電視出版社，2005 年。
2　所謂「蠟盤發音」，是把聲音後製在一種特製的蠟盤唱片上，再以一
　　種可與影像同步放映的唱機與影像同時播放出來。優點在於音質好，
　　聲音清晰，但缺點是影像膠片不能斷片，如果斷片，就會產生影、音
　　不同步的問題。另一種「片上發音」是利用聲光轉換的原理，把聲音
　　錄在影像膠片的右側聲帶上面，放映時經過放映機上的還音裝置，
　　將聲音與畫面同時播放出來。技術上相對來得複雜，且製作成本也比
　　蠟盤高，因此中國最早嘗試有聲電影時，就選擇了成本相對較低的「蠟
　　盤發音」。
3　明星公司會選擇與上海百代公司合作，自有其市場考量，主要是百代
　　公司當時的唱片，以灌錄京劇名伶作品聞名。由於清末譚派名票王雨
　　田和喬藎臣牽線，百代錄製了譚鑫培的第一張唱片《秦瓊賣馬》及《洪
　　羊洞》。

郎探母》、《玉堂春》及《拿高登》四個京劇段落。據胡蝶個
人的回憶，這四個段落並不是因為本片而特別錄製，其實是
用了原先就有的唱片成品，直接穿插進來。這部影片的聲音
製作過程，說穿了很像現在的電影配音工作，它的方式是先
將默片的影像錄製完成，再由演員進入錄音間把台詞和音樂
後製成為蠟盤唱片[4]，然後在電影中與影片同時播放。因為這
種配音方式，《歌女紅牡丹》的聲音只有演員的台詞對白以及
四個京劇的唱段，卻忽略了角色所置身空間的環境聲音，所
以此片在放映時，除了講話和唱戲時有聲音，其餘時間都是
無聲狀態。

　　1930 年 3 月，《歌女紅牡丹》公開上映，雖然耗資 12 萬
元，卻獲得了更大的經濟利益。如果我們由當時的市場考量
來審視此片在票房上的成功，原因之一，當然是胡蝶的個人
明星魅力；原因之二，我認為與當時龐大的京劇戲迷，終於
可以在電影院同時看到與聽到京劇的唱段，有著不可分的關
連性。

　　有聲電影的問世，從根本上改變了電影有影無聲的性
質，可以張口說話，可以聽見音樂，意味著從此台詞不再受
到字幕卡[5]的限制，因此電影的敘事長度得以擴大許多。而音

4　根據胡蝶的回憶指出，這次的錄音進行了五次，失敗了四次，而關於
　　片中的京劇唱段，觀眾原以為是她本人努力學戲的成果，不過後來她
　　坦承：「片中紅牡丹唱京劇的戲，很多人以為我會唱京戲，也有的書
　　寫我如何練習京戲，說得有鼻子有眼，煞有介事，我看後不禁啞然失
　　笑。我常對別人半開玩笑半解釋說：『我不是梅蘭“芳”，而是梅蘭
　　“圓”，是那個圓盤在代我唱哩。』」參見胡蝶口述、劉慧琴整理，《胡
　　蝶回憶錄》，北京：新華出版社，1987 年。
5　與早期京劇如何運用字幕卡相關的敘述，請參見本書第四章。

樂的襯入，也使電影情境氛圍的表現方式，變得靈活並且更具有渲染力。對於原本就以唱唸爲表現手段的戲曲藝術而言，聲音的加入更具有重大意義，從此戲曲電影可以不必受限於無聲的殘缺。戲曲演員可以將原本的唱唸功力盡情施展，與程式動作完整的結合，龐大的戲迷也得以一窺名伶們表演風采之全豹。而聲與影的結合，也大幅拓展了戲曲電影表現藝術的空間，隨著攝影技術的精進，有聲戲曲電影因此進入了一個嶄新的表現層次。在戲曲的有聲電影拍攝方面，是由當時伶界魁首的梅蘭芳拔得頭籌。

　　而 1948 年中國第一部彩色電影《生死恨》誕生，由梅蘭芳主演。做爲第一位拍攝有“聲”而又有“色”電影的京劇演員，他在京劇與電影的各項藝術層面與技術層面的磨合上，做出了種種的嘗試與努力，其間有成功亦有失敗。不過與他共同創造，並做出電影與京劇多方對話的重要導演則是費穆。費穆以其詩化的導演手法著稱，並且在以寫實爲特質的電影藝術中，卻追求著一種寫意的意境美。在這個前提下來拍攝以寫意爲尙的京劇，當然與以“紀實”的角度所拍攝的作品大異其趣。梅蘭芳與費穆兩人在合作之前都已各自有過拍攝京劇電影的經驗，不過在京劇電影發展的初期，梅蘭芳與費穆的合作可以視爲當時京劇、電影在跨界媒合的過程中最爲精彩的一章。

第二節　鏡頭首次的主動涉入
── 梅蘭芳有聲短片《刺虎》

　　1930 年 1 月 18 日，梅蘭芳率團赴美公演，於 2 月 27 日在紐約 49 號街劇院（49th Street Theatre）展開連續兩週的演出。演出中的第七天，派拉蒙電影公司前來劇院拍攝新聞短片，並表示希望能拍一段角色齊全的片段，梅氏選擇了正在演出的《刺虎》中，費貞娥向一隻虎（羅虎）敬酒的段落[6]。雖然據梅氏說，這段新聞短片是在其他正片放映前短短幾分鐘的宣傳片（應該類似現在的電影預告片），但卻是他所拍的第一部有聲電影，也是京劇和戲曲的第一部有聲片，其意義可見一斑。

　　派拉蒙電影公司將各種燈光、攝影機及錄音機器全部準備齊全，首先，由報幕人以英語介紹《刺虎》情節故事，之後就以梅蘭芳一個半身式的特寫鏡頭開始。梅氏對這段拍攝的內容有詳細的記錄：

> 介紹劇情後接著鏡頭就搖到我身上，是一個半身的特
> 寫鏡頭，先唱《刺虎》裡面〔脫布衫帶叨叨令〕曲牌
> 中的『恁道是樂殺人也麼哥，又道是喜殺人也麼哥』

---

6 梅蘭芳在《我的電影生活》中指出：「我想到只有這一場角色最全，費貞娥在這一場戴鳳冠、穿蟒、圍玉帶，扮相很富麗，在表演方面，貞娥面對羅虎時和背過臉來是兩副面孔，這種表情使觀眾容易看清楚劇中人的複雜心情，所以主張拍這一段。」見《我的電影生活》，《梅蘭芳全集》第四卷，頁 105，石家莊：河北教育出版社，2000 年。

　　兩句，收音筒是懸空吊在舞台當中的。下面換了一個
全景的鏡頭，露出整個舞台面，劉連榮扮演的羅虎念
白：『侍女們看酒來，待俺回敬公主一杯。』貞娥念：
『將軍所賜，奴家敢不從命，也要請將軍陪奴一杯。』
念完這句，雙手擎著酒杯款步走到羅虎面前，這時候
整個舞台畫面又轉到我和劉連榮兩人的身上，劉連榮
念：『當得的。』舉杯一飲而盡，接著做出酒醉嘔吐
的樣子，這時候，鏡頭又集中到我一個人的身上，我
接著『呀』的一聲，唱：『赤緊的蠢不剌。沙咤利，
也學些丰和韻。』在一個小鑼『長絲頭』（鑼鼓點名
稱）的聲中結束了這一段有聲新聞片。[7]

由這段記錄中可以看出：一、這段宣傳片的聲音是用現場同
步收音的方式，而不同於《歌女紅牡丹》用後製錄音的方式
來配音。由此可以推知，梅氏在美國錄製的《刺虎》是採用
了技術比較複雜的片上發音模式，這可以說是比當時中國的
有聲片技術更加先進，並且也比第一部中國採用片上發音的
作品《雨過天青》在時間上來得早了許多[8]。二、這次的拍攝
對於鏡頭的運用，相較於民新公司來得靈活，在短短的時間

---

7 引自梅蘭芳《我的電影生活》，《梅蘭芳全集》第四卷，頁 105，石家
　莊：河北教育出版社，2000 年。
8 由於《歌女紅牡丹》的成功，因此使得製片公司願意花較多的製作成
　本來拍攝有聲電影，當時，華興片上有聲電影公司就赴日本東京租用
　了日本的錄音設備，拍了中國第一部片上發音技術的劇情片《雨過天
　青》，公開上映的時間為 1931 年 7 月，三個月後，天一影片公司也租
　用美國的錄音設備，拍攝了另一部片上發音的有聲電影《歌場春色》，
　放映後成績斐然。也因此天一、明星等大型電影公司投下大筆資金，
　向美國購置了片上發音的電影設備，爾後蠟盤發音的技術很快就被片
　上發音所全面取代。

內，就用了特寫（梅蘭芳半身）→全景（全舞台）→中景（梅蘭芳、劉連榮）→近景（梅蘭芳）。雖然敘事的容量並不多，但梅氏指出，實際拍攝的時間包括試拍、重拍及攝影位置、角度上的調整，花了整整一夜的時間[9]。

我們試著分析《刺虎》這段敬酒的情節與鏡頭的運用搭配：首先的特寫，說明這段戲的主角和重心在費貞娥（梅蘭芳）的身上；全景帶出了整個舞台場面的全貌，也說明情節發生的地點與情境；中景點明情節發生人物間的對應關係及位置；近景又回到主角的情緒與內心映射。鏡頭景別與人物動作非常貼合，也達到了說明和引導觀眾視角的目的，可以說是十分成功的一個片段[10]。即或如此，在梅蘭芳對這次拍攝的記錄中，我們並看不到他有為了影片的攝製在角色動作及舞台調度上，做出那些與實際舞台演出不同的改變。因此我們可以大膽的推究，在梅氏這次的拍攝經驗，京劇應該純粹處在被動被攝物的位置，反而是由電影鏡頭操控了所有敘事的焦點。

不可諱言的，京劇電影在 30 年代之前，大部份屬於紀錄的成份比較多，在京劇與電影藝術特質的相互交涉與融通上，其實是比較少的。真正可以同時認真面對這兩種不同的藝術形式乃至於了解甚或積極思考，如何運用兩者之長來達

9　見梅蘭芳《我的電影生活》，《梅蘭芳全集》第四卷，頁 105，石家莊：河北教育出版社，2000 年。

10　這段《刺虎》的短片，梅蘭芳自己始終並未得見，不過多年後他曾與當時看過影片的觀眾朱家溍談及他的觀影感受，朱氏認為，當時看到的觀眾一致認為此片唱唸身段及扮相都非常好，並且光線和聲音也很不錯。（參見梅蘭芳《我的電影生活》，頁 106。）

到藝術上的協調共鳴者，應始自於電影導演費穆。

第三節　費穆戲曲電影的初始

一、舊戲電影化的商業考量

　　費穆，1906 年生於上海，1922 年便開始與友人合辦《好萊塢》電影雜誌，1924 年起為北京真光電影院《真光影訊》[11]寫影評。1930 年擔任天津華北電影公司編譯主任，由於他的工作是翻譯電影英文字幕及撰寫本事（說明書），因而接觸到許多的國外電影作品。1932 年他到上海，進入聯華公司擔任編導，1933 年他所執導的處女作《城市之夜》問世[12]，此後一直到他 1951 年去世之前，共編導了約二十部電影作品，是三十至四十年代活躍的中國導演之一。當時的電影評論者或觀察者，都稱費穆為「詩人導演」、「鬼才導演」、「才子」

11　真光電影院也正是放映過美國派拉蒙公司所拍攝梅蘭芳《刺虎》宣傳片的地方。

12　《城市之夜》已經亡佚，它的題材是反映了大都市生活中不為人注意的下層社會黑暗面，由賀孟斧、馮紫墀編劇，阮玲玉、金焰主演。程季華主編的《中國電影發展史》中認為：「《城市之夜》已經開始顯示出了費穆的導演才華。他很注意布景、道具、鏡頭和光線的設計及其綜合運用，能以不多的幾個畫面，較為準確地傳達出主人公的內心世界。…而影片嚴謹的結構，徐緩的節奏，清晰的畫面，也都顯示了費穆導演藝術的特色。」《中國電影發展史》上冊，頁 256，北京：中國電影出版社，1981 年。由此可以見出，費穆在他的第一部電影中，所採取的敘事模式，就是以舒緩及光影搭配見長。

等，這些稱呼顯示出費穆這位導演的與眾不同之處，乃在於他的才華。更進一步而言，是他深厚的中國文學基底及文化素養。他對於中國古典詩詞、文學作品有濃厚的興趣[13]，尤其是古典詩深入他的人生成長過程當中，也造就了他後來的詩化個性以及詩化的拍攝手法。而在各項中國文化當中，古典戲曲對費穆的影響也十分深遠，費穆在他的電影生涯中，共拍攝了四部與戲曲相關的影片，包括《斬經堂》、《古中國之歌》、《前台與後台》及《生死恨》。

　　費穆可以說是最早致力於電影藝術和京劇藝術的溝通者[14]，這使得他與當時其他積極於反映社會現實或耽溺於娛樂商業，借以獲取名利的導演，走上了一條完全不同的路線[15]。

---

13 他的女兒費明儀曾言：「父親對於中國的詩詞、古典文學作品特別喜愛，並且深有研究，雖然他的豐富學識大部份是由自學、自修而得來，但是有兩位曾由父親正式跪拜並執弟子禮的前輩對他影響極大。一位老先生原籍福州，可惜姓名已不可考，只知他根據自己同窗摯友林畏廬（即中國翻譯名家林語堂的號）為父親取名『敬廬』，一位是原籍無錫曾任上海交通大學校長的唐文治先生。據說父親自幼就愛看書，每天晚上讀到深夜，等床頭的油燈燒乾為止。父親的左眼因此受了損害，幾乎完全失明，模模糊糊的只感覺到有一道微弱的光線看不真任何物體，直到他去世，始終只能用一只右眼寫字，或做其他的事情。」見費明儀〈懷念父親〉，《大公報》，1983 年 8 月 12、13 日。

14 高小健也認為：「他從 30 年代開始拍攝電影以來，就把目光很快轉向中國的傳統文化和藝術上來，特別是對戲曲藝術，他的思考與實踐顯示出了他與眾不同的遠見和前瞻性。」參見《中國戲曲電影史》，頁 26，北京：文化藝術出版社，2005 年。

15 《城市之夜》的說明書中有一段文字：
「鬧市的燈火，掩飾著黑暗間的罪惡。一切的醜鄙齷齪都會放出光來，偶爾來一陣秋雨，更似乎加上一些詩意，調劑那過於濃厚了的珠寶氣息。在鬧市的燈火照耀不著的地方，或者說尤其是在鬧市的燈火照著的地方，那富有詩意的秋雨會在一般未經改造作大洋樓的破房子的房頂上直灌了下來。住在破房子裡面的人卻是無福消受。」見中國

他於 1932 年自天津返回上海後，正式成為聯華公司的導演，加入聯華後，除了拍攝處女作《城市之夜》外，還陸續拍了《人生》、《香雪海》、《天倫》、《狼山喋血記》等片。1936 年聯華公司改組，接手的吳性栽是一位京戲迷[16]，因此他接下聯華後第一個重要的計畫，就是要為他所喜愛的上海京劇老生名家麒麟童（即周信芳），拍攝一套京劇藝術片 ── 《麒麟樂府》。《麒麟樂府》的第一部影片，選定了周信芳的拿手劇目《斬經堂》，由費穆執導。這是費氏的第一部戲曲電影，也是他嘗試電影拍攝的一個新的素材，這對費穆而言，毋寧是一種挑戰[17]。

雖然由於費穆家庭環境的關係，使得他從小就與母親進

電影資料館編，〈阿房宮大戲院說明書〉，收入《中國無聲電影劇本》下冊，頁 2490-2491，北京：中國電影出版社，1996 年。如果我們將這段文字敘述，搭配上程季華所編《中國電影發展史》中對於費穆電影藝術特點的陳述，可以見出，雖然費穆與同時期的左翼電影導演都以關懷及反映社會現實為尚，但以其運鏡的徐緩節奏及善於傳達人物內心世界的導演手法，搭配這段說明書上的文字，很明顯的，費穆一開始便已走上抒情性的詩化寫意路線，情境的渲染是重點，這與當時以敘事為主的導演們十分不同。

16 吳性栽為京劇的愛好者，也是中國電影史上重要的電影經營者，早年以染料事業起家，20 年代開始投入電影事業，由 "大中華百合" 到 30 年代的 "聯華"，40 年代的 "文華" 至 50 年代的香港 "龍馬"，是一位文化與商業兼顧的投資經營者。他更是一位懂得京劇的戲迷，內行的票友。據《小城之春》的女主角韋偉指出：「他是京戲的『托勒斯』，有本事一搞京戲就把戲院全包下來，什麼『三管』 ── 管送、管住、管吃，把梅蘭芳、楊寶森、金少山、馬連良從北京接到上海來的就是他。」（見黃愛玲訪問整理，〈訪韋偉〉頁 205，收錄於《詩人導演費穆》，香港：香港電影評論學會，1998 年。）

17 《斬經堂》一片，據程季華《中國電影發展史》記載，費穆為藝術指導，導演為周翼華。但實際上該片的字幕上卻顯示導演為費穆，周翼華為顧問。據本片攝影師黃紹芬指出，費穆確為此片之導演。

出戲園子聽戲，但最初由費穆所執導的戲曲電影，其目的基本上卻存在著商業性的考量，而不是單純植基於保留中國傳統戲曲這一層意義上。他認為：「中國人愛好『京戲』的興味之濃，舊戲電影化有其商業的價值；同時在『發揚國粹』這一點上，也不無一些意義。」[18]由京劇電影《定軍山》開始，戲曲電影所走的路線，就不單純是為了要保存文化，相反的，戲曲與電影的結合，在初期就已接受了電影之所以產生的重要目的之一 —— 商業因素。在電影剛興起的初期，京劇是廣大中國人所酷愛的娛樂之一，優秀的京劇演員所到之處，往往造成轟動，因此，在這個層面上而言，京劇會與電影相結合，具有廣大的觀眾群，是一個主要的原因。

而在聯華公司的所在地 —— 上海，當時最具有觀眾號召力的京劇演員非麒麟童（周信芳）莫屬。費穆的《斬經堂》並不是周信芳的第一部電影，早在 1920 年，上海商務印書館活動影戲部為梅蘭芳拍攝《天女散花》和《春香鬧學》的同時，也邀請了周信芳拍攝《琵琶記》。由楊小仲擔任導演，不過本片只拍了〈南浦送別〉、〈琴訴荷池〉兩個折子，但最後這部影片並未完成[19]。周信芳飾演蔡伯喈，王靈珠飾演趙五娘，在〈南浦送別〉一折中，周信芳還騎真馬上場，由此也可顯示海派京劇的道具運用特色。

---

18 引自費穆〈關於舊劇電影化的問題〉，收錄於丁亞平主編，《百年中國電影理論文選》，頁 291，北京：文化藝術出版社，2003 年。此文原載於《青春電影》號外，《古中國之歌》影片特刊，1941 年。
19 本片的拷貝已經在八一三日軍佔領上海時，毀於炮火中，不可得見。

二、電影乎？戲曲乎？ —— 兩種藝術型態的根本思索

　　時隔 16 年，周信芳第二次拍攝的電影，即為有聲片《斬經堂》[20]，這是一齣歷史劇，也是周信芳演出多年的經典之作，當時周信芳 42 歲，身體條件、演出狀態正值鼎盛時期，對於表現吳漢這個角色的舉手投足，都已經臻至爐火純青，尤其在詮釋「殺妻」的心理掙扎，有深刻而繁複的舞蹈動作展現。費穆第一次接觸戲曲電影，首先要面對如何處理電影如何表現戲曲的特質的問題，但是要將東西方兩種完全不同的藝術形式加以整合，是不是如此容易呢？就某些不了解其中差異的人而言，這也許並不困難，但對此費穆就採取了十分審慎的態度。他認為要將中國的「舊劇」，亦即傳統戲曲（這包括了京劇以及所有其他以演唱為主的戲曲形式）改成電影，並不能完全由單純的攝影技術的移植就可以獲得解決。

　　在此，我認為費穆一開始就並不認同如《定軍山》這類戲曲電影的拍攝方式，主要原因應該在於這類影片純然是採取一種「紀實」的概念來拍攝戲曲表演，在這其中，除了全劇的橫向移植外，是看不見導演對故事甚至演員表演藝術的詮釋的。一部電影作品，導演就如同作者，如果沒有導演對

20　本劇原為徽劇名劇，敘述王莽篡漢，劉秀起兵，當時潼關的守將吳漢奉命捉拿劉秀，吳母告訴吳漢，王莽是他的殺父仇人，要吳漢殺了他的妻子王蘭英（王莽之女）改投劉秀。王蘭英逃走，藏於劉秀處，吳漢與她夫妻情深，但母命難違，陷入兩難。他走到蘭英躲避的經堂，不忍殺害，蘭英知道丈夫的處境，自殺明志，血濺經堂，吳漢終於改投劉秀。

整體拍攝對象的構思布局，那麼攝影機充其量只不過是部會
拍活動影像的機器罷了，除了由鏡頭將影像攝入底片的功能
外，就別無其他意義。因此費穆認為：

> 一般人把京戲電影看得過於容易，輕輕一句『搬上銀
> 幕』的口號，便可搖動『開麥拉』，那就誤盡蒼生。
> 過去，我們電影界曾做過這種試驗，結果是做到了『搬
> 場汽車』的任務，而所謂舊劇電影化者，便成電影戲
> 曲化。[21]

由上述觀點來看，費穆從一開始就不認為拍攝以戲曲為對象
的電影，就必須捨棄電影所具有的特質，電影不等於攝影機，
而是應該有更多的詮釋意義存在。

　　「中國舊劇 —— 包括『京戲』和其他樂劇 —— 入電影，
並不是一個單純的技術問題，而是藝術上的創作問題。」[22]由
此觀之，費穆在起初就採取一種溝通兩種藝術形式的角度並
重新創造的方式來拍攝戲曲電影，而非捨棄一種形式去牽就
另一種形式。並且，熟悉京劇的費穆認為，在從事溝通甚至
重新創造的過程中，如果導演不夠謹慎，會使戲曲和電影同
時被毀壞[23]，換句話說，這樣的作品將會淪為一種非驢非馬

21　引自費穆〈關於舊劇電影化的問題〉，收錄於丁亞平主編，《百年中國
　　電影理論文選》，頁291，北京：文化藝術出版社，2003年。此文原
　　載於《青春電影》號外，《古中國之歌》影片特刊，1941年。
22　引自費穆〈關於舊劇電影化的問題〉，收錄於丁亞平主編，《百年中國
　　電影理論文選》，頁291，北京：文化藝術出版社，2003年。此文原
　　載於《青春電影》號外，《古中國之歌》影片特刊，1941年。
23　費穆指出：「這雖是電影領域內之另一隻角，但，假使處理不當或態
　　度不慎重，便有一舉而摧毀電影和『京戲』兩大陣營的危險。（不但
　　不能融會貫通，反而兩敗俱傷。）」見〈關於舊劇電影化的問題〉，收

的失敗之作。因此，事先掌握住中國戲曲的特質，是十分重
要的。他認為：

> 中國劇 —— 指純藝術之劇而不限於所謂『京朝派』，猶
> 之乎中國畫，中國畫是意中之畫，所謂『仙想妙得，
> 旨微于言象之外』 —— 畫不是寫生之畫，而印象確是
> 真實，用主觀融洽於客體，神而明之，可有萬變，有
> 時滿紙煙雲，有時輕輕幾筆，傳出山水花鳥的神韻，
> 而不斤斤於逼真，那便是中國畫。[24]

費氏在此指出一項重點，即中國傳統戲曲與中國畫之間在藝
術表現上的共同點，在於傳「意」不傳「形」，這兩種藝術所
要追求的往往是一種氣韻或是意境，與西方藝術形式講求「逼
真」、「寫實」是完全不同的。藝術家所要表現的是一種意在
言外的境界，誠如明代戲曲家王驥德所言：「戲劇之道，出之
貴實，用之貴虛。」[25]中國戲曲的表現方式採用的是一種寫
意的形式，所有在舞台的動作，都要以「美」為主要訴求，
而這種「美」的表現形式，即是程式化，舞蹈化，是由現實
生活中提煉而成。

　　現實生活中的人，不可能一切的日常生活動作都以求美
為原則，開門、飲酒、搭乘車船都是些平常的動作，但在戲

錄於丁亞平主編，《百年中國電影理論文選》，頁291，北京：文化藝
術出版社，2003年。此文原載於《青春電影》號外，《古中國之歌》
影片特刊，1941年。

24　引自費穆〈關於舊劇電影化的問題〉，收錄於丁亞平主編，《百年中國
電影理論文選》，頁292，北京：文化藝術出版社，2003年。此文原
載於《青春電影》號外，《古中國之歌》影片特刊，1941年。

25　見王驥德《曲律》，中國戲曲研究院編《中國古典戲曲論著集成》第
四冊，中國戲劇出版社，1959年。

曲表演中，則有一套固定的表演模式，不需要借用真物，卻又能傳神。由此，戲曲的舞台表演，其實與觀眾間是有距離感的，它並不是完全摹擬現實生活的細節，這與電影用鏡頭寫實生活的表現方式完全不同。但是戲曲的演出卻往往能深刻的感動觀眾，這又是為何呢？原因即在於即使所用的表現手法為「虛」── 是寫意而虛擬的，但要表達的情感卻為「實」── 是存在於內心的真情實感。喜怒哀樂為人類所共同具有，不論是戲曲或電影，其創作的目的，均在於訴諸人的七情六欲、歡喜悲傷，即或表現手法上有寫意與寫實的差異，但彼此植基的情感基礎，卻是完全相同的，也只有「真情」才能夠感動人。因此費穆先釐清了中國戲曲的特質 ── 寫意，如此才能掌握住攝影機前被攝對象的真實面貌：

> 中國劇的歌唱、說白、動作，與其戲劇的表現方法，完全包括在程式化的歌舞範疇之中，演員也絕非『現實』之人，觀眾必須在一片迷離狀態中，認識舊劇在藝術上的『昇華』作用，而求得其起初與趣味。[26]

費穆將戲曲演員的一套表演方法稱為「程式」，而經過程式化的動作所傳遞給觀眾的感動，乃在於經由「一片迷離狀態」之中造成觀眾情緒上的認同。這種「一片迷離狀態」，實即一切戲劇藝術都必須具有條件之一 ── 營造戲劇氛圍。戲劇氛圍在戲曲中是透過一切虛擬寫意的手段來塑造或渲染，這點可以說是費穆對戲曲具有深切了解所得出的結論。

---

26 引自費穆〈關於舊劇電影化的問題〉，收錄於丁亞平主編，《百年中國電影理論文選》，頁 292，北京：文化藝術出版社，2003 年。此文原載於《青春電影》號外，《古中國之歌》影片特刊，1941 年。

三、「銀色的光，給了舊的舞台以新的生命」 ── 《斬經堂》的實驗與田漢的評價

在這樣的一種認知基礎上，馬上會面臨到的一個問題，就是如何解決戲曲舞台背幕的陳設？電影背景不可能完全依照京劇舞台的空景模式，否則就等於拍戲曲記錄片。在這個問題上，周信芳主張採用實景；費穆則認為應保留一部份京劇背景上的特色，採用寫意抽象式的背幔。兩人對於背景的看法，也正反映他們面對戲曲電影在觀念上的差異，周信芳是海派京劇的代表人物，海派京劇在布景道具的運用上，具有明顯的寫實化傾向，所以周氏提出背景採用實景，並不令人意外。不過，戲曲人物程式化的虛擬性表演方式，如採電影全用實景的拍攝法則，難免在真實與虛擬間有格格不入之感。最後是兩者相互折衷，有些部份取實，有些部份則取虛。如潼關的關寨、山路、桃林，吳漢所住的閣樓、迴廊、廳堂及經堂都是以實景入鏡，至於馬鞭等道具則仍舊用京劇固有的東西，才能讓演員完成表演程式。

採用實景拍攝，梅蘭芳就已在《黛玉葬花》中獲得了良好的經驗，而《斬經堂》中所有室內的實景在與京劇表演時的相互搭配，大致上沒太大問題。唯獨當時所搭的內堂布景較大，實際人物站在布景前有略小的問題，造成人物與空間上的不協調感，不過，在室外實景上，卻與京劇的虛擬動作發生了較大的衝突。相似的情況在梅蘭芳拍攝《木蘭從軍》時也已經發生，前文已有討論，這也說明了當背景與動作同時採用虛實相生的做法時，其實應該非常小心，並且哪些動

作和場景可用，應該是具有條件性的。此片的結尾在吳漢殺了其妻蘭英後，用了翻身跨上真馬一路疾馳的方式投奔劉秀，算是一個新奇的收場手法。《斬經堂》採用的是單鏡拍攝方式，其實拍攝的手法尚稱簡單，有的時候甚至採用一鏡到底的方式，而對於戲曲原來的敘事模式 —— 線性敘事結構也完全保留，並沒有用電影的分鏡敘事模式加以改變[27]。

　　《斬經堂》於 1937 年 6 月 11 日在上海新光電影院首映，由於女主角是當紅電影名星袁美雲[28]，再加上周信芳的廣大「麒迷」，上映後造成轟動，也更加拓展了麒派藝術的市場，使得片中的許多唱段，如〔二黃垛板〕：「賢公主，你休要哭…」一時之間傳唱於大街小巷之中。而當時的電影工作者，如桑弧、田漢等，也都為此片專門寫了評論，戲劇家田漢給予評論：

> 『銀色的光，給了舊的舞台以新的生命！』這是我看完這影片時的實感。但我仍是堅持，中國舊戲的電影化是有意義的、有效果的工作。…但舊戲的電影化也

---

27 在黃愛玲所編《詩人導演費穆》一書中曾說明：「作為一部戲曲片，《斬經堂》並沒有改變原劇的直線結構來妄圖達致『電影化』的效果，反而每一場的時空都保持完整。雖然室內戲用上了實物的佈景和道具（戶外景主要仍用布幔），但並不損京劇唱做藝術的精神，而且配合鏡頭的角度和構圖，起了豐富場面的作用。費穆的處理也十分小心，如夫妻經堂死別一幕長達三十分鐘，甚少影機運動，但無論分鏡或演員調度都與劇情配合無間。」見《詩人導演費穆》，頁 430，香港：香港電影評論學會出版，1998 年。由此可知，費穆在演員以唱做來表達抒情性時，是不以運鏡來干涉觀眾視角的，反而是採用長鏡頭的全景式拍攝法，以保留完整的舞台呈現。

28 袁美雲為 30 年代當紅電影明星，自幼學習京劇，10 歲即已登台演出，因此由她來飾演王蘭英與周信芳搭配，十分適合。

> 的確是很艱難、很麻煩的工作。它既須保存這兩種藝
> 術應有的好處與特點，又必須使兩者的特殊性不相妨
> 害。那是要保存他們的『多樣性』，而又儼然地有它
> 作為一種新的藝術品的統一性，因此我主張這種工作
> 必須是電影藝術對於舊戲的一種新的解釋
> （interpretation），站在這一認識上來統一它們中間的
> 矛盾。[29]

田漢在此認為將京劇或是戲曲拍成電影，是有其積極意義
的，但問題在於如何溝通兩種不同的藝術形式，既能相互保
有各自的優點，又能因融合而產生新的趣味，重點在於電影
導演是如何來詮釋戲曲這項藝術。不過田漢不只是看到了兩
者間的差異點，他更進一步發掘出戲曲與電影在某些地方是
相通的，他指出戲曲的寫意表現手法是一種「樣式化」的呈
現，但電影的表現手法也可以有其「樣式化」的地方[30]。

　　除此之外，對於時空運用的自由多變，戲曲與電影也可
以說是相似的，不過，在表現的方法上各有不同，田漢在這
個觀念上分析的很清楚：

> 中國的舊戲有一最大的特點就是『場面的自由』，上
> 下古今、東西南北的事，說到那裡，演到那裡，不受
> 背景限制。但這個特點卻是和電影藝術相同的。不，

---

29 田漢〈《斬經堂》評〉，《聯華畫報》第九卷第五期，1937 年 7 月。
30 田漢認為：「有一般人認為電影是寫實的而舊戲是寫意的，或更正確
　　地說『樣式化』（Stylization）的。但我們應該知道，『樣式化』並非
　　舊戲的獨行，我們一樣地可以有『樣式化』的電影，而且曾經有過。」
　　田漢此處所指稱的「樣式化」，應該就是今日我們在討論戲曲特色時，
　　所常用到的「程式化」。

> 舊戲是不用背景而獲得自由的，電影卻是在性質上可
> 以自由自在地運用任何背景。這一點，電影對於舊戲
> 有絕大的補充。[31]

亦即這種時空轉變的自由，在電影方面可藉由背景以及鏡頭
的轉接來達成。而戲曲的時空轉變，完全可以由場上的演員
來做規定，所謂「事隨人走」，演員走到那兒，只要他加以說
明，時間空間可以立刻改變，完全不需要換幕換景。往往演
員在台上跑個圓場，口中唸道：「越過街頭，轉過屋角，來此
已是…」，觀眾不需借用其他背景的輔助，就已知道此時舞台
上的場景已經轉變，至於轉變至何處，端看演員如何借用台
詞來做規定。因此，在時空轉接的自由層面上，戲曲與電影
可以說有十分相契之處。

　　田漢在這篇評論中也注意到了要將戲曲舞台上的立體表
現，轉化成為電影的平面視象，是有其難度的，這個問題在
前述梅蘭芳拍攝《霸王別姬》時，也曾為此花費了許多的思
考[32]。不過，做為一個京劇演員，梅蘭芳考慮的是四方走位
的轉化方式，而做為一個電影工作者，田漢則另舉出了電影
具有光線運用的特點，可以補戲曲舞台之不足。他認為：

> 也有人說，舊戲〔是〕立體的，觀眾可以從任何角度
> 欣賞演員的表演，電影卻是平面的，在立體電影的嘗
> 試成功以前我們很難有滿足的欣賞。但電影最進步的
> 是光的運用，光本也是舞台的靈魂，而中國舊的舞台
> 幾乎還沒有受過新的燈光洗禮。舊戲演員們舞姿、演

31 引自田漢〈《斬經堂》評〉，《聯華畫報》第九卷第五期，1937 年 7 月。
32 梅氏對於此問題的思考，請參見本書第四章。

技，以及其衣裳的摺紋之類，從來也不曾發揮過在豐
富靈妙的光波下應有的美。他們雖有立體的舞台，卻
給平面的呆板的照明扼殺了。在這一點，進步的電影
藝術又足以給舊的舞台以新的生命。[33]

當然，田漢這裡是由一個觀看者的角度來審視畫面「平面」
與「立體」的問題，與梅蘭芳由演員角度來處理走位的「立
體」到「平面」是完全不同的。田漢認為京劇的舞台在燈光
的運用上非常粗糙，演員的表演在平板的燈光照射下，細部
的美感被抹殺了[34]。事實上，在 30 年代以前，京劇電影的拍
攝，對於燈光的技術仍然十分簡單，實則與舞台上的全場式
照明，並沒有太大的差別。

費穆這部初試啼聲的京劇電影，對於鏡頭的景別運用上
並不多樣化，田漢甚至原本預期導演可能運用許多「特寫」
來表現周信芳精湛的情緒表現及舞台技藝，但在此片中卻沒
有出現。後來根據費穆的解釋，原本是有拍特寫鏡頭的，只
因為當時戲曲化妝技法比較粗略[35]，使得特寫畫面不甚美
觀，因此只得剪去不用[36]，當然這也使周信芳傳神甚或帶些

---

33 引自田漢〈《斬經堂》評〉，《聯華畫報》第九卷第五期，1937 年 7 月
34 舊式戲曲舞台上的燈光使用，一直都只有照明的目的，燈光也是一種
　 表現手法的觀念，起初並沒有被認真的考慮過。雖然梅蘭芳在 20 年
　 代所新編的一系列古裝新戲如《嫦娥奔月》、《天女散花》、《霸王別姬》
　 等戲中，已經開始嘗試加入不同色彩的燈光或追光的燈光技巧，但在
　 一般的舞台演出時，燈光還是以全場照明為主要用途。
35 戲曲舞台化妝的粗略，其實是有原因的，主要因為觀眾在台下看戲與
　 演員有一段距離，對於演員的面部化妝也就看不那麼清楚。此外，舊
　 時在戲園子的照明設備並不十分講究，最初只是在舞台兩邊設置火把
　 的照射，因此在觀眾的視線上也並不清晰，所以演員在化妝時，並不
　 需要過於細緻。
36 參見田漢〈《斬經堂》評〉，《聯華畫報》第九卷第五期，1937 年 7 月。

誇飾的精彩面部表情，無法細部的展現在觀眾面前。

　　此外，這次的拍攝在虛擬與寫實的融合上，成績也不盡如人意，例如為了要呈現京劇虛擬程式動作之美，而讓周信芳仍然保留揚鞭為騎的程式動作，不過在影片中卻又出現了戰馬奔騰的寫實影像，並且在寫實的布景中，以程式化的武打動作來呈現打鬥，這些都使得原本京劇優美的程式動作在與電影結合時，出現了令人尷尬的不協調。在某些畫面中，既然已不是舞台演出，卻又讓人感到角色仍無法擺脫上場門和下場門的束縛[37]，如此就造成觀眾在欣賞時對表演場域認知上的困擾。

　　《斬經堂》可以說是第一部導演有意識地融合電影與京劇兩大不同藝術形式的實驗之作，這次的工作經驗，使得費穆體認到「把京戲搬上銀幕，確是困難重重。」[38]不過，因為實際導演了京劇的作品，也讓費穆由原本的觀眾成為一個創作者，使得他對於京劇的藝術特質如寫意的美感、程式化的動作、虛實間的關係，都有了更深一層的認知。而他的詩化風格，在本片中也有展現，雖然是幾個靜態的鏡頭，如高聳的關寨城樓，帶有某種的壓迫感、曲折的山路、盛開的桃林、孤燈、裊裊輕煙、空椅等等，都顯示了費穆善於用靜態物象來渲染戲劇氛圍，這種氛圍費氏將之稱為「空氣」，而「空氣」的製造責任，則在於電影導演：

37　參見桑弧〈《斬經堂》觀後感〉，載於《聯華畫報》第九卷第四期，1937年6月5日出版。

38　引自梅蘭芳〈第一部彩色戲曲片《生死恨》的拍攝〉，頁 144，收錄於《我的電影生活》，石家莊：河北教育出版社，2000年。

> 關於導演的方式，個人總覺得不應該忽略這一個法
> 則：電影要抓住觀眾，必須是觀眾與劇中人的環境同
> 化，為達到這種目的，我以為創造劇中的『空氣』是
> 必要的。…創造劇中的『空氣』，可以有四種方法：
> 其一、由於攝影本身的性能而獲得；二、由於攝影的
> 目的物本身而獲得；三、由於旁敲側擊的方式而獲
> 得；四、由於音響而獲得。[39]

費氏認為電影導演的最大功能之一，即在於製造戲劇氛
圍，氛圍創造的好壞，往往可以鑑別出導演素質的優劣。在
戲曲表演中並沒有「導演」可以掌控戲劇氛圍的製造，因為
在這個時期，戲曲表演是以演員為中心，一切的「戲」都在
演員身上，演員唱、做、念、打的好壞，往往決定了戲的好
壞。以費穆的觀點，戲曲電影既然結合了戲曲與電影兩種形
式，那麼「空氣」製造的責任，也應該可以由電影導演與戲
曲演員所共同承擔。戲曲演員負責上述四種創造「空氣」方
法中的第二項，成為攝影的目的物來表現演員的基本功力；
電影導演則須負責其中的第一及第三項，也就是如何詮釋戲
曲的故事及演員的表演；至於第四項「藉由『音響』獲得」，
這裡的音響，應指所有可以創造戲劇情境的聲音效果，但中
國的有聲電影，一直要到 1930 年《歌女紅牡丹》才算正式確
立，在初期的電影均為默片型態，即使是「無聲不歌，無動
不舞」的戲曲也是一樣，因此在 1930 年前所拍攝的戲曲電

---

39 引自費穆〈略談 "空氣"〉，此文收錄於丁亞平主編，《百年中國電影
　　理論文選 1897-2001》（上冊），頁 216，北京：文化藝術出版社，2002
　　年。原載於《時代電影》第六期，1934 年 11 月。

影，無法經由「音響」來達成營造戲劇情境的目的。

　　有論者認為，費穆所提出創造「空氣」的四種手段與方法，其實就是費穆的一種「電影美學綱領」。[40]費穆將電影本身所具備的特質 ── 攝影機的運用視為是電影導演的一種寫作與創造，導演藉由攝影鏡頭的運用來表達他對於被攝對象的一種描摹與詮釋。他認為：

> 攝影機的眼睛，往往比人的眼睛更技巧的，因此，運用攝影機可以獲得不同的效果。攝影的角度既可以依劇的情調而變更，感光的強弱，更可以依情緒而變幻。把機械的技巧與被攝物聯合起來，變化更多。[41]

由此可知，費穆認為電影導演對於攝影鏡頭的掌控，絕不僅止於單純的拍攝與記錄而已，而是在製造其所要傳達給觀眾的「空氣」，這種「空氣」是依照故事所需的情緒變化而隨時改變，甚至它可以主導觀眾進入戲劇演出的角度及感受。

　　不可諱言的，費穆是製造戲劇氛圍的高手，而他的戲劇氛圍往往是靜態的，詩意的。李焯桃曾對於《斬經堂》中費穆如何點染吳漢這個悲劇性的角色，為了報國捨去個人情感的詩意悲愴性加以評論：

> 片頭字幕序言有云，此劇的弦外之音足以發人深省，當指國難當頭提倡忠孝有助愛國情緒。但《斬經堂》之為悲劇，正在其展現了公與私、社會與個人、道德

40　參見陳墨著，《流鶯春夢 ── 費穆電影論稿》，頁 53，北京：中國電影出版社，2000 年。

41　引自費穆〈略談 "空氣"〉，此文收錄於丁亞平主編，《百年中國電影理論文選 1897-2001》（上冊），頁 216，北京：文化藝術出版社，2002 年。原載於《時代電影》第六期，1934 年 11 月。

規範（國仇家恨）與人性（夫婦之情）的衝突，及主角面對的兩難處境。吳妻自吻後漢取首級見母一場，悲情達到荒謬的地步；廊外的梅花、雕欄和吊燈組成的畫面，別有一股蒼涼淒豔的中國韻味。費穆的詩人氣質，又一次增強了電影的曖昧性。[42]

此後，當費氏再次執導與梅蘭芳合作的《生死恨》時，《斬經堂》一片的拍攝，除了提供一個寶貴的操作基礎，也讓爾後他「詩化」的電影敘事美學風格，得以更趨成熟與深化。

第四節　京劇電影新類型
——《前台與後台》

一、《斬經堂》的衍生商品

1937 年在費穆接拍《斬經堂》的同時，他編寫了另外一齣以戲曲為題材的電影劇本 ——《前台與後台》。費穆會在拍戲當中另行編新劇本，是有原因的。因為《斬經堂》的男主角雖然早就定下了麒麟童，但女主角王蘭英卻面臨一再換角的窘境，因此《斬經堂》的攝製並不順利，甚且中途停頓，演變成雖然一切工作人員齊備卻無法拍片的兩難處境。此

---

42 引自李焯桃，第九屆香港國際電影節《亞洲大師作品鉤沉》特刊，1985年。此文收錄於黃愛玲編《詩人導演費穆》，頁 430-431，香港：香港電影評論學會出版，1998 年。

時，費穆與戲曲演員們有了進一步的接觸，對於戲曲電影產生很大的興趣，他趁此空檔，編寫了一部以戲曲劇團演出為主題的小品喜劇《前台與後台》。編寫的動機，當然與《斬經堂》女主角的更迭，造成無法拍片的問題有直接關連。但有失必有得，費穆的這部小品，卻成為他戲曲電影中的新表現模式，且在往後影響了許多戲曲電影的敘事走向。

　　《前台與後台》故事內容十分簡單，一個劇團在某地演出，劇團中的旦角台柱——桃豔雲因戲班主人未按時付錢給她，因此故意裝病不參加演出。可是戲碼已經貼出，觀眾也都進場，眼看女主角不來，馬上要開天窗，這時劇場中有人提議找街頭賣唱的四妞兒父女來救場，代替桃豔雲上場演出，戲班主人原不贊成，但因事情緊急，最後只好同意。四妞兒上場代演虞姬，卻轟動全場，戲班主人眉開眼笑，其他後台的工作人員也都放下了心，這時桃豔雲聞訊趕來，見四妞兒大受歡迎，一氣昏厥。費穆的這部喜劇小品，共穿插了京劇戲碼有四：《玉堂春》、《空城計》、《打城隍》以及《霸王別姬》。這四齣戲碼原來彼此間毫無關聯，但經過費穆的精心巧思，卻成為電影中無可取代的絕妙組合。

　　《前台與後台》並不是由費穆所執導，導演為周翼華，費穆擔任編劇的工作，因為這個原因，因此歷來此片在費穆相關電影作品的討論中，幾乎是被漠視的。而周翼華的導演方式，也並不理想，舒琪指出其中的缺點：「比較遺憾的是周翼華的導技頗為拘謹，無法拍出真正輕鬆的神采，而使這個

『喜劇小品』失色不少。」[43]但此片雖在導演技法上不出色，費穆的編劇卻十分精彩，他利用了電影敘事技法，穿插上四個不同的京劇片段，以「平行剪接」的結構法則，拼貼了前台的京劇演出及後台的劇團危機，彼此間在情節的銜接上不露斧鑿之痕。這顯示了兩個費氏的特點：

其一，他對於京劇的內容十分了解，所以才能選出這四個不同的戲碼；其二，他對於電影的敘事結構更加嫻熟，才能把京劇四個戲碼中的情節氛圍與電影敘事中的故事走向，貼合的如此緊密。陳墨認為：

> 這部影片的意義不在於怎樣導演，而恰恰在於怎樣編劇，── 在於怎樣認識戲劇、戲劇性，怎樣在情節發展中刻劃人物的性格，以及怎樣進行作品的整體結構。因而，這個短片是一部『戲劇小品』── 它的意義在於費穆藉此進行戲劇性實驗 ── 其重心在『戲劇』而非『喜劇』。[44]

這種「戲劇性」的實驗，也正是植基於對戲曲與電影敘事的結合與碰撞所顯現出來的。

二、平行剪接所拼貼出的戲劇性

我們由劇本的第一場，寥寥十一個鏡頭，可以看出費穆

---

43 見舒琪第九屆香港國際電影節《亞洲大師作品鉤沉》特刊，1985 年。此文收錄於黃愛玲編《詩人導演費穆》，頁 431-432，香港：香港電影評論學會出版，1998 年。

44 見陳墨《流鶯春夢 ── 費穆電影論稿》，頁 239，北京：中國電影出版社，2000 年。

對於電影敘事結構穿插的功力：

1　F.I.[45]長巷中，有父女二人，操琴，唱「蘇三來在大街前…」

2　父女二人（拉開）祇有一個行人走過，人家燈光滅，父女二人向他處走去。D.

3　鬧市，昇平大戲院門口，父女二人經過。D.

4　戲目牌：色藝雙絕青衣花衫，桃豔雲今夜准演玉堂春。D.

5　戲台，滿院觀眾。D.

6　桃豔雲在台上唱。

7　插寫「明天日戲」戲目牌──霸王別姬。D.

8　父女二人在戲館後台附近操絃而唱。

9　後台窗口，一個小花臉，和一個大花臉扶在窗口聽著。

10　父女二人，一拉一唱。

11　小花臉和大花臉，擊節稱賞。F.O.[46]

首先電影的一開始，先帶出四妞兒這對走唱父女，在淒寒的街頭一路叫唱〈女起解〉：「蘇三離了洪洞縣，將身來在大街前…」，成功的隱喻了四妞兒的悲苦處境。緊接著鏡頭帶入戲園子，舞台上正演出桃豔雲挑樑主演《玉堂春》中的〈三堂會審〉，這原是接在〈起解〉後，蘇三與王金龍在大堂相會的段子。台下觀眾看得起勁，熱鬧喧騰，與大街的冷清正成對

---

45 F.I 指淡入 fade-in, F.O 指淡出 fade-out, D.指溶鏡 dissolve。

46 見費穆《前台與後台》分幕劇本，收錄於黃愛玲編《詩人導演費穆》，頁 52，香港：香港電影評論學會出版，1998 年。

比，但在此同時，費穆也暗示了四妞兒與戲園子的某種關聯性。第二天戲碼貼出《霸王別姬》，《別姬》看的是花臉和旦角，也與「色藝雙絕青衣花衫」桃豔雲相映，而小花臉與大花臉的側耳傾聽，暗點出二人對於四妞兒演唱水準的認同，及將為四妞舉薦的伏筆。

　　第三場在昇平大戲院第二天正戲開演後，桃豔雲稱病請假，一直拖延，不肯上戲，她並叫跟班的傳話給老闆。生病是假，要錢是真，戲班老闆眼見台上的《空城計》已演至一半，但虞姬一直不來，心中焦急萬分。費穆將前台的《空城計》與後台的「空城計」巧妙的連接在一起，把戲曲故事中的戲劇性與電影故事中的戲劇性做了天衣無縫的結合。他把前台的孔明與台後的戲班老闆，前台的探子與台後的跟班兩組人馬相互交疊，形成戲裡戲外跳躍銜接的敘事結構。在第五場中，劇本的呈現如下：

　　　（前台《空城計》）—— 探子報：「馬謖失守街亭。」
　　　　　　　　　　　　　孔明（憂心）：再探！
　　　（鏡頭跳接後台）—— 戲班老闆（焦慮）：糟糕，怎麼
　　　　　　　　　　　　　還不肯來呢？
　　　　　　　　　　　　　跟包（諂媚游說）：沒有比你聖
　　　　　　　　　　　　　　　　　　　　明的，小姐們
　　　　　　　　　　　　　　　　　　　　鬧點頭痛，也
　　　　　　　　　　　　　　　　　　　　是常有的事
　　　　　　　　　　　　　　　　　　　　情，就是我跟
　　　　　　　　　　　　　　　　　　　　您說的那句
　　　　　　　　　　　　　　　　　　　　話，還不是嘴

上說得來的。

（鏡頭接回前台《空城計》）── 探子報：報 ── 司馬
大兵，直奔西城而
來！

孔明：再探！

（鏡頭跳接後台）── 戲班老闆（又急又氣）：這不是逼
死人嗎？

跟包：那可沒有法子！

戲班老闆：這麼辦！你請她來，
空城計唱了一半啦，該
扮戲啦！我這兒給她
籌款，她扮好啦，我再
沒錢，她可以不唱啊！
我能讓座兒退票嗎？

（鏡頭接回前台《空城計》）── 探子：司馬懿大兵離
城四十里！

孔明：再探！（五錘）

（鏡頭跳至桃豔雲住處）── 桃大怒，將跟班打出門
去。[47]

經由上述的場次，可以看出費穆選出《空城計》絕對是要與
後台所上演的戲班空城計交疊並置，故意造成一種戲裡戲
外、台前台後的緊張氣氛，由此情節的衝突也經由《空城計》
和後台老闆與跟包的對話被營造出來。費穆在此運用雙重敘

---

47 見費穆《前台與後台》分幕劇本，收錄於黃愛玲編《詩人導演費穆》，
　　頁 55，香港：香港電影評論學會出版，1998 年。

事結構的呼應，巧妙的把兩種藝術形式加以接合，並以電影蒙太奇的運鏡特點，把戲台、後台及桃家三個場景做有效的碰撞連結。在此，我們不但看不出戲曲敘事與電影敘事並置的扞格，反而經由這樣的拼貼手法，更將戲曲角色與電影人物彼此間的緊張張力烘托出來。

　　在第六場中，費穆選用了聽聞馬謖失守街亭而內心陷入掙扎的孔明唱段：「馬謖失守街亭，令人可恨，這件事倒教我難以調停」，直接映襯出後台戲班老板對桃豔雲愛恨交織的複雜情緒。而此時老板下定決心讓帳房湊出二百塊錢給桃豔雲，但帳房卻抗議完全湊不出來，正在爭執間，前台又開唱了「老將軍們因何故紛紛議論，這國家事用不著爾等們擔心。」後台正在忙亂之際，派戲管事的發出了命令，前台演完《空城計》後，再帶加一齣《斬馬謖》。由這個情節來看，對應老板的心情，此時應可看出桃豔雲勢必被換下來，因為老板不得不「含淚斬馬謖」了。費穆在這場戲的後面用了三個溶鏡的交叉並置 ──

> 戲班老闆徘徊後台。
>
> 桃豔雲徘徊室中。
>
> 司馬懿徘徊台上。[48]

此時這三個鏡頭將前台、後台用同樣的情緒互相串連了起來。而正在舉棋不定的當下，街前賣唱的四姐兒被找到了後台，大家一再說服老闆不妨用四姐兒取代桃豔雲；前台孔明因司馬懿的大軍將要兵臨城下而壓力大增，後台戲班老闆也

48 見費穆《前台與後台》分幕劇本，收錄於黃愛玲編《詩人導演費穆》，頁 56，香港：香港電影評論學會出版，1998 年。

因《空城計》將要演完,《霸王別姬》即將上場卻無「姬」可用而傷透腦筋。在無計可施下,只好先推出小戲《打城隍》墊戲拖時間。

費穆採用《打城隍》無疑也是一種隱喻,城隍代表桃豔雲,她因為任性而誤了演出,理應受責,但費穆此時不忘他所負的喜劇責任,同時也緊扣住戲曲疏離劇場的特質,台下觀眾見《霸王別姬》開不了戲一再延遲,而台上城隍卻又因四妞還沒補上一直拖戲,便開始鬧場,要轟「城隍」下台。台上「城隍」唱不下去,倍感尷尬,只好爬起身來對觀眾說道:「諸位,我這是墊戲的差事,我挨點打,您受點罪,等後台扮好了,就是您不『通』(鼓噪聲),我也得下去!」[49]。費穆掌握住戲曲丑角常扮演跳脫劇中角色直接與觀眾對話的特性,同時也是對著看電影的觀眾進行溝通與對話,不但展露了丑角的諧趣本質,也善加利用了丑角行當的舞台特質。

在第六場的結束,費穆是這樣呈現的:

61（前台）宮女之後出虞姬,滿堂喝采。

62 觀眾覺察有異。

63 虞姬儀態萬方。

64 管事貼紅紙。

65 觀眾騷動。

66 後台諸人一身冷汗。

67 虞姬已走至台口。

68 觀眾暫靜止。

---

49 見費穆《前台與後台》分幕劇本,收錄於黃愛玲編《詩人導演費穆》,頁 57,香港:香港電影評論學會出版,1998 年。

> 69 虞姬念引子：「明滅螢光金風裡鼓角淒涼…」
>
> 70 觀眾，始聽而領首，繼而擊節，終乃滿堂喝采。
>
> 71 滿堂叫好。
>
> 72 老板掉下熱淚。[50]

前台上演的《霸王別姬》，是項羽因兵敗而造成的後果；後台方面，費穆也用了之前同樣的方式點染了戲班老闆與桃豔雲之間的關係，桃豔雲這個「虞姬」終究是會被老闆「霸王」所換掉，此時戲曲敘事與電影敘事並置所產生出來的豐富隱喻便油然而生。陳墨認為：

> 《前台與後台》的結構，是按一種有趣的『戲劇 —— 電影』的雙層結構方式組成。純粹的戲劇固然是做不到這一點，而純粹的電影，則又很少具有這樣嚴謹精練的戲劇性結構形式。費穆的這種實驗，與他以前拍攝的短片《春閨夢斷》一樣，具有先鋒性的意義。[51]

費穆在《前台與後台》的影片開頭，曾為這部片子下了一個註腳：「一台戲不是一個人可以唱得了的。」[52]，當然，如果以戲裡的情節來看，費氏的指涉十分明顯，桃豔雲過份高估了自己的地位，最終卻沒達到她的目的。但如果我們反觀這部影片的編寫原因，也可以將之另做它解：周信芳固然是京劇大家，《斬經堂》沒他不行，但劇中的王蘭英如果沒人演，戲也一樣拍不成。

---

50 參見費穆《前台與後台》分幕劇本，收錄於黃愛玲編《詩人導演費穆》，頁 58，香港：香港電影評論學會出版，1998 年。

51 見陳墨《流鶯春夢 —— 費穆電影論稿》，頁 244，北京：中國電影出版社，2000 年。

52 見《前台與後台》影片。

　　可惜的是，費穆這部戲曲喜劇小品，在當時是被人忽視的，與費穆其他影片比較來看，《前台與後台》幾乎沒有人加以重視評論，頂多只把它視爲是費穆的一個簡單的喜劇小品而已[53]。但是由今觀之，在費穆之前或是當時影壇，大家對於戲曲拍攝成爲電影所思考的方向，一直停留在如何把整部戲曲作品用電影的表現手法呈現出來，爲了兩種不同的藝術形式做有效的融合而大傷腦筋，也爲了寫意與寫實、形似與神似的課題而多所著墨的同時，費穆卻另闢蹊徑，他不但不改變戲曲的結構，也不改變電影的表現方式，反而用蒙太奇式的手法，讓戲曲與電影兩種形式彼此撞擊出新的對話模式，非但不斧鑿，反而渾然天成。

　　費氏的《前台與後台》爲戲曲電影的類型開拓出另一條路徑[54]，後來的電影導演們依循相同的方式創作出非常多的以戲曲爲題材的電影佳作，甚至到今日在國際影展上多所斬獲的戲曲主題電影，如陳凱歌的《霸王別姬》、徐立功的《夜奔》、楊凡的《游園驚夢》等，都脫離不開費穆所確立下來的

53　陳墨在《流鶯春夢 ── 費穆電影論稿》中指出：「有意思的是，電影史書對此片無一字之評。只將它定性爲『喜劇小品』之後，就再也不置一詞。後來的讀者、觀衆和評家，也多半將此劇當成了一般性的『喜劇小品』，而輕輕放過。」見此書頁 238，北京：中國電影出版社，2000 年。

54　陳墨認爲：「僅將《前台與後台》定性爲一個輕鬆的『喜劇小品』，則未免輕看了這部作品的意義。── 這裡的『意義』不是指一般的『思想意義』之類，而是指它的形式與技巧方面，對於費穆的藝術觀念及其藝術生涯，都具有非同一般的意義。」見《流鶯春夢 ── 費穆電影論稿》，頁 238-239。而這種結合戲曲與電影的形式和技巧，除了對費穆戲曲電影的拍攝另立了一種新的類型，也使得後來想要拍攝以戲曲爲題材的電影導演們，有了一條可以依循的道路。

這種戲曲與電影內外指涉的敘事模式。

第五節　梅蘭芳與費穆在《生死恨》所展現的跨界對話

一、「以中國畫式的創作心情來拍戲曲電影」—— 費穆京劇電影的美學綱領

　　梅蘭芳除了拍攝過第一部的戲曲有聲短片之外，中國第一部彩色電影也是由梅氏拔得頭籌，1948 年的下半年由梅蘭芳所主演的彩色電影《生死恨》，是費穆所拍攝的最後一部京劇電影，基本上，也可以看做是他對於以往拍攝京劇電影經驗及理論的總結。在此之前，1941 年費穆曾拍過另一部組合式的戲曲電影《古中國之歌》，這是一部由京劇的幾段折子戲〈水淹七軍〉、〈朱仙鎮〉及《王寶釧》所組成，拍攝的目的其實是為了當時上海戲劇學校宣傳及籌款，因此影片中許多演員都是上海戲校的學生，例如顧正秋、關正明、周正榮、朱正琴等。由於此片現今已失傳，因此無法得見影片的內容。不過，費穆為了《古中國之歌》在影片特刊中撰寫了〈中國舊劇的電影化問題〉一文，文中對於京劇與電影兩種藝術形式的跨界溝通，有非常審慎的思考。

　　在此文中，針對戲曲的「虛擬」特質，費穆除了注意到「傳意」這個層次之外，他關注到戲曲的人物構成，也是一種「虛擬」的呈現：

中國劇的生、旦、淨、丑之動作裝扮，皆非現實之人，
客觀地說，可以說是像傀儡、像鬼怪；主觀些，可以
說是像古人，像畫中人…台上一切的角色，都變作描
寫的客體，是畫中人，是藝術品，而不再是血肉之軀，
淨角的臉譜和老生的長髯，也成為藝術表現之重要部
份，僅僅是在這種地方，『電影化』已是絕不容易做
到的事。[55]

戲曲的人物，並不是完全摹擬現實世界的某一特定對象而
成，相反的，戲曲人物是經由「歸類分析」所得出的一種共
同表徵。當戲曲觀眾在看表演時，劇中人物那種「一言以蔽
之」的性格特徵常常無所不在，我們甚至可以經由觀賞經驗
的積累而自行歸類。例如看到曹操，則必定狡詐；關雲長，
則必忠肝義膽；包拯，則必定明辨正邪，剛正耿直。而這些
人物的性格特徵除了存在著一套戲曲演員固定的表演程式
外，臉譜及穿關，也是戲曲表現隱喻的手法之一。

　　承上之例，曹操的白色臉譜代表著工於心計，關公的紅
色臉譜代表著忠誠，包拯的黑色臉譜代表著耿介。而髯口的
顏色象徵著人物的年齡等，這些約定俗成的觀念，京劇觀眾
經由看戲經驗的留存，漸漸可以從臉譜及穿關來歸類上場人
物的性格特徵及身份年紀。因此戲曲人物較少個別化的性格
特質描寫，而是以一種人物類型的「共相特徵」來呈現。而
戲曲演員也不能直接扮演劇中人，他們必須經由腳色行當的

---

55 引自費穆〈關於舊劇電影化的問題〉，收錄於丁亞平主編，《百年中國
　電影理論文選》，頁 292-293，北京：文化藝術出版社，2003 年。此
　文原載於《青春電影》號外，《古中國之歌》影片特刊，1941 年。

分類訓練，才能飾演劇中角色，這種腳色行當的分類，亦即戲曲的生、旦、淨、丑。這四大腳色類型各有一套表演程式存在，演員經由生、旦、淨、丑的表演程式來傳達劇中人物所應有的行當特質。因此，費穆認為要如何在電影中呈現戲曲人物的「虛」（亦即非寫實性），也是戲曲電影導演所要深思的問題。

費穆在本文中提出了他對於京劇電影化的解決之道：

> 我覺得『京戲』電影化有一條路可走，第一，製作者認清『京戲』是一種樂劇，而決定用歌舞片的攝法處理劇本；第二，盡量吸收京劇的表現方法而加以巧妙的運用，使電影藝術也有一些新格調；第三，拍『京劇』時，導演人心中常存一種創作中國畫的創作心情，這是最難的一點。⋯所以我說：中國舊劇的電影化，是藝術上的創作大業，絕不能惟技巧的一移而了事。[56]

費穆在此所提出的論點，可分為三個層次：

第一點，以歌舞劇的方式來拍攝京劇，當然在西方電影的表現類型中，歌舞劇是一直為創作者所津津樂道的一種呈現方式，費穆想要用西方歌舞劇的手法來詮釋戲曲，乃是因為他先釐清並確認京劇的本質在於歌舞，捨此，則不可行。

第二點，吸收京劇的表現方法加以運用，則是進一步對於戲曲表現手法的接納並且加以轉換為電影可用的表現方式。

---

56 引自費穆〈關於舊劇電影化的問題〉，收錄於丁亞平主編，《百年中國電影理論文選》，頁293，北京：文化藝術出版社，2003年。此文原載於《青春電影》號外，《古中國之歌》影片特刊，1941年。

　　第三點，以中國畫式的創作心情來拍戲曲電影，這點，也是戲曲電影最重要的一點，就在於要寫意，而非寫形。戲曲電影不是記錄片，而應是結合戲曲優點及電影所長的一種融合體。這是費穆由 1937 年拍《斬經堂》、1941 年拍《古中國之歌》後的經驗累積，所融合整理出一篇戲曲電影的美學綱領。

二、主體話語權的改變 ── 《生死恨》場次結構的整理

　　七年後，1948 年的《生死恨》，做為中國第一部彩色電影，費穆選擇了服裝、化妝、道具、背景都精工細繡、色彩豐富的戲曲，自是希望這部彩色影片能把這些他對於戲曲電影的理想都發揮出來。自 1946 年抗日戰爭勝利後，上海的民營電影事業頗為凋零，其中出資拍攝《斬經堂》的老闆吳性栽手下的「文華」、「清華」及「華藝」是新興的電影集團，華藝看中梅蘭芳的盛名，且吳氏愛戲如癡，因此投資十萬美金，由費穆擔任導演，要拍一部彩色戲曲電影。此時早已進入有聲電影時期，當然可以補梅氏先前兩部無聲戲曲電影《天女散花》及《春香鬧學》的不足，並且《生死恨》是一部完整的京劇大片，也比原先美國的《刺虎》只拍了一小段，在意義上完全不同。

　　梅氏會對於將京劇拍成電影始終抱持著高度的興趣，其實背後是有其深層的傳播意義的，那是做為一個京劇演員對

於美好藝術的執著和隱隱的焦慮[57]，費穆就觀察到了這點，他在《生死恨》特刊的序言中指明：

> 他（梅蘭芳）和他的同時代的伙伴 —— 例如周信芳、蓋叫天兩位先生 —— 幾乎一致地有了這樣的警覺。他們認為當代的平劇家的任務，已不僅在登台獻藝，供奉觀眾；也不僅在改革舊劇內容（那因為是改不勝改的原故），硬放天足；主要的有意義的工作，不如把夠得上水準的演技紀錄了，在夕陽黃昏，稍縱即逝的時候，留給人一點『規矩』，給人批判和給人觀摩。被接受或是被揚棄，由著時代的尺度來衡量。至少，在『內行』們（平劇家）的想法，這一種演劇的形式，現在還普遍地被觀眾接受；同時，不求甚解的演出又足以迫害這一形式的生存和進步。經濟原因和社會的進步制度，將不容許襲用藝徒制度作育人材，一種比較標準的演技紀錄 —— 利用電影的紀錄，或者合乎目前的需要。[58]

也正是這個原因，讓費穆更加意識到，拍《生死恨》除了可以實踐他自己對於京劇電影化的想法，另一方面，也是為了京劇藝術的文化傳承留下一個完美的典範，以梅蘭芳在當時

---

57 關於這點，梅蘭芳在〈拍了《生死恨》以後的感想〉一文中指出：「我這次拍演電影有兩種目的：第一點是許多我不能去的邊遠偏僻的地方，影片都能去。第二點我幾十年來所學得的國劇藝術，借了電影，可以流布人間，供我們下一代的藝人一點參考的材料。」此文收錄於高小健《中國戲曲電影史》附錄中，頁 286 北京：文化藝術出版社，2005 年。

58 見費穆〈《生死恨》特刊序言〉，收錄於黃愛玲編《詩人導演費穆》，頁 102，香港：香港電影評論學會出版，1998 年。

的聲望，是足夠有資格留下這樣的記錄。況且，做爲第一部彩色電影，梅蘭芳對於能夠把京劇舞台上精緻的色彩展現於電影中，是有所期待的。他認爲：

> 若干年前就有人勸我拍電影，我認為時機未到，不能把幾千年有歷史性的國劇隨便當試驗品。第一個先決條件，就是『彩色畫面』，因為中國舞台劇所用的行頭、道具、砌末，大半是絲織、繡刺，配合了絢爛、複雜的顏色的手工制成品，跟古代名畫、雕塑、彩色古瓷息息相通，有密切的關係；具有東方文化藝術獨特的優點。我在美洲、蘇聯、日本表演的時候，他們的專家就是拿這種眼光來研究觀察的。所以中國舞台劇如果沒有適當美麗的彩色來表現，他的優點就消失了一大部份。[59]

京劇在舞台上的整體畫面，猶如一幅中國古畫、一件彩色的古瓷般，是一種完整的藝術呈現，沒有了色彩，如之前所拍的黑白片，在視覺上就失去了重要的美感，惟有將聲音、色彩、表演、舞台做全面的結合，才有可能完整呈現京劇的優點。

在決定劇本時，原先尚有《霸王別姬》、《抗金兵》等劇目也列入考慮，但梅氏與費穆商議後，終於決定了《生死恨》。主要的關鍵在於：其一，主題思想符合當時的社會環境；其二，戲劇性強。此劇原爲明代傳奇《易鞋記》，齊如山將之改

---

59 見梅蘭芳〈拍了《生死恨》以後的感想〉，《《生死恨》特刊》，收錄於高小健《中國戲曲電影史》附錄中，頁284，北京：文化藝術出版社，2005年。

編，原劇三十九場。梅蘭芳曾指出：「因為這齣戲是九一八以後我自己編演的，曾受到歡迎，戲劇性也比較強。若根據電影的性能加以發揮，影片可能成功。」[60]梅氏與費穆討論的結果，都認為此劇最合適的地方就是新編戲，利於大篇幅的更改修整，而修整的最大原因，則在於配合電影的「性能」讓導演有更大的發揮空間。費穆也認為：「舞台劇搬上銀幕，劇本需要經過一些增刪剪裁，才能適應電影的要求。」[61]

在《生死恨》[62]的電影分場中，費穆與梅蘭芳首先改動了全本的場次結構，把原本 21 場增刪減併為 19 場[63]，其中〈被擄〉、〈磨房〉、〈宋師〉、〈尾聲〉都是為增加戲劇效果而重新加寫的。〈被擄〉一場，增加了韓玉娘為逃金兵，慌亂之

---

60 見梅蘭芳〈第一部彩色戲曲片《生死恨》的拍攝〉，收錄於《我的電影生活》，頁 138。關於這個劇本的編修，除了最早由齊如山根據明代董應翰所寫之傳奇《易鞋記》編成 39 場的第一版外，「九‧一八」後，梅氏為了想反映日軍的侵略下人民的苦痛，重新修編了這個劇本，由劇團眾人集思廣益，再由許姬傳整理，把 39 場縮為 21 場，並改了原本大團圓的俗套結尾。為了更有戲劇性，把原來夫妻大團圓的結局改為韓玉娘因病而亡，成就了在動亂的大時代下「國破家亡，生死遺恨」的悲劇美學。

61 見梅蘭芳〈第一部彩色戲曲片《生死恨》的拍攝〉，收錄於《我的電影生活》，《梅蘭芳全集》第四卷，頁 138，石家莊：河北教育出版社，2000 年。

62 《生死恨》是敘述士子程鵬舉及女子韓玉娘被金人所擄為奴，金人硬將兩人婚配以達到世世代代為金奴的目的。玉娘鼓勵鵬舉逃回宋土，從軍抗敵。玉娘後來受盡艱苦，流落尼姑庵，輾轉返回大宋。鵬舉從軍抗敵，當上襄陽太守，後憑著玉娘收藏他的一隻鞋而相認重逢，但此時玉娘病重，溘然長逝。

63 這 19 場的次序如下：一、序幕，二、被擄，三、磨房，四、逼配，五、洞房，六、拷打，七、訣別，八、潛逃，九、鬻婚，十、尼庵，十一、夜遁，十二、拜母，十三、遣尋，十四、夜訴，十五、夢幻，十六、遇尋，十七、宋師，十八、重圓，十九、尾聲。

下中箭被擄的情節，在這個場子裡梅蘭芳有唸有唱，場面安排與舊戲《長坂坡》中糜夫人中箭相仿。而〈磨房〉的加寫，其中多加了〔西皮原板〕轉〔二六〕、〔快板〕的唱腔。〈宋師〉一場展現宋軍擊退金兵後的勝利軍容，其目的當然反映了當時所處的日軍侵華政治現況，也冀盼鼓舞中國軍隊能如宋師一般有所建樹。在電影中最後加了一個〈尾聲〉，採用了《浣紗記》傳奇中〈回營〉和〈打圍〉的同場曲重修唱詞，做為首尾相互照應的結尾。從這四個場次的新增可以看出，電影版的《生死恨》在首尾敘事結構上比舞台版完整，而〈被擄〉的加入也增加戲劇性，在電影中也易於表現；〈磨房〉則照顧到了梅蘭芳唱功的展現和音樂的美聽。

此外，〈逼配〉、〈洞房〉、〈訣別〉等都做了或多或少情節上的增加，使劇情和人物的情緒、性格能更為飽滿。〈逼配〉一場增加了張萬戶賞韓玉娘、程鵬舉柴房一間的情節，主要為了搭配下一場〈洞房〉的布景。而〈洞房〉則根據舞台本的內容重新編寫，主要情節為韓、程婚配，程本慶幸能與韓互結連理，豈料卻被玉娘一番言語提醒他「匈奴未滅，何以家為？」，程一時慚愧，決心逃走，以有用之身報效國家。其中加入了番奴暗上偷聽二人說話的情節，以做為下一場〈拷打〉番奴向張萬戶告密，使玉娘被拷打的伏筆。

〈訣別〉一場，突顯了韓、程二人生離死別的悲慘遭遇。而〈鬻婚〉是把情節做更改，〈尼庵〉這場修改比較大，將人物（老尼）由反派人物改為正面人物，連帶〈夜遁〉也因老尼的更改而修正。〈尼庵〉這場原來劇本是丑角胡公子與老尼共同串通定計謀奪韓玉娘，按照傳統京劇的套式，胡公子上

場有一段數板來加強人物的詼諧性，原本這段數板由名丑蕭長華所編，但這段情節在電影版中，卻被費穆修正為胡公子與番奴勾結，欲害玉娘，數板以及胡公子與老尼對白的部份也都被拿掉，全改為啞劇方式呈現。梅氏對此有意見：

> 修改這場時，我對費穆說：『胡公子的數板，在舞台上很有效果，最初是蕭長華先生扮這個角色，這段數板和獨白還是老先生自己編的呢！』費穆說：『當年我看過蕭老先生演的胡公子，的確演得很好，但影片裡不適用自報家門的辦法，不得不割愛。[64]

費穆認為電影中不適合人物自報家門，其實也涉及了京劇舞台表演的程式化並不能完全被融合進電影中，戲曲人物的自報家門，面對觀眾說出自己的身分履歷甚或是善惡形象，是一種講唱文學形式被吸納入戲曲文本的遺形，角色在自我介紹時，常常採用第三人稱的敘述方式，這種敘述體的表現手法，往往會造成觀眾對劇情的抽離，並評斷自報家門的人物。這種表現人物特質的方法，最常見在丑角身上，丑角在戲曲行當中是一非常特別的類型，他被賦予帶領觀眾出入戲劇情節的功能，並且常常以評論者（劇作家）的身份出現，來提點觀眾的視角。而電影是一種平面的影像藝術，它無法完全重現舞台上的立體表演之美，並且製造觀眾的幻境十分重要，因此，丑角打破觀眾幻境的疏離功能，便使得電影情節被硬生生中斷，且造成敘事情境的不統一，這也是費氏不主張電影中出現自報家門的理由，而這種認知與之前汪笑儂在

---

64 見梅蘭芳《我的電影生活》，《梅蘭芳全集》第四卷，頁140，石家莊：河北教育出版社，2000年。

京劇寫實化的改良上看法是一致的。

由於電影版《生死恨》之所以被選擇，主要為了反映日軍侵華的現實情況，並希望藉本片來鼓舞民心士氣，所以費穆與梅蘭芳把原來極具戲劇性的老尼，由惡改善，成為韓玉娘的幫助者，所以在〈夜遁〉一幕中，老尼同情韓氏遭遇，助其在月下逃出尼庵，就顯得合理妥當。只不過如此一來，原本經由老尼的惡人手段所造成的戲劇衝突，就被捨棄掉了。這段老尼助逃的表演，也被設計成啞劇的形式，減去了語言上的繁冗，加強了動作上的表現。就劇本而言，除了〈拷打〉、〈拜母〉、〈遣尋〉、〈遇尋〉以及〈重圓〉僅做小部份唱詞或字句的修改外，其他各場次都做了比較多的修整，原因無他，全部是為了配合電影的分場分鏡與拍攝。

三、以虛就實 ── 京劇與電影語境的頡頏

再者對於布景的採虛還是用實[65]，梅氏認為試拍兩段戲，一取舞台原本的演出方式來拍攝，一取搭布景的方式來拍攝，兩者加以比較，再來看效果。前者拍了《生死恨》中的〈夜訴〉，一架小紡車（舞台道具），背景比照舞台上用繡花守舊，梅氏坐在椅子上做表演，唱了幾句〔二黃搖板〕，費氏採用長鏡頭來攝影。可是拍出的成品並不理想，問題在於角色只是坐著紡織，並無其他動作可以分散觀眾的注意力，

---

[65] 原先有兩種不同見解，一為以紀錄片的方式，完全照舞台演出時的陳設；一為用布景。參見梅蘭芳《我的電影生活》，《梅蘭芳全集》第四卷，頁 143，石家莊：河北教育出版社，2000 年。

因此，雖然是幾句「搖板」，卻讓觀眾有歷經「十幾分鐘」那麼長的沉悶感。費氏認為，戲曲舞台是立體的，但電影是平面的，如果按照舞台上的呈現狀態直接搬上銀幕，就會顯得呆板滯緩，因此這段紀錄片式的〈夜訴〉效果並不理想。

而另一組採用搭景的方式拍的是《霸王別姬》中的〈舞劍〉，用紅綠黃顏色的布景搭成軍帳、山石等，這一段是沒有唱唸的，只有搭配〔夜深沉〕的音樂牌子做為舞劍之用。成品的效果比〈夜訴〉來得好，並且在色彩和畫面構圖上都比較舒服[66]，因此決定採用費穆的意見，用布景而不用舞台上的呈現方式[67]。但梅氏仍然提醒費穆：

> 要注意到京戲的特殊表演方法，所謂特殊，就是從服裝、化妝到全部表演都是誇張的、寫意的、歌舞合一的。唱歌道白都有音樂性，一舉一動都是舞蹈化，還有些虛擬的身段，例如上馬、下轎、開門、登舟⋯都是用手勢腳步來代替實物，而電影卻是偏重寫實的，這兩種藝術合在一起時會有矛盾，我想聽聽您對拍攝

---

66 參見梅蘭芳《我的電影生活》，《梅蘭芳全集》第四卷，頁 143，石家莊：河北教育出版社，2000 年。

67 梅蘭芳在〈拍了《生死恨》以後的感想〉中指出：「表情、做工方面，困難就多了，起頭有人主張用舞台做背景，我們就試拍了一點，等放映的時候，參觀的許多朋友的批評，是呆板、單調、生氣索然。我自己更覺得照此情形拍下去，我個人會變成了『木偶』。於是採取了我和費先生決定的布景制度。」（此文收錄於高小健《中國戲曲電影史》，頁 285，北京：文化藝術出版社，2005 年。）雖然費穆贊成用布景的方式呈現，但也並不是完全不考慮京劇舞台上的特質，他在梅蘭芳徵詢他的意見時指出：「我是主張用布景的，但我打算盡量以保持京劇的風格為主。」（見《我的電影生活》頁 143）亦即雖用布景來取代原本舞台上的「守舊」，但對於京劇的虛擬特質，費穆並不會打算犧牲。

《生死恨》的意見。[68]

這顯示了梅氏十分注重京劇的整體特質在電影表現中是否能保有一致性的疑慮，並且不樂見完全配合電影性質卻犧牲了京劇的審美準則。

戲曲的藝術表現，基本上都是經過不斷的加工與精練過的成品，在動作、臉譜、服裝、化妝這些地方都被適度的強調和誇張了，因此要與這些特質相搭配，戲曲電影中布景的色彩、線條、形式都要符合一定程度誇張及強調的要求，才能達到寫意與寫實的統一、背景與表演程式的統一，否則，人無法融入景中，景也會顯得格格不入。費穆對於這些，並不是不了解，並且之前也已有過拍攝《斬經堂》的經驗，他指出：

> 我有幾點想法…一、我不主張原封不動搬上銀幕。二、我打算遵守京劇的規律，利用京劇的技巧，拍成一部古裝歌舞故事片。三、對於京劇無實物的虛擬動作，盡量避免。四、希望在京劇的象徵形式中，能夠傳達真實的情緒。因此，布景的設計要在寫實與寫意之間，別創一種風格。[69]

費穆在以上四點說明中，表露了他對於《生死恨》拍攝的想法，也是他繼〈關於中國舊劇的電影化問題〉一文後，再次提出他對戲曲電影的理想模式。當然這其間仍然有些維持著

---

68 引自梅蘭芳《我的電影生活》，《梅蘭芳全集》第四卷，頁143，石家莊：河北教育出版社，2000年。

69 引自梅蘭芳《我的電影生活》，《梅蘭芳全集》第四卷，頁144，石家莊：河北教育出版社，2000年。

他原先的理念，他始終認為，要拍好一部戲曲電影，就應該把它拍成一種中國式的歌舞片，其形式要如西方歌舞片一般，只是基本上仍要遵守京劇的規律及特質。而在前文也曾說明，費穆從來就不打算將京劇「原封不動」的移植到大銀幕上去，他不願導演的功能在戲曲電影中被減到如同攝影師一般，而主張戲曲電影應該是經過導演詮釋後的嶄新作品，這種新型態的電影類型，對於京劇演員和導演都可說是一種重新的學習與創作。

　　在上述說明中，有一點是需要十分注意的，那就是費穆對於京劇中「無實物的虛擬動作」主張要儘量避免。這點和他原先的想法略有差異，也許是費穆在拍攝戲曲電影的經驗中，發覺戲曲動作的虛擬性雖然是其特色，但在與電影實物的結合中，的確是有許多尚待克服的難處，因此決定要減少這些虛擬性的動作。事實上，虛擬性的戲曲動作原為「無物可用」而產生，例如開門、關門，在舞台上因為沒有「門」的設置，因此自然採用虛擬性動作來引導觀眾。但是現在電影中必須以實景拍攝，門已經具體出現在場景中，如果此時再用虛擬動作來開門，當然是會發生問題，這個時候，原來的虛擬動作就得面臨修改。如在拍攝〈夜訴〉一場時，原本舞台演出只用幾個簡單的道具，一張桌子，桌上一盞油燈，一張椅子及一架手搖紡車，韓玉娘坐在椅子上，對著手搖紡車，邊唱出〔二黃倒板〕、〔搖板〕、〔慢板〕、〔原板〕同時一邊紡紗，這一段十足是京劇表演中，以唱工來展現角色真實的抒情性的一種程式性表演。

　　費穆認為這種象徵性的紡車用在舞台上很適合，但用在

電影場景中，就顯得失真。他由紡織廠借來一架老式織布機，梅氏見到場景的布置後，提出疑問：「這樣一架大的織布機，不會妨礙動作嗎？」費穆則說：「身段方面，需要您來創造，以您的舞台經驗，可以突破成規加以發揮。」[70]戲曲演員善於展現虛擬式的動作程式，是因爲從小所接受的訓練，就是一套套的表演程式，一個受過嚴格訓練的演員，可以將這些成套的程式運用在不同的情境和場景之中。但現在梅氏所面對的是一架具體的龐大的實物，因此對他而言，需得重新適應和設計所有身段動作，對此，他頗爲傷神：

> 將要拍這場戲的時候，隔夜我先在織布機旁邊走了幾遍，…首先想到，真織布機體積龐大，當然不能坐著唱，一則擋臉，二來也無法做身段。我就打算圍繞這架織布機，連唱帶做地突出我的手勢和面部表情。想起導演曾說過，氣氛不能過於虛假，因此聯想到有些姿勢必須和真的紡織手勢結合，使觀眾既有真實的感覺，而又是從生活中提煉出來的舞蹈化動作。[71]

一個好的京劇演員如梅蘭芳者，就可以由原先死的表演程式中重新思索，配合不同的情況而能演化出一套新的表演方法來，卻不失原本京劇舞台的表演、美感。他善加利用了織布機上的梭子，成爲舞蹈的媒介，成功轉化了原本龐大實物所造成的障礙及違和感，到了實際拍攝的當下，這種困難已經被他完全克服：

---

70 引自梅蘭芳《我的電影生活》，《梅蘭芳全集》第四卷，頁149，石家莊：河北教育出版社，2000年。
71 引自梅蘭芳《我的電影生活》，《梅蘭芳全集》第四卷，頁149，石家莊：河北教育出版社，2000年。

> 晚上十點以後，到棚裡就拍這個鏡頭，大段唱工我都
> 圍繞著織布機做身段。當然，現場根據實物又有許多
> 變動，機上的梭子成為我得心應手的舞蹈工具，有時
> 我還扶著機身做身段，昨夜預先設計好的身段，大部
> 份都用上了。我覺得舞台上的基本動作，在這裡起了
> 新的變化，這架龐大的織布機，給了我發揮傳統藝術
> 的機會。後來，我看到舞台上《生死恨》的手搖小紡
> 車，還不禁想起拍電影時的真織布機和曾經下工夫想
> 出來的身段。[72]

雖然，表面上看起來，費穆採用真實道具是給梅氏出了一個
難題，不過，對於梅氏而言，反而促使他由原先所學的基本
功中，得到了另一層的啟發，對於活用表演程式，有了更進
一步的體會和新的實驗。

　　經由梅蘭芳的重新創造，原來的動作被大幅修改，他設
計了新身段，為了全面配合實物，反而使戲曲動作在此時產
生了新的變化與意味。不過在看到《生死恨》的樣片時，梅
氏卻十分疑惑，因為影片上的呈現與他原先的表演不太一
樣，並且鏡頭上有種「零亂感」。原來，這段〈夜訴〉在後製
剪接上出現了嚴重的問題，這牽涉到《生死恨》的收音方法
層面的技術。這部片子的錄音工程，是由當時對電影聲音技
術非常嫻熟的顏鶴鳴負責[73]，採用的事先預錄成 33 轉慢速唱
盤再翻錄到電影聲帶上的錄音工法，梅氏對此有所記錄：

---

72 引自梅蘭芳《我的電影生活》，《梅蘭芳全集》第四卷，頁 150，石家
　　莊：河北教育出版社，2000 年。
73 顏鶴鳴原為攝影師，後來研究錄音技術，曾於 1931 年發明「鶴鳴通」，
　　為國產有聲電影錄音機的成功研發者。

> 我們正式錄音是到電影廠的攝影棚內進行的，顏鶴鳴
> 在一間小屋內操縱錄音機。顏向我表示：他對京劇不
> 熟悉，要請一位懂戲的朋友幫他聽聽聲音，劇務方面
> 就指定郭效青幫他審音。我們先錄主要唱詞，有些
> 唱、念就在拍攝時現場錄音。[74]

可能由於不完全是現場收音的關係，〈夜訴〉一場戲的片子，在後製剪接時出現了畫面與聲帶相差一段的不同步情況，據費穆檢討原因，問題可能在於「畫面和聲帶對不上的原因，是由於電壓的不穩定，因而引起錄音與攝影機兩個馬達速度的不平衡，畫面和聲帶就對不上，用電影的術語來說叫做『不同步』，是嚴重的事故。」[75]當時在拍攝畫面時，費穆拍了A、B兩條畫面帶[76]，所以只好先應急，將兩條帶子一寸寸的剪，好逐字逐句的搭配聲帶。費穆用肉眼逐格剪片，，但顧得了聲音和嘴形，其他方面就顧不了，因此造成鏡頭零亂的缺點。

　　此外，費氏在拍攝想法中，還提出了「布景的設計要在寫實與寫意之間，別創一種風格」的概念，這點其實與他先前在〈關於舊劇電影化的問題〉中，希望要以「中國畫」的心境來拍攝戲曲電影時看法是一致的，不過他也知道，這是最難的一部份。寫實與寫意的相融，本就是一個爭論不休的

---

74 引自梅蘭芳《我的電影生活》，《梅蘭芳全集》第四卷，頁145，石家莊：河北教育出版社，2000年。

75 引自梅蘭芳《我的電影生活》，《梅蘭芳全集》第四卷，頁152，石家莊：河北教育出版社，2000年。

76 梅蘭芳就曾紀錄，第一次拍攝是選了〈洞房〉，場景先拍了七分多鐘，但沖洗後的樣片色彩失真，顏色深淺不一，在檢討過細節並做更改後，再拍第二次〈洞房〉，這次開始就採用兩架攝影機由A、B兩個角度來拍攝，因此就產生了不同角度A、B兩條的畫面帶。

議題，每每分寸和時機的拿捏，就決定成敗。時至今日，也不見得有多少戲曲電影導演能完美掌握其中分際，達成目標，更遑論三十年代間初步嘗試的費穆。

梅蘭芳在這方面其實是有些經驗的，他曾與費穆分享過去實驗的想法：

> 二十年前我拍過幾個京劇的片段，像《木蘭從軍》的‘走邊’，在一張彩畫布景前面，做一套象徵走路的舞蹈動作，就覺得不大自然。而《黛玉葬花》的‘看西廂’、‘葬花’等鏡頭，是在古老花園內拍的，就比較調和，不過《紅樓夢》雖然穿的是古裝，大家都知道是清代的故事，《生死恨》是宋朝的事，在用景方面，更要注意這一點。[77]

關於調和與不自然間原因之所在，前章已經有所討論，此不贅述。我們先來看幾個《生死恨》棚內的場景陳設，在〈洞房〉一場中，室內景的陳設，是在牆邊立有幾根木頭，地上堆著柴草，牆上有窗戶，月光由窗外射進室內，窗邊有一張木桌，上置一對紅燭，並有板床和木凳等道具[78]，可以得見，〈洞房〉一場採用完全寫實的場景陳設。不過，雖然費穆主張虛實並陳，但在一套完全寫實的陳設中，梅蘭芳和姜妙香在其中仍然呈現傳統京劇虛擬的身段程式，在與場景的融合上，其中難免存在著某些程度上的不統一[79]。

---

77 引自梅蘭芳《我的電影生活》，《梅蘭芳全集》第四卷，頁 144，石家莊：河北教育出版社，2000 年。

78 參見梅蘭芳《我的電影生活》，《梅蘭芳全集》第四卷，頁 145，石家莊：河北教育出版社，2000 年。

79 陳墨認為，費穆雖然主張布景的設置要在寫意與寫實之區，但如何掌

再看〈夜遁〉一場，舞台背幕採用了繪畫的山水景片，景片前立了幾棵立體的樹。原本這場在舞台上是完全不用規定背景的，因為角色可以用跑圓場帶唱〔流水〕的程式，摔跌下場，這種表現方法常用於人物倉惶逃命的場次中。但費穆表示，「圓場」這種表演程式不適合用於電影場景中，其原因與梅氏所說拍《木蘭從軍》之「走邊」感覺「不大自然」應該是相同的。「圓場」為京劇表現時空轉移最常用的表演程式，場上不用換場換景，時空的推移全由跑圓場的演員用唱唸的方式加以規定，這種「事隨人走」的時空轉換技法，曾使布萊希特等西方戲劇家大為驚異讚賞並加以學習。不過將之用於有場景規定的電影畫面中，固定背景與唱唸流轉中，觀聽者想像空間的轉移，往往會產生極大的斷裂及違和感。因此費穆建議梅氏利用景片前幾株立體的樹來化解圓場原本圓形式的走位路線，藉由穿梭林間的走位方式，來破除唱做與背景間的差異。但是，先前曾經提及，《生死恨》大部份的唱唸和音樂採用的是預錄方式，亦即先有音樂再拍影像，不遵循原本圓場的走位路線，勢必會造成動作與音樂間的秒差，還好這個問題經由梅氏純熟的表演經驗，成功的加以彌補[80]。因此虛實的動作及場景間原本會產生的問題，在此算

握其間的界限，表現卻不如預期。他指出：「寫意與寫實之間的區域沒有劃清。『別一種風格』雖然已初露端倪，但有時還是能看到寫實與寫意之間的裂縫。演員在寫景中的表演，有時總有些不協調之感；柴房 ── 洞房的環境就是一例。」見《流鶯春夢 ── 費穆電影論稿》，頁 277，北京：中國電影出版社，2000 年。

80 關於走位與預錄音樂無法同步的問題，梅蘭芳以其純熟的經驗，巧妙的加以化解，他在《我的電影生活》中指出：「在畫的山水背景前面，布了幾株立體的樹，劃出路線，作為是在樹林裡行路。我先試走了兩

是初步的獲得了解決。

〈磨房〉一場，依然採用繪畫景片，景片上繪有藍天、彩雲、樹石、土坡，在搭出來的磨房內，有長凳、石磨、笆籠、籐筐等，基本上也應算是實景，梅氏在推磨過程中唱〔西皮原板〕轉〔二六〕、〔快板〕展現角色心情，一旁有番兵在監視。由這個場景可以見出，其與〈夜訴〉有些相似，都是玉娘在推磨或紡織中自訴感傷及家國危難的場景，由於其間的雷同性以及後來沖洗出的樣片，在色彩上出現瑕疵，這場被剪掉不曾出現在正式公映的影片中。[81]

〈尼庵〉一場的布景也是採用佛堂的真景，其中一般佛堂中該有的用品，如旛幢、供具、琉璃燈等都一應俱全。〈拷打〉一場，背景用一架國畫大圍屏；〈夢幻〉一場與舞台布景基本相同，但原本出現於舞台版中的象徵性道具，如轎子、馬鞭都捨棄不用，原由當然是費穆所主張電影中盡量避免出現會使用虛擬動作來表現的象徵性道具。至於〈夜訴〉一場，已如前文所述，費穆用了真實的織布機來取代舞台上簡單的

遍，就正式開拍。哪料到我已快走完這條路了而聲帶放出來的唱詞還沒有完，我只能臨時繞一個小彎，恰好走完這段路，唱也完了，跟著跌下去和鑼鼓經也合上了。費穆跳上布景的石坡對我說：『你剛才這一手，來得真機變。我看見你繞彎的時候，怕你走出畫面去，嚇了我一身冷汗，居然恰到好處，順利拍成，不遵照導演指定的地位，而能完成這個鏡頭，可以說是神來之筆。」見《我的電影生活》頁147。

81 梅蘭芳對於〈磨房〉一段的刪除，頗覺可惜，他認為自己在演出這段戲時，很被角色所感動，且這場戲的唱詞：「自從為奴在番營，蓬首垢面受苦辛。買賣奴隸家國恨，任他宰割比畜生。皮鞭打來鮮血淋，一死艱難且偷生，王師北伐何日進，父母的冤仇海樣深。」寫得很不錯，在唱做間十分能表達玉娘當時的思想心情。參見梅蘭芳《我的電影生活》，《梅蘭芳全集》第四卷，頁148，石家莊：河北教育出版社，2000年。

手搖小紡車，其他還是室內基本道具，如桌子、油燈、椅子等，因為這場戲，主要在於以梅氏精湛的唱功展現玉娘的心境，所以重點都在於圍繞織布機的唱做。

我們以上述的幾個場景來審視費穆對於布景的設計，不諱言的，他並沒有完全遵守「寫實與寫意」間的主體原則，反而是比較傾向於寫實的風格，並且使得如梅蘭芳者，也不得不向「以虛就實」的表演路線所傾斜。實體織布機的揣摩表演就是一個十分明顯的例子，即或費穆一再聲稱希望「盡量以保持京劇的風格」為基礎，但象徵性道具的捨棄，正足以說明了京劇虛擬表現程式的被揚棄。對於這種「以虛就實」、「實多虛少」的整體風格傾向，各界的看法不一，有論者認為，這塑造了「京劇 —— 戲曲片 —— 乃至一般電影的一種極有價值的布景原則」[82]，乃至於因此獲得了戲曲與電影相互融合對話的一種新的境界。但也有評論者不表贊同，如羅藝軍就認為，雖然梅蘭芳在織布機的身段上，做出許多配合與重新詮釋，但在虛擬性的表演動作與具象的道具間，仍然存在著不協調[83]。

另如古蒼梧認為，費穆並沒有好好掌握「創作中國畫」

---

82 陳墨認為，費穆對於「寫實」（電影的記錄功能）與「寫意」（戲曲的表意功能）做了完美的結合，並且這種方式「絕不僅是一種技術的使用原則；而是一種新的美學思想和理論原則。」見《流鶯春夢 —— 費穆電影論稿》，頁 280，北京：中國電影出版社，2000 年。

83 羅藝軍指出：「費穆與梅蘭芳精心設計並受到評論讚許的道具織機，就我看來仍失之於太實，太瑣碎。梅蘭芳在織機上和織機旁的程式化、虛擬性的表演與這個相當具象的道具並不協調。這種虛與實的矛盾，可說是戲曲片的永恆矛盾。」見羅藝軍〈費穆新論〉，此文收錄於黃愛玲編《詩人導演費穆》頁 376，香港電影評論學會，1998 年。

的拍攝方針，中國畫中「留白」、「以少勝多」、「虛實相生」、「以簡御繁」的審美旨趣，被過分填滿的畫面給破壞，並且捨棄了象徵的舞台道具而改採實物，完全扼殺了原本虛擬的抽象之美與觀眾的想像空間，趨近於寫實是一種捨本逐末的做法[84]。基本上，費穆心中所想的拍攝原則，並未完全獲得良好的實踐，當寫實與寫意的鐘擺指向了寫實的一方，那麼京劇的寫意審美特質，勢必會有所傷害與犧牲。

　　不過，上述的討論是純以展現京劇特質為核心意識的角度來檢視《生死恨》這部影片，如果我們換個角度以費穆的電影敘事風格來入手，卻又可以看出另一番風景。在寫實與寫意間別具一種獨特風格，是費穆後來被稱為「電影詩人」的重要特徵，他的這種在三○～四○年代獨特的電影美學，完全展現於與《生死恨》同年拍攝完成的《小城之春》中。

四、《小城之春》對京劇身體程式的參借

　　《小城之春》這部費穆的扛鼎之作，曾被埋沒了三十幾

---

84 古蒼梧指出：「中國畫的寫意觀念 —— 諸如留白（「計白當黑」或「計黑當白」）、虛實相生、以少勝多、以簡御繁等等，在《生死恨》的佈景中仍未得到充分發揮；大部份畫面，仍給填得滿滿的，在視覺上，沒有留給觀眾太多想像的餘地。至於用了大量實物道具，除了『搶戲』、妨礙表演之外，最大問題是破壞了戲曲道具運用象徵化、符號化的系統（例如一桌兩椅不同的擺放、佈置所引起不同的實物聯想，即其精華所在）；這樣便剝奪了觀眾參與想像、創造的機會，達不到費穆所認識的『演員的藝術與觀眾的心理互相融會、共鳴』的效果。」見古蒼梧〈試談費穆對戲曲電影的思考和創作〉，此文收錄於黃愛玲編《詩人導演費穆》頁 329，香港電影評論學會，1998 年。

個年頭，在八〇年代才被重新由塵封中加以挖掘出來[85]。此片的獨樹一格，乃在於當時的電影大多還是以「敘事」爲表現重心，但費穆卻用極其緩慢而凝練的方式來「抒情」。[86]全片的人物只有五個，除了三個主角外，只有妹妹和僕人兩個配角，因此在這樣一個缺乏高潮迭起的劇情又沒有複雜人物關係的前提下，費穆要表現的不在於如何「說故事」，而在於處理一種黏滯的「情境」，時間與空間都處於「靜止」的狀態中。費氏用了以長境頭一場一鏡爲基本運鏡手法的表現方式，靜靜地觀察著人物間藉由眼神、細微的表情變化及反應所傳達出來的內心世界[87]。

---

85 《小城之春》於 1948 年拍攝完成後，曾在次年香港公映，不過當時並未引起注意，1983 年義大利舉行中國影片展，在會場放映時，卻引起很大回響，咸認爲此片在四〇年代就有此成就，令人震驚，爾後香港舉行中國電影回顧展，此片受到香港評論及文化界相當的重視並給予高度評價。1985 年，香港國際電影節上，設立了費穆專題，其後十年間對於費穆的研究日益增加，而《小城之春》的獨特風格，才被重新定位。在八〇年代，香港影評人公推本片爲世界十大名片之第三名，費穆名列中國五大導演之首。2001 年，中國第五代導演田壯壯將此片重新拍攝。參見李多鈺主編《中國電影百年上編 —— 1905-1976》，頁 205-206，北京：中國廣播電視出版社，2005 年。

86 這部影片的故事內容卻極其簡單：一對夫妻在一個小城中過著平靜無波的生活，丈夫長期患病，有些神經質並帶著點消極失落，妻子（玉紋）一直照顧著他。有一天丈夫的舊同學（志忱）來訪，這位舊識卻又是妻子以前的情人，因此在三個角色的心中各自起了波瀾，但卻在什麼也沒發生的結果下，舊情人離開了，而這對夫妻一如以往，淡然地過著平靜無波的生活。

87 費穆自言：「我爲了傳達古老中國的灰色情緒，用「長鏡頭」和「慢動作」構造我的戲（無技巧的），做了一個大膽和狂妄的嘗試。」見費穆〈導演・劇作者 —— 寫給楊紀〉，此文收錄於丁亞平主編《百年中國電影理論文選 —— 1897-2001》（上冊），頁 373，原載於《大公報》1948 年 10 月 9 日。

　　本片在當時被批評爲「頹廢而病態」，只因爲內容描述的是不合時宜的三角戀情。費穆在片中非常獨特的對於身體動作做了極爲細膩的描寫，例如對於女主角玉紋「手部」的動作描寫[88]，以局部來概括全體，以「手」來描寫「情」，展現屬於費氏絕無僅有的言說風格。有論者認爲，費穆在《小城之春》對於以手部來展現情感的執著，是來自於「中國京劇的做手技巧」[89]的啓發，甚至費穆在演員的肢體訓練上，都借用了京劇手眼身法步的技巧。據費穆之女費明儀指出，由於飾演玉紋的演員韋偉，個性表情屬於外向類型，但玉紋卻是一個具有憂鬱個性、內心充滿矛盾的複雜女性，因此費穆便讓韋偉學習京劇旦角的腳步，並由其中體會到京劇用肢體來傳達情感的美感[90]。

　　韋偉曾經演過費穆的舞台劇，當時就接受過京劇旦角的腳步訓練：「你不要小看那幾步路，他（費穆）也是有教我的，他說：『你看看京戲的花旦是怎麼走路的，走路也要美的。』他拍我走路嘛，我的腳是最難看的了。他不是要我們學京戲，而是要我們想著京戲裡的那個美。」她並且回憶在 1942 年費穆指導舞台劇《秋海棠》時，就特別請了梅蘭芳來跟演員們

88　費穆在片中常常使用「手」來暗點出角色間情感上的進程，例如玉紋要幫志忱鋪床，兩人無意間手的碰觸；玉紋夫婦與妹妹及志忱出遊時，志忱偷握玉紋的手；玉紋、志忱兩人晨間漫步，志忱牽了玉紋的手；玉紋手傷，志忱隔著紗布深吻玉紋的手等，都是以局部的身體動作對兩人情感做出隱微的、只能意會不可言傳的描寫。

89　參見黃愛玲編《詩人導演費穆》，頁 440 中對於《小城之春》的影片簡介。

90　參見寧敬武〈戲曲對中國電影藝術形式的影響 —— 作爲實驗電影的費穆戲曲影片創作〉，頁 318，收入於黃愛玲編《詩人導演費穆》，香港電影評論學會，1998 年。

說戲，並且特別指點了主角石揮的身段[91]。也因此，藉由旦角的步法練習，找出屬於能夠表徵玉紋複雜性格的身體質素，在片中，有幾次玉紋向志忱的「走去」與「走來」，都充滿豐富意涵。顯然地，借用京劇演員身體程式的訓練，是費穆經常用來啓發電影和舞台劇演員的重要方法，也是造成他電影風格含蓄美感的重要因素。

　　《小城之春》整部電影如同一首閨怨詩，繼承著多少年來中國詩詞文學中的抒情傳統[92]，這種以抒情爲尙的理念，完全與戲曲的審美理念若合符節。亦即「抒情」與「寫意」是詩人或劇作家極力展現的重點，至於故事，則只是一個「情」與「意」的載體，而傳達的媒介，對詩人而言是文字，對劇作家而言多半是曲詞，對電影導演則爲運鏡。費穆把這種抒情旨趣，藉由長鏡頭、局部特寫鏡頭以及緩慢的節奏，被攝主體與場景的構圖，來結構出他自己的獨特電影語彙[93]。

91　見黃愛玲訪問及整理〈訪韋偉〉，頁 196、200，此文收錄於黃愛玲編《詩人導演費穆》，頁 194-208，香港電影評論學會，1998 年。

92　石琪明白的指出：「以閨怨來抒懷寄喻，意在言外，是中國傳統文藝一大特色。《小城之春》就繼承和發揚了這個傳統，細膩刻劃一個怨婦在丈夫與情人之間難以抉擇、千迴百轉的矛盾情感，而暗合那個動盪時代的某種感懷。」，《明報晚報》，1983 年 8 月 19 日。

93　寧敬武認爲《小城之春》的詩意性呈現，乃在於費穆將中國戲曲的時空寫意性融入此片中：「導演通過簡潔的鏡頭與旁白便顛覆了現實時空，而進入影片特定的心理時空。和費穆探究到的表演、構圖、運鏡等表現性電影詞彙一樣，電影時空也因其表現性與寫意性而成爲費穆電影語言的主要構成，至此，作爲實驗的費穆戲曲電影創作，可以說有了一個良好的結果，費穆找到了他的電影形式，也可以說是中國式的電影藝術形式。」(〈戲曲對中國電影藝術形式的影響 —— 作爲實驗電影的費穆戲曲影片創作〉，收入於黃愛玲編《詩人導演費穆》，頁320，原爲《中國四十年代電影學術研討會論文集》，1995 年。)在費穆之前並沒有電影導演認真地思考過如何繼承戲曲寫意性的特

五、京劇與電影對話的新模式

在《生死恨》中，費穆將這種抒情性展現於人物的內在情感與外在的景物結合上，並構築出一幅「情景交融」、「虛實掩映」的寫意圖像。例如在〈山前自訴〉這個場景中，只有韓玉娘一個人物出現於鏡頭中，畫面上如要聚焦於單一人物身上，往往會採用特寫鏡頭，但費穆卻選用了長鏡頭，只用遠景和全景來交待。在視覺上，展開的視野中，單一的人物，明顯透露出孤單、渺小的訊息。韓玉娘置身於空曠的山間獨白：「想我韓玉娘，指望逃出虎口，留得殘生，怎奈這前有黃河，後有追兵，又被賊兵射了一箭，這…」在此情境下，費穆用了微帶俯角的遠景鏡頭來拍攝，暗示著玉娘煢子一身的孤單無助，同時由於全視野的俯角，也隱然點出了「天」這個無形超脫力量的巨大存在，此時，人與背景其間的互涉便油然而生。

另如柴房婚配一節中，窗外透射入房的月光淒冷如水，由暗至明，隱喻著玉娘對婚配的明心如鏡，她不會只沉溺於一時的情感歡愛或終生有靠，而是清醒地以更大的家國之仇為念。類似人物與景物相互說明關涉的例子，不一而足，如此都顯示出費穆善用情景交融的互涉手法，來點染人物內在與外在環境間的關連。他曾在談論如何營造情境氛圍的方法時指出：

質，而將之與電影相融，費穆在《小城之春》的努力，無寧是替他自身以及中國電影，開創出一條新的風格道路出來。

> 外景方面，從大自然中找尋美麗的對象，其效果是要
> 由角度、時間、陽光而取決的。內景方面，以人工構
> 圖，當然佈景師很重要，線條的組織與光線的配合，
> 是創造『空氣』的要素。[94]

無疑地，他在《生死恨》中實踐了他對「空氣」掌握的拍攝
理念。

這種「以景興情」的技巧，費穆也獨樹一幟地將之運用
在聲音的處理上，同樣是這場柴房洞房的聲音運用，費穆探
取了一種嶄新的溶接手法。當玉娘獨自抒發及回憶前塵往
事，費穆將十字句的唱詞搭配鏡頭的轉換，形成一種畫外、
畫內相互交涉的合音形式。如「思想起，當年事」，費穆以窗
外月色搭畫外音呈現，接著「好不淒涼」鏡頭轉至室內玉娘
身上，由其唱出，因此畫外音轉成畫內音，用聲音交互映射
來接連起室內、室外的時空，並以此來形成一種窗外夜涼如
水，窗內孤單淒清的詩意性「空氣」，並藉由這種「空氣」的
渲染力，來達成觀眾與角色間環境同化的目的，可以說是創
立了一種非常獨特的戲曲電影運鏡方法。

梅蘭芳對於費穆在聲音的處理技巧上，是抱持著正面評
價的，尤其是在舞台上當角色展現唱工時，觀眾的視覺會產
生暫停現象，將之呈現在電影畫面中時，就必須由導演做鏡
頭的處理和切換，才能舒解角色沒有動作的尷尬：

> 《生死恨》裡邊的唱工，有慢板、原板、南梆子、二

---

94 引自費穆〈略談「空氣」〉，收錄於丁亞平主編《百年電影理論文選》，
　頁 216-217。原載於《時代電影》，電影從業員作品專號，1934 年第
　6 期。

> 六、快板、搖板，在舞台上的習慣，遇到長過門的時
> 候，演員是沒有多少動作的；但是到了電影裡面，一
> 分鐘要換幾次鏡頭，困難情形，不一而足。費先生處
> 理這種難題，是運用了非常巧妙的手法，值得重視
> 的。[95]

不過由於當時錄音的技術出了一些問題，使得整體上的音質表現並不好，並且在打擊樂如小鑼等原本清脆的聲音也不夠穩定，梅氏也對此表示了些許失望。

事實上，梅蘭芳在看到《生死恨》試片之後，十分不滿意，他曾指出：

> 那天我去的時候，懷著一團高興，但第一幕放映出
> 來，我就大失所望了。顏色走了樣，紅的不夠紅、藍
> 的不夠藍；錄音方面，金屬打擊樂器 —— 小鑼等的聲
> 音也不穩定，我越看越生氣，也顧不得細細檢查表演
> 上的優點和缺點了，心裡在想：『大家絞腦揮汗、辛
> 苦經營的結果，剩下一肚子氣。當時我竟想把這部片
> 子扔到黃埔江裡去。』[96]

就色彩的呈現而言，中國第一部「彩色電影」原本是《生死恨》的最大賣點，而費穆與梅蘭芳對於整體演出時色彩的設計也做了一番研究，服裝的色澤仍然依照舞台上的穿著，改變不大。但在化妝方面，因為費穆之前拍攝《斬經堂》時，

---

95 引自梅蘭芳〈拍了《生死恨》以後的感想〉，收錄於高小健《中國戲曲電影史》，頁 285-286，北京：文化藝術出版社，2005 年。

96 引自梅蘭芳《我的電影生活》，《梅蘭芳全集》第四卷，頁 149，石家莊：河北教育出版社，2000 年。

沒有注意到戲曲演員面部化妝的細節問題，因此造成了周信芳所有面部的特寫鏡頭，都因化妝粗糙而被剪去。所以這次再拍《生死恨》時，就已有了經驗，梅氏和姜妙香的化妝還是由劇團容妝師傅顧寶森來負責，但多加了一位電影的化妝師達旭來做最後校正。原因在於京劇舞台妝與電影時妝的化妝技法及材料都不一樣，必須取得其間的平衡。梅氏記錄了這方面的協調經過：

> 關於化裝問題，我們曾和費穆談過。按照電影化裝，應用油彩，但我們沒有這種經驗。他說：『你們仍照舞台習慣化裝，但彩要淡些，因為電影是接近寫實的，但又要配合貼片子和頭上的插戴。我們這裡有負責化裝的人和你們商量著辦。』[97]

也因為要趨近於寫實的關係，片中許多次要人物，尤其是淨角行當，如張萬戶、番奴等都不勾臉、揉臉。這也牽涉到京劇淨角人物的臉譜，往往象徵意味濃厚，勾揉的顏色、線條、圖案都指涉著人物各自不同的性格特徵、人生經歷等。也正因為這層濃厚的象徵意涵，使得臉譜出現在電影畫面中，與其他角色化妝方式不同，就顯得十分突兀，為求寫實原則的統一和諧，因此得將這種饒富趣味的象徵化妝方式加以捨棄。

　　除此之外，還有運鏡的問題，有時同一個場景的一組鏡頭，得分不同天來拍，因此對於戲曲妝而言，每次粉彩的濃淡、畫眉的形狀、高低以及貼片子的位置，都得特別小心校正，才能連戲。服裝雖然改變不大，但仍然做了小部份的更

---

97 引自梅蘭芳《我的電影生活》，《梅蘭芳全集》第四卷，頁146，石家莊：河北教育出版社，2000年。

動，原因在於第一次拍〈洞房〉後，看了試片，梅氏提出一個問題，就是每當水袖晃動時，畫面就會出現紅黃線各種閃光，原因是什麼呢？關鍵在於彩色底片最忌被攝物是純白和純黑的顏色，而京劇演員不可少的水袖卻是一片白色的紡綢，連護領也是，在動作時，就會產生光暈問題。所以再次拍攝時，就將所有水袖和護領改成米色來加以解決。

　　即或是此片對於色彩的講究已經非常細緻，但成果卻令梅氏氣沮，真正的問題並不在拍攝的技術，而是選擇的底片所造成。費穆在拍片當時，美國已經有通用的彩色底片，稱爲「特藝色」（Techni-color），是 35 毫米的膠片，但由一家專利公司壟斷所有的沖片技術及拷貝數量，並且價格昂貴。考慮到成本，費穆與顏鶴鳴改採用另一種「安斯柯色」（Ansco color），是 16 毫米的膠片，而且顏鶴鳴由美國學得的技術，只能用於沖洗這類底片上。問題在於 16 毫米安斯柯色底片太小，無法同時印聲帶在上面，只得將片子寄到美國放大成 35 毫米大片子，才能影音同步。小片轉大片，色彩就會變淡，粒子也會變粗，梅氏所看到「顏色走了樣，紅的不夠紅，藍的不夠藍」就是這樣產生的。費穆自己也認爲，在色彩的呈現上，《生死恨》並沒有做得很好，他在《生死恨》特刊中坦言：

> 我承認，我沒有做好。作爲一部彩色影片，我知道一個定律，『不強調彩色，彩色更美。』我沒在平淡中做到絢爛。我又知道第二個定律：『如果強調了某一種彩色，情緒更美。』我在強調彩色時，破壞了情緒。[98]

---

98 引自費穆〈《生死恨》特刊序言〉，收錄於黃愛玲編《詩人導演費穆》，頁 104，香港電影評論學會，1998 年。

事實上，以現今來看《生死恨》的殘片，雖然限於經費和技術的問題，色彩的呈現的確有無法挽回的瑕疵，但值得注意的是費穆對於色彩的掌握，卻是有其主見的。〈夜訴〉用了以藍爲主色的方式來設定其淒清的主調，〈夢幻〉卻以紅爲主色，設定夢中歡喜的情調，說明了他對於色彩的嘗試與實驗。

　　費穆在《生死恨》拍攝之初，曾跟梅蘭芳說明，這部影片中的布景運用，他絕對不希望分散了觀眾對梅蘭芳的注意力，而是要以展現梅氏優美京劇身段爲最高原則[99]。亦即他確立了《生死恨》一片，是以演員爲拍攝中心，而觀眾的觀賞焦點，應被集中在「人」的身上。京劇的發展歷程，由清末開始漸漸開展出以「演員」爲中心的型態，由生行的前後三鼎甲，到旦行的四大名旦、四小名旦等，都是把京劇觀眾欣賞的目標注目在「人」的身上，由演員在舞台上的唱唸做打來體現京劇四功五法的程式之美。因此費穆在這一點上，是非常了解京劇以人爲本的特質，並能在電影鏡頭掌握上運用得宜的導演。黃愛玲所編《詩人導演費穆》書中，對於《生死恨》一片的簡介中就認爲：

> 對於京崑藝術，費穆是一個知音人，在影片裡，他的鏡頭如行雲流水般追隨著梅蘭芳優美的身段，不離不棄，體貼入微，一點也沒有將電影語言凌駕於戲曲表演之上。[100]

99　費穆對梅蘭芳言及：「我盡量要設法引導觀眾忘記了布景，不致成爲您的優美動作的障礙，請您放心。」見梅蘭芳《我的電影生活》，《梅蘭芳全集》第四卷，頁144，石家莊：河北教育出版社，2000年。

100　引自黃愛玲編《詩人導演費穆》，頁442，香港電影評論學會，1998年。

我們可以由第二場〈被擄〉及第十四場〈夜訴〉中得到印證，在這兩場裡，都是以韓玉娘獨自表現唱做功力為主體的場子，玉娘的步伐是以曲線的方式移動，而攝影機也會隨著「步移」或「微移」，對於每一個肢體動作都詳細的拍攝，彷彿是舞台下觀眾的雙眼，追隨著梅蘭芳的舉手投足而游移注視。也就是說，費穆對於鏡頭主客位置的操控非常精準，當抒情的場景展開時，他便將攝影機定在觀眾的角度上來進行觀看，並同時與外在的場景相襯映，喚起觀眾對於費氏所設定「即景生情」的共構感。而當需要發揮電影的優勢，如特殊效果時，費氏也一樣可以適時的發揮所長。像韓玉娘原本在戰爭中衣衫襤褸，但於第十五場〈夢幻〉中，運用疊鏡的方式，溶入了她穿著鳳冠霞帔的靈魂，離開了疲敝的身軀，與已取得榮華富貴的丈夫在夢中重逢。但這畢竟是一場夢，最後華服的靈魂與疲敝的玉娘合而為一。也因此有論者認為，費穆在《生死恨》裡對鏡頭的運用和場面的調度，確立了戲曲與電影相融合的新形式[101]。

在同樣是優秀的電影導演與優秀的戲曲演員的合作下，《生死恨》的品質卻不能讓人滿意，當然是有原因的：

其一，技術上的問題難以克服，例如底片的沖洗、聲音

---

101 寧敬武指出：「費穆與攝影師李生偉的舒緩的鏡頭運動和梅蘭芳的神態，尤其是他優美的手勢配合得彷如流水行雲。筆者對這一片段進行了反覆的拉片研究，認為這是戲曲與電影兩種藝術融合產生新生命的所在。可以說，費穆的場面調度觀念和對電影形式的探索，在這裡找到了對位和歸宿。」原文見〈戲曲對中國電影藝術形式的影響 ── 作為實驗電影的費穆戲曲影片創作〉，收錄於黃愛玲編《詩人導演費穆》，頁 318，香港電影評論學會，1998 年。

的後製等，這是最大也最直接的問題。

　　其二，是導演與演員其實也都在嘗試與摸索，怎樣才能更好的融合京劇與電影，經驗與技術都還在發展當中，而形式間的扞格也需要逐步融解，對於梅蘭芳和費穆而言，成果各自有得有失。費穆在面對《生死恨》的缺失時曾指出：「將中國的前一世紀的一種舞台藝術搬上銀幕，而被稱為導演，是相當慚愧的。此一課題在電影創作意義上說，一個電影工作者的製作能力是非常有限的。」[102]除了寫實與寫意的問題外，費穆也自認以演員為中心的京劇及以導演為中心的電影，在主控權的拿捏掌控上，他並沒有協調得很好。不過對於梅蘭芳而言，這次的合作，自有另一番體會，他認為：

> 我的中心主張，在唱念做工表情方面，屬於舞台上的基本工作，全部吸收了進去。我覺得最需要的是『自然』，最忌的是『矜持』。在我演出的技術上，似乎有了一個新的境界，這句話要等我再演舞台劇的時候，會感覺到此次所得的影響有多少。[103]

當然，這種在表演上需要「自然」而忌諱「矜持」的新境界，應是與電影表演要求生活化與寫實化分不開關係。

102　引自費穆〈《生死恨》特刊序言〉，收錄於黃愛玲編《詩人導演費穆》，頁101，香港電影評論學會，1998年。

103　引自梅蘭芳〈拍了《生死恨》以後的感想〉，收錄於高小健《中國戲曲電影史》附錄二，頁286，北京：文化藝術出版社，2005年。

第六節　結　語
—— 費穆的深思

　　費穆的投入，爲京劇電影開展了新的發展路徑，其一，是用導演的角度來對京劇做重新的觀看與詮釋，並且在不同的電影論述中提出他對於京劇與電影融合的相關看法。用理論與實際做結合，他一共拍攝了《斬經堂》、《古中國之歌》（1941）、《小放牛》（1948）以及《生死恨》等戲曲電影，其中《古中國之歌》與《小放牛》的拷貝均已亡佚，不復得見。雖然，我們並不能肯定的認爲費穆已將他的理念完全實踐在他的作品當中，但是費穆的京劇電影，有著屬於費氏與其他電影作品相同的詩化風格，也就是追求一種「寫中國畫」、「在寫實與寫意之間」，別創一種「意境」的風格。

　　費氏的一生雖然短暫（1906-1951），但他一直在電影作品中，尋索一種屬於他個人的特色，這種特色可以約略稱爲一種融鑄寫實與寫意的「中國式」特色[104]。其實由費穆的早

104　事實上，費穆對於他自己所追求的這條獨特電影之路是有自覺的，據其女費明儀指出：「當初我（費穆）的父母 —— 你的祖父母，爲了我入電影界，一直跟我吵，而且非常生氣。可是我從來沒有後悔，我愛我的工作，爲了實現我的理想，埋頭苦幹而毫無怨言。有人批評說我拍的電影不容易接受，叫好不叫座。怎麼才能算是真正的成功？物質上的成功，評價的標準未必正確，我不在乎，我絕不會爲了人家的喝采而拍電影…這一切都算不了什麼，只是，有時候我會覺得很寂寞，問題是我的感受，究竟有多少人能了解？」（回憶父親，見《歌者與歌》，香港文藝書屋，1975 年，轉引自《詩人導演費穆》，頁 16。）雖然在費穆在世的當世，他並無法親眼看見其所獨創的電

期電影《城市之夜》（1933，默片）、《人生》（1934，默片）、
《香雲海》（1934，默片）中，就已見端倪，並且此後成爲他
作品所慣用的言說風格。陳墨就指出：

> 實際上，這種在寫實與寫意之間別創一種風格的美學
> 思想，已經絕不僅是費穆的京劇電影創作的指導原
> 則；而是他的整個電影觀念及其電影理想和美學追求
> 的基礎，或根本性原則。他的《小城之春》就是在這
> 種原則指導下創作出來的。因此，這一原則又可謂費
> 穆的『東方電影美學』的理論基礎。[105]

我們可以把這種特色，視爲費穆以一個中國寫意文化傳統的
繼承者，在操作西方藝術形式時，由其深刻的思考所做出的
一種兼容並蓄的選擇。他曾在一篇討論「風格」的文章中指
出：

> 『風格』不是抽象的名詞，是有它的實質性的，中國
> 畫家講究神韻和格調，常用抽象的詞句解釋『風格』，
> 使之成玄妙的和不可解的，是可以意會而不可以言傳
> 的，是需求之於『牝牡驪黃』之處的。其實一幅畫的
> 風格是被畫在紙上的東西決定了的。某一畫家不能爲
> 了追求某一風格，而去畫一幅畫；必須是具備了怎樣
> 的條件，才會有怎樣的風格的。…中國電影要追求美
> 國電影的風格是不可以的；即使模仿任何國家的風

影風格被人所認同，並且在此後的三十幾年仍然被埋沒，但璞玉終
究是會被人所發現，而由他所開創出來的詩化風格，在八〇年代被
挖掘出來，受到無比的推崇。

105 引自陳墨《流鶯春夢‧費穆電影論稿》，頁 276，北京：中國電影出
版社，2000 年。

格，也是不可以的，中國電影只能表現自己的民族風格。[106]

而這種「民族風格」表現在費氏的京劇電影中，就是一種寫意與寫實，疏密相間、繁簡交錯的敘事法則，也是一種經由導演積極介入、重新詮釋而非直接移植的新戲曲電影[107]，它有別於《定軍山》式的戲曲記錄片模式。他舉了一個例子：

> 譬如美國人所希望看到的中國電影，也許是我們製片家所想的『王寶釧』和『楊貴妃』，據說那是可以代表民族風格的。然而今天的中國已不是王寶釧或楊貴妃的時代了，你不能把古老的中國代表今天的中國。[108]

即使是古老中國的戲曲，今天要搬上銀幕，他認為也必須要有新的詮釋與描寫。

事實上，由費穆所開展出來的這一條新戲曲電影的路徑，已然被後來拍攝以戲曲為對象的眾家導演們所接受並加以繼承，雖然如桑弧、崔嵬、陳懷暟者，對於戲曲電影都有不同的技術拓展，但起始奠基者，當推費穆。但是我認為，費穆所開創的另一條路徑 ——「前台與後台」式的拍攝手法，

---

106 引自費穆〈風格漫談〉，收錄於丁亞平編《1897-2001 百年中國電影理論文選》（上冊），頁 390，北京：文化藝術出版社，2002 年。

107 京劇的寫意審美特質，其實一直是費穆在作品中所特意追求的，只是將之放在電影形式中，該如何把這種藝術特質與技術層面相結合，黃愛玲曾指出：「費穆對中國傳統藝術（特別是國畫和戲曲）裡那種虛實相映應的美學探索，在早期的電影中已經展開，戲曲電影只是將他所關心的命題放到一個更絕對的處境裡去，迫使他更直接地面對中國藝術的特質。」（見黃愛玲〈獨立而不遺世的費穆 —— 代序〉，收錄於《詩人導演費穆》，頁 15，香港電影評論學會，1998 年。）

108 引自費穆〈風格漫談〉，收錄於丁亞平編《1897-2001 百年中國電影理論文選》（上冊），頁 391，北京：文化藝術出版社，2002 年。

才是更能打破思考的僵局，另創以戲曲爲素材的電影新模式。這種穿插和拼貼的方式，既保留了戲曲的舞台特性，也不會失去電影應有的敘事法則，反而在兩種敘事模式間取得了微妙的平衡。這種融合電影與戲曲的方式，成就了後來許多電影的佳作，也是費穆對戲曲與電影融合所做出的最佳範例，而如《生死恨》者，現今看來其重要的意義不在於拍攝出來的總體成果如何，反而是在拍攝中梅蘭芳與費穆對於京劇與電影特質，該如何做最完美結合的反覆推敲及言說過程，才是最能凸顯兩者對不同形式藝術體系的深刻思考及印證。

本章引用書目

專　書

丁亞平主編　《百年中國電影理論文選》，北京：文化藝術出版社，2003 年。

王驥德　《曲律》，中國戲曲研究院編《中國古典戲曲論著集成》第四冊，中國戲劇出版社，1959 年。

中國電影資料館編　《中國無聲電影劇本》，北京：中國電影出版社，1996 年。

李多鈺主編　《中國電影百年上編 1905-1976》，北京：中國廣播電視出版社，2005 年。

胡蝶口述、劉慧琴整理　《胡蝶回憶錄》，北京：新華出版社，1987 年。

高小健　《中國戲曲電影史》，北京：文化藝術出版社，2005 年。

黃愛玲編　《詩人導演費穆》，香港：香港電影評論學會，1998 年。

陳墨　《流鶯春夢 ── 費穆電影論稿》，北京：中國電影出版社，2000 年。

程季華主編　《中國電影發展史》，北京：中國電影出版社，1981 年。

梅蘭芳　《我的電影生活》，《梅蘭芳全集》第四卷，石家莊：

河北教育出版社，2000 年。

期刊論文及報刊文章

田漢〈《斬經堂》評〉，《聯華畫報》第九卷第五期，1937 年 7
　　月。

桑弧〈《斬經堂》觀後感〉，載於《聯華畫報》第九卷第四期，
　　1937 年 6 月 5 日出版。

費明儀〈懷念父親〉，《大公報》，1983 年 8 月 12、13 日。

結　論

── 新變與跨界，只為自身的豐厚與傳衍

　　《文心雕龍・通變》有云:「文律運周,日新其業,變則堪久,通則不乏。」[1]這段話正足以成爲本論題之最佳註腳。京劇興起於民間,由其板腔組成之特質,可以看出它本就具有兼容並蓄的原始基因,所以「新變」看似變化,但卻又是京劇發展中恆常不變的法則。在二十世紀初葉,中國面臨巨大政治和社會轉變的時間點上,京劇這個並不算古老的劇種,更是加快了它變動的速率。在這段時期,面對外來藝術形式的追趕和刺激,京劇不但沒有抱殘守缺,反而採取了新變與跨界的方式,讓自體不斷的進化,這其間,所產生新變及跨界的演化過程,是相當複雜的。

　　本論題面對這段在政治、社會背景相對紛雜的京劇發展歷程,採取了五個單點與兩種面向來切入與呈現。這五個單點包括:

　　一、以新劇家汪優游及京劇演員汪笑儂兩人的戲劇活動,來看話劇初入中國,新劇的活動者與京劇的工作者,在

---

1 見劉勰《文心雕龍》,台北:台灣商務印書館,1965 年。

面對這種新樣態的藝術形式時，所採取的應對機轉是什麼。

　　二、以建立中國第一座新式劇場的一群京劇工作夥伴 ── 夏月珊、夏月潤、潘月樵及馮子和等人的戲劇活動，來看這群受傳統科班教育訓練的京劇演員，在面對政治與社會發生重大變化時，是如何走出傳統，面對現實中的人群，並進而從事他們的戲曲改革志業。

　　三、以京劇的一種古老演出形式 ── 連台本戲，在上海受到話劇元素的啟發，因而變本加奇，大行其道。尤其是用周信芳的本戲作品為基礎，來看京劇、話劇在高度合流下，是一番怎樣的面貌。

　　四、以豐泰照相館所拍攝的中國人第一部自製電影 ──《定軍山》，以及其後商務印書館影戲部所拍攝的京劇無聲影片，來看京劇與電影這項光影藝術如何做初步的跨界接觸與媒合。

　　五、以費穆這位在二三十年代非常特殊的詩人導演，與梅蘭芳所合作拍攝的中國第一部彩色電影 ──《生死恨》，來看一項寫意的藝術與一項寫實的藝術，是如何積極的跨界對話，並從中做出兩種藝術特質的深刻思考。

　　由上述的五個單點，可以歸納出兩個大的面向來看二十世紀初期京劇的自體演化過程：

　　其一，京劇在面對話劇時，是採取吸納的方式來對藝術本體進行實驗。由一、二兩章的討論可以見出，京劇藉由話劇被引入中國的目的 ── 政治改革，照見了自身在劇本題材和思想性上的不符合時代潮流，因此題材的改變，是京劇吸納話劇的第一個重大的變異。故而我們由汪笑儂、夏氏兄弟、

潘月樵、馮子和的新編戲中，出現了大量的時事劇、新編時裝戲與洋裝戲可以看出，京劇演員們急欲擺脫所處困境，他們不再滿足於舊故事，歷史的舊紙堆也不能符合他們渴望新變的迫切要求，與社會脈動做結合，並且能達到政治及戲劇改革的主要目標，成了他們借用話劇優點的首要訴求。有了新題材、新劇本，京劇吸納話劇的第二步驟，才是在形式上做出相應的改變。

京劇與話劇有一個共通點，它們同是用「舞台」來呈現的表演藝術。因此在彼此形式上的融通與模擬，是比較直接的，有些部份甚至是不需要轉化就可以逕行移植。事實上，話劇進入中國的初期，也曾大量的挪用了京劇的表演程式及象徵符碼，不過在五四時期以後，話劇漸漸的開始純化，最終得以與京劇切割而分道揚鑣。反觀京劇在形式上接收了話劇元素後，一方面由題材、敘事風格、表演、服裝、化妝、布景道具豐富了原本的舊形式，另一面卻在進行由虛擬轉向寫實的實驗。形式上的跨越，可由第三章海派連台本戲所呈現出來的樣貌，窺見「寫實性京劇」之一斑。

其二、京劇在面對電影時，是採取融入的方式來轉化成為平面藝術形式。由四、五兩章的討論可以見出，電影被引入中國之初，主動選取了京劇成為其被攝對象，原本的動機，是希望藉由京劇廣大的觀眾群來達成商業目的。但是京劇與電影藝術在本質上，二者間差異相當大，無法像話劇一樣直接吸納借用。京劇要拍成電影，除了題材之外，所有的組成元素都需要經過深淺不一的轉化過程，除非停留在舞台紀錄片的階段，可以不在此列。京劇舞台上的視覺是立體的，演

員是主角，而電影卻是平面的，攝影機是真正的詮釋者。在這樣本質上的差異下，如何來協調兩個敘述主體間所發生的齟齬？自身形式的改變，成為京劇跨界融入電影的首要步驟。具有象徵意涵與寫意特質的表演程式，原是京劇傲人的優點，但在拍攝成電影時，反而造成時空認知的易混淆而被修改或加以捨棄，這些軌跡可由四、五章中追尋得見。

　　總體而言，二十世紀初期京劇與話劇的接軌中，是先吸納思想題材而後才在形式上做相應的新變。京劇與電影的融合，則是以形式的變化為主軸，至於思想題材仍然可以維持原狀。京劇與話劇的接合，主體是京劇，話劇是被吸納的元素，而京劇與電影的媒合，主體是電影，京劇是被改變的形式。

　　經由本書所摘選的五個單點，我們得以清晰地看見京劇在二十世紀初期新變與跨界的種種軌跡，而非常特別的一點是，這些革新的戲劇活動，幾乎清一色均由京劇演員所發動推展，演員不再只是角色的表演者，而成為這個時期首要的發語權掌控階層。在第一章中，「以伶為仕」的汪笑儂，是最早察覺京劇社會使命和功能的演員之一，在他所編演超過四十齣以上的京劇作品中，我們可以見出新舊文化的拉鋸痕跡非常的明顯，他的劇本有相當一部份是延用歷史故事或舊戲經典來重新詮釋，借古諷今。但另一部份則是直接移入西方歷史或故事，成為京劇題材。在汪氏的作品中，我們看見了京劇劇本結構的初步變化，劇中增加了大篇幅演說或以唱代說的表現形式，承接了譚鑫培對於戲理及角色性格的講求，以及京劇表演程式初步開始趨近於話劇式寫實性的實驗。還有對舊有詞曲句式的突破，京劇新變與跨界的初始，都具體

呈現於汪氏的編演作品之中。

在第二章中，夏氏兄弟最早見出舊劇要改變，應當先由硬體設施來做起，因此首推劇場的改革爲要務。新舞台的建立是一項劃時代的重要成果，其所代表的意義有三個層面，一是改革了舊式戲班文化中不良的沉痾陋習，二是由根本改變了觀、演關係，三則是新劇場決定了與之相應的新劇目、新表演形式，具體的成效都體現在夏月珊、夏月潤、潘月樵及馮子和的演出活動當中。總體而言，在他們的作品中，顯示出京劇初步話劇化的跡象，時裝京劇爲新舞台上演劇目的重要項目。在這些作品中，繼承並強化了汪笑儂以來，視京劇爲政治、社會改革工具的理念，改變了唱白的比例，使得京劇話劇化趨於明顯。由於與新舞台道具布景的相配合，表演形式也由舊程式中出走，轉而向寫實取經，並且與之相應的對於服裝和化妝等技術層面加以改變，他們對於舊京劇審美方向上的新變，造就了海派京劇的新型態。

在第三章中，周信芳的海派連台本戲，是體現京劇、話劇整合到極致的一個最佳範例。在他的作品中，不再以時裝、現實題材爲主要訴求，反而是由歷史和舊劇本中，找尋新的表現形式，因此題材上有返古的現象。不過，海派寫實的審美特色，使得京劇在這類作品中，大幅向話劇靠攏，對於舊劇的老觀眾而言，往往成爲詬病的口實。但換個角度來看，連台本戲以其形式之自由，使京劇得以掙脫許多的舊藩籬，反而能大步走向實驗新形式之路。而其中實驗成功的部份，又轉回來推動京劇的藝術創造革新，亦未嘗不是連台本戲的積極貢獻。

　　第四、五兩章將關注重點移焦至京劇與電影的跨界接觸歷程，其實京劇與話劇及電影相遇，在時間上差不多是同時的。兩種外來的藝術形式都夾帶著不同的優勢向傳統的中國戲劇提出挑戰，話劇有留學東、西洋的學者背書，並帶著他們所懷有的政治想望大力推動；而電影則以廣大的娛樂效益及傳播力，凌駕於舞台當下的傳統表演藝術。

　　在第四章中，經由北京豐泰照相館拍攝譚鑫培《定軍山》片段，及上海商務印書館影戲部拍攝梅蘭芳《春香鬧學》、《天女散花》及周信芳《琵琶記》之〈南浦送別〉、〈琴訴荷池〉四段折子中得見，電影拍攝者會選擇京劇為最初被攝對象，重要的因素在於市場。這種商業經濟效益的考量動機，與話劇大相逕庭，這點可由譚、梅、周均具有廣大的戲迷背景中窺知一二。在這一北一南兩個電影攝製機構的作品中，所呈現出來的京劇影像，基本上都以無聲舞台記錄片的形式存在。演員們並不需要與拍攝者做太多的溝通，當然也不需要把表演的方式做多大的改變，這個時期的作品，只停留在記實的階段，但對梅蘭芳而言，他已經面對到寫實場景與虛擬程式表演相配合的問題，只不過此時並未多做改變。

　　當梅氏再次接受拍片之約，已到了二十年代，香港民新影畫公司與之拍攝了五個京劇的片段。在這次的拍攝過程中，出現了京劇與電影在敘事特質上不相合的問題，因而梅蘭芳不能不思考兩項重要的難題，其一，由舞台立體式的表演空間，要如何轉化成電影平面式影像的空間？二，京劇虛擬程式要如何與電影寫實布景相互搭配？背後所代表的根本課題，實即虛擬與寫實的相融性問題。

　　第一個難題，梅蘭芳獲得了初步的解決，也就是把舞台走位分段進行，以解決由立體轉爲平面的困境。不過，第二個難題，卻不是那麼輕易的能獲得平衡，它普遍存在於所有以戲曲形式爲媒材的電影作品之中，這個本質上的衝突，尚有一段長路等待實驗與磨合。

　　在第五章中，我們可以看見兩位對於藝術進行深度思考的代表人物，費穆與梅蘭芳，如何由其各自不同的角度，對上述的問題進行溝通與討論，最後完成了一部重要的戲曲電影作品 ——《生死恨》。費穆以其對於電影美學的獨特見解，極力想要把京劇的抒情特質在電影中完美展現，他將先前拍攝周信芳《斬經堂》所遇到的問題，重新思考改進，以期能在《生死恨》中獲致較好的視覺美感呈現。梅蘭芳則實際對京劇本體做出改變，由劇本的結構、表演的方法及走位動線，都與舞台本有很大的不同。在這次的嘗試中，雖然費穆極力的配合，但京劇的表現主體地位卻不似梅氏前面所拍攝的作品，毫無疑問地，虛擬的特質被寫實考量所取代，京劇與電影的主客位置轉移，這種情況無非是個不得不然的走向。畢竟舞台藝術與平面的光影藝術，雖然在時空與敘事的自由度上是相同的，但如何表現這種時空的敘事自由，方法上卻存在著極大的隔閡。這其間必須經過兩端的操作者—戲曲演員、電影導演做不斷的調整與磨合，並且搭配上與時俱進的技術與設備，方能獲致最終的成功，而無法簡單地經由一人或一次的實驗，就能一蹴可幾。

　　鑑往而能知來，京劇在二十世紀初期面臨新藝術形式的挑戰，其所選擇的應對方式，是不斷的與之對話與接納話劇

及電影的優點,並藉以豐厚自己的藝術本體。這也是時至二十一世紀的初期,京劇仍鮮活於戲曲舞台,並未遭到淘汰的主因。一百年已經過去,現今的藝術形式與一百年前相比,更加複雜且多元化,京劇能否持續的演化,甚或是因此轉型,又或許仍能保有原本的藝術特長,與其他藝術媒材相互吸納,而走向迥然不同的藝術道路?新變與跨界,只爲自身的豐厚與傳衍,而挑戰,正要開始。

引用書目

丁亞平主編　《百年中國電影理論文選》，北京：文化藝術出版社，2003年。

上海文化出版社編《上海掌故》，上海文化出版社，1982年。

王驥德　《曲律》，中國戲曲研究院編《中國古典戲曲論著集成》第四冊，中國戲劇出版社，1959年。

中國社會科學院文學研究所近代文學研究組編　《中國近代文學論文集　1949-1979》（戲劇、民間文學卷），北京：中國社會科學出版社，1982年。

中國人民政治協商會議、上海市委員會、文史資料工作委員會編　《戲曲菁英》。上海：上海人民出版社，1989年。

中國戲劇出版社編輯　《周信芳藝術評論集續編》，北京：中國戲劇出版社，1994年。

中國電影資料館編　《中國無聲電影劇本》，北京：中國電影出版社，1996年。

孔在齊　《顧曲集：京劇名伶藝術譚》，牛津大學出版社，2010年。

北京市藝術研究所、上海藝術研究所組織編著　《中國京劇史》，北京：中國戲劇出版社，1999年。

朱雙雲　《新劇史》，上海：上海新劇小說社，1914年。

名譽主編王元化、主編胡曉明　《近代上海戲曲系年初編》，

　　上海教育出版社，2003 年。

汪笑儂　《汪笑儂戲曲集》，北京：中國戲劇出版社，1957 年。

李洪春　《京劇長談》，北京：中國戲劇出版社，1982 年。

李多鈺主編　《中國電影百年 1905-1976 上編》，北京：中國
　　廣播電視出版社，2005 年。

沈鴻鑫、何國棟　《周信芳傳》，河北：教育出版社，1996 年。

沈鴻鑫　《梅蘭芳周信芳和京劇世界》，漢語大辭典出版社，
　　2004 年。

波多野乾一　《京劇二百年之歷史》，東方時報館，1926 年。

阿英輯　《晚清文學叢鈔》，北京：中華書局，1960 年。

阿英編著《反美華工禁約文學集》，北京：中華書局，1962 年。

周信芳　《周信芳文集》，北京：中國戲劇出版社，1982。

茗水狂生《海上梨園新歷史》，上海：小說進步社，1910 年。

柳亞子編　《春航集》，上海：廣益書局，1913 年。

柳亞子主編　《南社叢刻》第八集、第十集，江蘇：廣陵古
　　籍刻印社，1996 年影印本。

柳無忌編　《南社紀略》，上海人民出版社，1983 年。

馬少波主編《中國京劇史》，北京：中國戲劇出版社，1999 年。

姜亞沙主編　《中國早期戲劇畫刊》，北京：全國圖書館文獻
　　縮微複製中心，2006 年。

胡蝶口述、劉慧琴整理　《胡蝶回憶錄》，北京：新華出版社，
　　1987 年。

胡曉軍、蘇毅謹　《戲出海上 —— 海派戲劇的前世今生》，上
　　海：文匯出版社，2007 年。

胡霽榮《中國早期電影史 1896-1937》，上海：人民出版社，

2010 年。

徐半梅　《話劇創始期回憶錄》，北京：中國戲劇出版社，1957
　　年。

徐珂　《清稗類鈔》，北京：中華書局，1984 年。

高小健　《中國戲曲電影史》，北京：文化藝術出版社，2005 年。

張肖傖　《燕塵菊影錄》，上海：大東書局，1926 年。

張庚、黃菊盛主編　《中國近代文學大系·戲劇集一》，上海
　　書店，1996 年。

梁啟超　《飲冰室文集類編》上冊，台北：華正書局，1974 年。

梁淑安編　《中國近代文學論文集 1919-1949》（戲劇卷），北
　　京：中國社會科學出版社，1988 年。

梁淑安　《南社戲劇志》，北京：社會科學文獻出版社，2008 年。

康保成　《中國近代戲劇形式論》，廣西：灕江出版社，1991 年。

梅蘭芳述　許姬傳、許源來記《舞台生活四十年》第二集，
　　北京：中戲劇出版社，1987 年。

梅蘭芳　《我的電影生活》，收錄於《梅蘭芳全集》第四卷，
　　石家莊：河北教育出版社，2000 年。

陸弘石　《中國電影史 1905-1949 早期中國電影的敘述與記
　　憶》，北京：文化藝術出版社，2005 年。

陳墨　《流鶯春夢 —— 費穆電影論稿》，北京：中國電影出版
　　社，2000 年。

程季華主編　《中國電影發展史》，北京：中國電影出版社，
　　1981 年。

黃希堅、俞為民選注　《近代戲曲選》，華東師範大學，1995 年。

黃敏禎著、沈葦窗編　《我的公公麒麟童》，台北：大地出

版社，1984 年。

黃愛玲編 《詩人導演費穆》，香港：香港電影評論學會，1998
　　年。

董維賢 《京劇流派》，北京：中國戲劇出版社，2006 年。

劉勰《文心雕龍》，台北：台灣商務印書館，1965 年。

劉紹唐、沈葦窗主編 《菊部叢刊》，傳記文學出版社，1974
　　年影印初版。

劉靜沅 《京劇藝術發展史簡編》，安徽：文藝出版社，1984 年。

黎錫編訂 《黎民偉日記》，香港：香港電影資料館，2003 年。

蔡國定、鍾澤騏編 《梨園軼事》，廣西：民族出版社，1984 年。

蔡洪聲等主編 《香港電影八十年》，北京：廣播學院出版社，
　　2000 年。

歐陽予倩 《自我演戲以來》，北京：中國戲劇出版社，1959 年。

盧向東 《中國現代劇場的演進 —— 從大舞臺到大劇院》，北
　　京：中國建築工業出版社，2009 年。

檻外人《京劇見聞錄》，北京：寶文堂，1987 年。

顧炳權編 《上海洋場竹枝詞》，上海：上海書店出版社，1996
　　年。

期刊論文與報刊雜誌文章

上海圖書館近代文獻資料室館藏 《申報》縮印本，上海圖
　　書館近代文獻。

王越 〈中國電影的搖籃 —— 北京 "豐泰" 照相館訪問追
　　記〉，《影視文化》第一輯，北京：文化藝術出版社，1988
　　年 9 月出版。

玄郎　〈自由談〉,《申報》1913 年 2 月 26 日。

玄郎　〈自由談〉,《申報》1913 年 3 月 13 日。

玄郎　〈紀小子和〉,《申報》1913 年 4 月 17 日。

田漢　〈《斬經堂》評〉,《聯華畫報》第九卷第五期,1937 年 7 月。

仲懷　〈海派戲興盛的間接原因〉《十日戲劇》二卷四期,1939 年 1 月 31 日,上海,上海國劇保存社。

吳平平　〈傳播媒介與戲曲電影的歷史生成〉,《電影文學》2009 年第 2 期。

周傳家　〈京劇電影縱橫談〉《戲劇》雜誌,2001 年第 2 期。

柳亞子　〈上天下地〉欄,《民聲日報》,1912 年 3 月 7 日。

馬彥祥　〈清末之上海戲劇〉,《東方雜誌》第 33 卷第 7 號,1936 年。

姚志龍　〈上海茶園的變遷〉,《上海文化史志通訊》總 31 期,1994 年。

海上漱石生　〈上海戲院變遷志〉,《戲劇月刊》第 1 卷第 9 期,1928 年。

桑弧　〈《斬經堂》觀後感〉,載於《聯華畫報》第九卷第四期,1937 年 6 月 5 日出版。

翁偶虹　〈略記麒麟童之六本《文素臣》〉,《半月戲劇》第三卷 8-9 期,1941 年。

張古愚〈大嗓唱小生〉,《十日戲劇》第二卷第十四期,1939 年 6 月 15 日,上海,上海國劇保存社。

張古愚　〈讀「戲劇寫實化的重要」後〉,《十日戲劇》第二卷第三期,1939 年 1 月 20 日,上海,上海國劇保存社。

傅斯年　〈戲劇改良各面觀〉,《新青年》第 5 卷第 4 號,1918 年。

費明儀〈懷念父親〉,《大公報》,1983 年 8 月 12、13 日。

繆　〈論戲曲改良與群治之關係〉,《申報》,1906 年 9 月 22 日。

愚翁　〈散戲與本戲〉,《十日戲劇》第一卷第十九期,1938
　　年 2 月 23 日,上海,上海國劇保存社。

稚蘭　〈馮春航之別史〉,《民主報》。

蔡祝青〈舞台的隱喻：試論新舞台《二十世紀新茶花》的現
　　身說法〉,《戲劇學刊》第 9 期,2009 年。

潘月樵　〈潘月樵自傳〉,《半月劇刊》第 1 卷第 2 號,1937 年。

燕山小隱　〈新年梨園閒話〉,《游戲世界》第九期,1922 年
　　2 月。

醒獅　〈告女優〉,《二十世紀大舞臺》第二期,上海：大舞
　　臺叢報社,1904 年。

錢玄同　〈隨感錄‧十八〉,《新青年》第 5 卷第 1 號,1918 年。

學位論文

李雯　《汪笑儂戲曲研究》,華東師範大學碩士論文,2009 年。

鍾欣志　《走向現代：晚清中國劇場新變》,台北藝術大學戲
　　劇學系博士論文,2012 年。

影音資料

《斬經堂》導演費穆　上海華安電影公司,1937 年。

《前台與後台》導演周翼華　聯華影業公司,1937 年。

《小城之春》導演費穆　文華影片公司,1948 年。

《生死恨》導演費穆　聯華影業公司,1948 年。